국과수 박기원 박사의 과학수사

범인은 반드시 흔적을 남긴다

국과수 박기원 박사의 과학수사
범인은 반드시 흔적을 남긴다

초판 1쇄 인쇄 • 2019년 11월 15일
지은이 • 박기원
펴낸이 • 이승훈
펴낸곳 • 해드림출판사
주 소 • 서울 영등포구 경인로82길 3-4(문래동1가 39)
　　　　센터플러스빌딩 1004호(우편07371)
전 화 • 02-2612-5552
팩 스 • 02-2688-5568
E-mail • jlee5059@hanmail.net

등록번호 • 제2013-000076
등록일자 • 2008년 9월 29일

* 책값은 표지에 있습니다
* 잘못된 책은 바꿔드립니다

ISBN 979-11-5634-377-6

국과수 박기원 박사의 과학수사

범인은 반드시 흔적을 남긴다

눈에 보이지 않는 세포도
과학수사를 피해갈 수 없다

 해드림출판사

펴내는 글

범죄를 해결하고 예방하는데 역할을 할 수 있기를

필자가 국과수에 들어 온 지 벌써 30년의 세월이 지났다. 첫 직장으로 연구원에 들어와 지금까지 오로지 과학수사를 위해 일했다. 그동안 흘러온 세월만큼이나 크고 작은 사건들이 일어났고, 필자는 그 현장에서 온몸으로 사건들과 마주했다.

실험실에서 만나는 증거물들은 저마다 사연을 간직한 채 다가왔다. 항상 무거운 마음으로 증거물을 대하면서, 어떤 때는 그 결과에 환호하였다. 수많은 사연의 사건과 증거물에서 복잡하고 어려운 것들을 하나하나 풀어나가야 했다. 어렵고 힘들었지만, 필자의 천직으로 알고 묵묵히 업무를 수행해왔다.

그동안 분석 기술은 우리가 상상할 수도 없을 정도로 발전을 하여왔다. 필자가 입사할 당시만 해도 자필 감정서를 쓰던 때로, 혈액형 등 기본적인 분석만 가능하였다. 이제는 법과학 모든 분야에서 혁신적인 발전을 거듭하여 매우 적은 양에서도 충분한 정보를 분석해낼 수 있게 되었다. 분석이 불가능한 증거물이 없을 정도이다. 특히, 유전자 분석 분야는 필자가 입사한 직후 개발하기 시작하여 1990년대 초 처음으로 사건에 적용하였으며, 그동안 양적 질적으로 엄청난 발전을 거듭하였다. 2010년에는 DNA데이터베이스가 시작되어 숱한 사건들을 해결하는데 핵심적인 역할을 하였다. 필자는 항상 이러한 변화와 역사의 중심에 서 있었다. 지난 긴 세월을 돌아보면 아쉬움도 있지만 수없이 많은 사건을 해결한 자부심과 과학수사에 기여한 노력을 생각하면 참 값진 삶을 살았구나 싶다. 항상 그 치열한 현장에 있었던 내 자신이 자랑스럽기도 하다.

이 책에는 그동안 필자가 직접 감정을 했던 사건들을 위주로 교훈이 될 만한 사건들을 다루었으며, 과학적 해결 노력 과정과 느꼈던 생각들을 썼다. 모두 과학수사의 귀감이 되고 우리 사회에 던지는 메시지가 함축되어 있는 사건들이다. 긴 시간 동안 쓴 원고를 정리하면서 우리 사회의 아픈 곳은 어디이고, 이 아픈 곳을 드러내 진정 우리가 위로를 주어야 할 곳은 어디인지, 그리고 우리가 어떻게 살아가야 하는지 깊은 생각을 거듭하게 되었다.

이 책이 사건 현장에서 수사하는 분들과 실험실에서 분석을 하는 분들 모두에게 좋은 자료가 되었으면 한다. 또한 과학수사에 관심이 있는 모든 독자에게는 과학수사를 좀 더 이해하는 책이 될 수 있으리라 확신한다.

나아가 범죄를 해결하고 예방하는데 작은 역할이라도 할 수 있고, 우리 사회의 아픈 곳을 생각하는 기회가 되어, 따뜻한 사회가 되는데 일조할 수 있다면 더는 바랄 것이 없을 것 같다.

범죄 없는 세상에서 우리 사회가 더욱 밝아지기를 기원하며!

박기원
2019년 11월

Contents

CHAPTER 1

- 012 트랜스젠더와 좀도둑
- 019 불륜의 끝-창원 주부 살인 사건
- 029 마지막 고백
- 035 간통의 흔적
- 041 운명-교통사고와 백혈병 환자
- 049 만병통치약-사람 뼈?
- 055 이웃집 남자의 딸
- 061 욕망의 굴레-노파 강간 살인 사건
- 067 사건 해결의 열쇠-혈흔을 찾아라
- 076 혈흔 형태가 밝힌 범인의 거짓말

CHAPTER 2

- 086 어머니를 어머니가 아니다 한 이유는!
- 091 죽음의 마지막 몸부림
- 098 과거를 묻지 마세요
- 106 마지막 증거-개인택시 기사 살인 및 사체 유기 사건
- 112 화장된 유골에서도 유전자분석이 가능할까?
- 117 백범 김구 선생 혈의(血衣)
- 126 대구 지하철 방화 참사 사건
- 141 DNA 데이터베이스
- 147 부산 금정동 토막살해 사건

CHAPTER 3

156	가족을 찾는 머리 없는 토막 변사체	
162	서래마을 영아살해 유기사건	
182	동대문 초등학생 성폭행 사건	
189	경기도 서남부 연쇄살인 사건	
194	두 변사 사건의 연관성	
199	유두와 몸에서 검출된 남성의 유전자형이 다른 이유는?	
206	한 여성이 두 번 강간당한 사연	
210	개구리는 어떻게 분유에 들어갔을까?	
214	개가 잡은 범인	
221	황금 같은 대변	
230	유병언 신원 확인	
237	세월호 희생자 신원 확인	
244	오줌 투척 사건	
251	제주도 어린이 성폭행 사건	
257	절도 사건의 범인, 알아보니 당시에는 수감 중이었다고 하는데	

Contents

CHAPTER 4

- 264   유죄의 조건
- 271   블라우스에 있는 입술 모양은 누구의 것일까?
- 277   아버지의 딸, 아들의 딸?
- 281   과학수사 기법으로 밝히는 고대 유물의 비밀
- 287   수원 팔달산 토막 살인 사건 해결 과정
- 292   시체 없는 살인 사건이 가능할까?
- 295   헤어진 가족을 찾습니다
- 299   폐가에서 수거한 여성 팬티에서 검출된 DNA는
- 303   억새 속에 숨어 있던 범인의 혈흔
- 309   아주 적은 양의 정액반에서 범인의 유전자형을 밝혀라
- 314   뒤바뀐 운명
- 318   사람을 문 개는?
- 322   범죄를 증명한 도깨비바늘

CHAPTER 5

330		지리 프로파일링
335		철조망을 자른 공구를 찾아라-인삼 절도 사건
339		신발 흔적으로 찾은 범인
343		위 내용물에서 발견된 손가락의 정체
346		화장실에서 발견된 영아의 정체
350		종족 식별에 의한 사건의 해결
354		미성년자 강제추행 사건
358		사망 원인을 밝힌 이끼
362		범죄 유전자
367		미국 경찰 체험
379		실종아동 등 찾기 사업
384		유OO 연쇄살인 사건

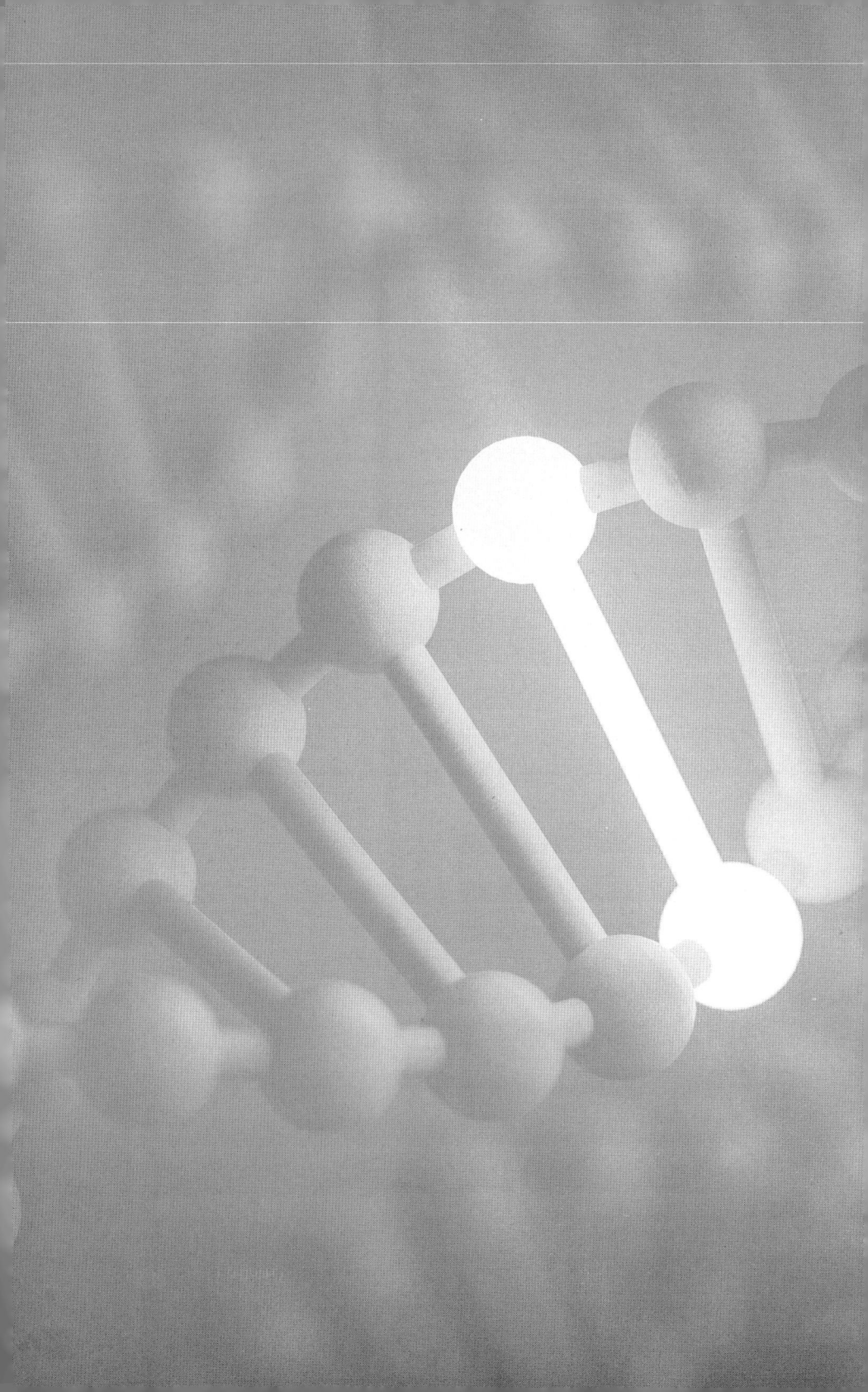

CHAPTER 1

트랜스젠더와 좀도둑

커피 아줌마 살인 사건

2001년 3월 초 울산광역시 울주 부근 경부고속도로 옆 둔덕에서 도로공사 소속 청소부가 검정 스타킹만 신은 채 알몸인 상태의 여성 변사체가 나무에 걸쳐있는 것을 발견하고 경찰에 신고하였다. 변사자는 완전 나체 상태로 검정색 끈으로 목이 졸린 채 발견되었으며 신고 있던 검은색 스타킹은 허벅지까지 내려져 있는 상태였다. 누군가에 의해 살해되어 그곳에 유기된 듯하였다. 경찰은 외관상 변사자가 여성이고 하의가 벗겨진 채 사망한 것으로 보아 성범죄 후 살해된 것으로 판단하고 대대적인 수사를 진행하였다.

우선 변사자의 시신이 수습되었고, 울산지역을 관할하는 부산과학수사연구소(당시 남부분원)에서 부검이 시행되었다. 부검 결과는 뜻밖이었다. 최초 외모로 보아 변사자를 여성으로 판단했지만 실제로는 남성이라는 것이었다. 변사자는 원래 남성이었는데 여성으로 성을 전환한 트랜스젠더였던 것이었다. 당연히 처음에는 담당 수사 경찰도 변사자의 외모를 보고 판단하여 여성으로 기록했던 것이었다.

정황상으로 보아 강간 살인으로 의심이 되는 사건이었기 때문에 이에 초점을 맞춰 증거물도 채취되었다. 여러 방법으로 성범죄를 저지를 수 있기 때문에 모든 가능성을 열어 놓고 입안 내용물, 질 내용물, 항문 내액 및 손톱 등이 다양하게 채취되었다.

성범죄 사건에서 의뢰되는 증거물들

성범죄 사건에서 의뢰되는 증거물은 매우 다양하다. 성범죄를 입증할 수 있는 모든 것이 포함될 수 있다. 그중 가장 많은 것은 성범죄 시 피해자의 질 내 또는 질 외에 사정한 정액을 채취한 증거물이다. 질 내에 남아 있는 정액을 채취하기 위해 질 내용물을 채취한다. 그리고 정액이 묻어 있을 것으로 의심되는 피해자가 입었던 팬티 등이 일차적인 대상이다. 또한 사건 현장 주변에서 발견되는 휴지, 이불 등도 수거하여 의뢰한다. 최근에는 매우 적은 양에서도 유전자분석이 가능함에 따라 범행 시 가해자와 피해자 신체 접촉이 있어 소량의 세포가 묻은 경우도 유용한 증거가 될 수 있다. 예를 들면 피해자의 유두, 가슴, 허벅지 등 성폭행 시 신체가 접촉되었을 만한 부위를 채취한다. 그곳에는 가해자의 구강 상피 세포 또는 표피 세포가 묻어있을 수 있기 때문이다.

변태성욕자 등 성범죄의 유형이 다양화됨에 따라 옛날에는 질 내용물 및 성기 주변을 닦는 경우가 대부분이었으나 지금은 항문 성교 또는 구강 성교 등에 의한 성범죄가 있을 수 있기 때문에 보통 항문 내액 또는 구강 내용물 등도 같이 채취한다.

또한, 성범죄의 경우 범행 시 피해자가 반항을 하게 되는데 이 과정에서 피해자가 범인을 할퀴거나 긁는 행위를 하게 된다. 이런 경우 가해자의 표피 세포가 피해자의 손톱에 남아 있을 수 있어 피해자의 손톱도 채취한다. 매우 적은 양이지만 범인의 유전자형을 얻기에는 충분한 양이 될 수 있다.

변사자에게서 채취되어 의뢰된 증거물들에서 유전자분석을 실시하였다. 질 내용물에서 유전자분석을 한 결과 남성의 유전자형이 검출되었다. 가해자의 유전자형일 수도 있는 것이었다. 하지만 이 유전자형은 가해자의 것이 아니라 피해자의 유전자형과 일치하였다. 피해자가 여성으로 성을 전환한 남성이었기 때문에 생물학적 검사에서는 당연히 남성의 유전자형이 검출된 것이었고 이것은 피해자의 것이었다. 용의자의 유전자형을 검출하는 데는 실패한 것이었다. 한편, 항문 내액에서 또 다른 남성의 유전자형이 검출되었다. 이 유전자형은 변사자와는 다른 남성의 유전자형이었다. 범인의 것일 가능성이 높아 보였다. 따라서 이와 일치하는 용의자를 찾는 것이 급선무였다. 수사본부가 차려지고 범인의 것으로 보이는 유전자형도 확보되어 수사가 활기를 띠는 것처럼 보였다. 하지만 범인의 유전자형을 검출한 것 이외에는 뚜렷한 단서를 찾을 수 없었다.

변사자는 고속도로에서 화물차 운전자 등을 상대로 커피를 판매하고 성매매를 하여 생계를 꾸려나가는 '커피 아줌마'로 통했던 사람이었다. 평소 많은 사람과 성관계를 했기 때문에 정액반에서 남성의 유전자형이 검출되었다고 해도 그 유전자형이 피해자를 죽인 범인이라고 단정할 수는 없었다.

많은 수사 인력이 투입되었고 몇 달 동안 수사가 진행되었지만 끝내 범인을 검거하는 데는 실패하였고 미제 사건으로 남았다.

절도 사건 발생

커피 아줌마 사건이 일어나고 7년의 세월이 흘렀다.

2008년 7월 어느 날 전남 광양에서 남의 집의 담을 넘어 들어가 금품을 훔친 뒤 도주한 절도사건이 발생했다. 사건 현장에서는 범인의 것으로 보이는 담배꽁초 한 점이 발견되어 수거되었다. 경찰의 수사 결과 유력한 용의자로 40대 초반의 남성이 붙잡혔다. 붙잡힌 용의자의 구강이 채취되어 국립과학수사연구원 광주연구소에 의뢰되었다. 현장에서 발견된 담배꽁초와 용의자의 구강 채취 면봉에서 유전자분석을 실시한 결과 동일한 유전자형이었다. 그가 절도사건의 범인임을 확인하는 확실한 증거였다. 그는 자신이 담을 넘어 들어가 금품을 훔쳤다고 순순히 시인하며 자백했다. 하지만 그것은 시작에 불과했다. 절도범과 관련하여 생각하지도 못했던 놀랄만한 사실이 그 후에 밝혀진 것이다.

광주연구소에서 다른 범죄와의 관련성을 알아보기 위하여 범인의 유전자형을 본원으로 검색 의뢰했다.[1] 미해결 사건이 입력되어 있는 사건 현장 디엔에이 데이터베이스에서 이 범인과 동일한 유전자형이 검출되는지 검색하였다.

트랜스젠더와 좀도둑

검색 결과는 우리의 눈을 의심스럽게 했다. 바로 2001년에 일어났던 일명 커피아줌아 강간살인사건의 항문 내액에서 검출된

---

[1] 당시 DNA 데이터베이스가 출범하기 전으로 현장에서 발견된 유전자형을 자체적으로 관리를 하며 동일한 사람이 다른 범죄도 저질렀는지를 검색하고 있었다. 이에 따라 이 절도 사건의 유전자형과 일치하는 다른 사건이 있는지 검색을 하였다.

남성의 유전자형과 일치하는 것으로 나왔기 때문이다.

"절도 사건의 범인이 7년 전 강간살인 사건의 범인!"

두 사건은 범행 수법이 전혀 달랐기 때문에 도저히 관련성을 찾는다는 것이 어려웠다. 보통 연쇄 사건의 범인은 범행수법 등이 비슷하지만 이 두 사건은 전혀 다른 수법의 사건이었기 때문에 여러 가지 있을 수 있는 상황을 의심할 수밖에 없었다. 따라서 실험과정 전반에 대하여 재점검을 하기로 했다. 당시 분석하고 남은 DNA가 보관되어 있다면 재분석이 가능하기 때문이다. 다행이 부산연구소에 당시 사건과 관련하여 분석한 후 남아 보관하고 있던 DNA를 찾을 수 있었다. 실험 결과를 재확인하는 의미도 있었지만 커피 아줌마 사건 당시에는 분석한 유전자형의 수가 적었기 때문에 어 더 많은 좌위를 분석하여 일치 확률을 높여야 하는 이유도 있었다. 실험 결과 커피 아줌마 사건 당시 검출된 남성 용의자의 유전자형이 절도사건의 범인과 일치함을 다시 확인할 수 있었다.

과학적 분석 방법이 발전하여 많은 신기술이 개발되고 있기 때문에 범죄에 대처하는 능력도 그만큼 늘어나고 범인들도 그만큼 설 자리가 줄어들고 있지만, 아직도 해결되지 않은 사건들은 우리를 불안하게 하고 있다. 만약 당시 연구원에 미해결사건의 디엔에이데이터베이스가 없었다면 이 두 사건은 영원히 별개의 사건으로 남았을 것이고, 일명 커피 아줌마 살인사건은 영원히 해결되지 않았을 것이다. 그리고 그 살인범은 주거침입죄로 간단하게 형을 마치고 나와 또 다른 범죄를 저질렀을지도 모른다. 그가 7년씩이나 아무런 제재도 받지 않고 우리 사회 주위를 맴돌며 또 다른 범행을 모의하고 있었다니 얼마나 소름 돋는 일인가!

트랜스젠더인 남성의 사망 사건, 일명 커피 아줌마 살인사건 그리고 좀도둑!

연관성 없는 두 사건을 연결하는 것은 그가 활보했던 긴 세월만큼 도저히 이해하기 어려웠지만, 우리 사회가 가지고 있는 숙명적인 범죄 유전자를 어떻게 치유하고 어떻게 좋은 유전자로 바꾸어 나가야 할지 그리고 범죄를 막기 위하여 우리는 어떤 시스템을 갖추어야 하는지의 숙제를 안겨주었던 사건이었다.

성범죄 증거물

현장에서 수거된 정액이 묻은 휴지

현장에 유류된 모발

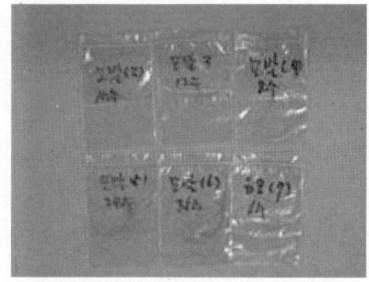

피해자 팬티

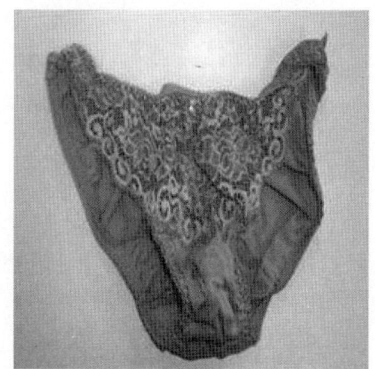

불륜의 끝 - 창원 주부 살인 사건

살인 사건

창원에서 주부가 피살되어 베란다 창고에 유기된 채 발견되었다. 야간 근무를 마치고 돌아온 남편이 부인을 찾았으나 없어 집안의 여기저기를 찾아보던 중 베란다 창고에서 웅크린 채 숨져있는 처를 발견하고 바로 119에 신고를 한 것이다. 부인을 바로 병원으로 후송하였으나 이미 사망한 상태였다. 변사자에 대한 부검 결과 목이 졸려 숨진 것으로 확인되었다.

담당 형사가 사건 현장에 대해 의심스러운 곳이 있으니 혈흔이 있는지 여부를 검사해달라는 요청이 왔다. 사건 현장의 혈흔 제거 여부와 혈흔 형태 분석에 의한 범인의 도주로 확인을 위해 현장의 혈흔 검사가 반드시 필요하다고 하였다. 혈흔 검출 시약 및 증거물 채취 용구 등을 준비하여 바로 사건 현장으로 갔다.

현장에 도착해서 집 전체를 구석구석 관찰하였다. 부검 당시에 살펴본 변사자의 얼굴 및 이마에 상처가 있었기 때문에 많은 비산 혈흔이 현장에 있을 것으로 생각했었는데 안방, 거실 그리고 베란다 등에서 눈으로는 혈흔을 발견할 수 없었다.

지워진 혈흔

창문 등으로 범인이 침입한 흔적을 찾기 위해 창문틀, 창살 등에 대해 범인이 침입한 흔적을 조사했지만 전혀 흔적이 발견되지 않았다. 따라서 범인은 현관문을 통해 들어왔을 것으로 추정되었다. 침입 흔적을 관찰한 후 범행 당시의 상황을 확인하기 위해 방, 거실, 베란다 등에 대한 혈흔 검사를 실시하였다. 혈흔 검사의 주안점은 어떻게 어느 곳에서 살해되었으며 시신을 어떻게 베란다 창고까지 옮겼는지를 밝히는 것이었다. 그리고 범인이 원래 있던 혈흔을 닦았는지 여부도 주안점이었다.

 혈흔 검사 결과 피해자가 살해된 것으로 판단되는 안방에서는 몇 개의 비산된 혈흔만 검출되었다. 안방을 나와서 거실을 따라서 계속 루미놀 검사를 진행했으나 마찬가지로 거의 혈흔이 검출되지 않았으며 약간의 혈흔 흔적만 발견되었다. 혈흔이 거의 검출되지 않았다는 것이 좀처럼 이해가 되지 않았다. 하지만 이 의문은 베란다에 대한 루미놀 시험 결과 풀리기 시작했다. 실험 결과 물이 내려가는 배수구 주위와 배수구 옆에 있던 마른걸레에서도 혈흔이 검출되었다. 범인이 걸레로 사건 현장의 혈흔을 깨끗하게 닦은 것으로 보였다. 즉, 범인이 집안에서 혈흔의 흔적을 지우기 위해 상당한 시간 머물렀음을 증명하는 것이었다. 따라서 범인은 면식범이거나 피해자를 잘 아는 사람으로 생각할 수 있었고 밖에서의 침입 흔적이 없는 것으로 보아 아파트의 현관문을 통해서 들어간 것으로 추정할 수 있었다.

침입자

 편안하게 집으로 들어가 오랫동안 머물 수 있었던 사람은 누구일까?

"남편? 친척? 잘 아는 사람?"

사건이 새벽에 일어났으니 그때까지 머물 수 있는 사람은 누구일까? 그럴만한 사람이 없었기 때문에 처음에는 남편을 의심하였다. 일단 남편의 알리바이가 성립되는지 여부가 중요했다. 남편이 퇴근해서 집으로 오는 시간과 퇴근한 시간 그리고 피해자가 사망한 시간을 알면 남편이 그 시간에 집에 있었는지를 알 수 있을 것으로 보였다. 하지만 직장에서 확인한 바로는 남편은 정상적으로 아침에 퇴근하여 집으로 간 것으로 보였다. 따라서 피해자의 정확한 사망 시간이 매우 중요한 요소로 등장하였다. 부검 당시 직장 온도 등으로 추정한 피해자의 사망 시간은 새벽 4시 정도인 것으로 나타났다. 남편이 통상 집으로 돌아오는 시간인 7시보다 한참 전에 사망했다는 것이다. 직장 온도 등에 의한 사망 추정 시간이 약간이 오차가 있다는 것을 인정한다 해도 남편은 범인이 아닐 가능성이 많은 것으로 보였다. 하지만 여러 가지 정황으로 보아서 남편을 완전히 배제할 수는 없었.

의심스러운 것은 남편이 내가 현장에서 실험을 하는 내내 너무나 담담하게 실험 장면을 지켜보고 있었으며 언 듯 본 그의 목에서는 약간의 긁힌 상처가 발견된 점이었다. 이는 부인과 다투다가 생겼을 가능성도 있는 것으로 보였다.

감정 결과

현장에 대한 감식을 마치고 연구소로 돌아왔다. 현장에서 채취한 증거물과 의뢰된 남편의 의류 등도 같이 분석을 실시하였다. 분석 결과는 아래와 같았는데 결론적으로 말하면 범인을 추정할 만한 증거를 찾지 못했다. 혹시 성범죄 쪽으로도 무게를 두고 부검 시 채취된 질 내용물에서 유전자 분석을 실시하였으나 남성의 유전자형이 검출되지 않았다. 남편의 바지에서는 소량의 혈흔이 발견되었는데 본인의 유전자형이 검출되어 의미가 없는 것으로 보였다.

현장 감정 결과

I. 사건 현장에 대한 혈흔 반응 실험 결과
 1. 안방: 창틀, 조그마한 자갈, 경대 틈, 장판 밑 등에서 혈흔이 검출되었으며 장판 부분에서는 루미놀 시험 결과 닦은 흔적을 관찰할 수 있었으며 유전자분석 결과 피해자의 유전자형이 검출되었다.
 2. 거실: 소파 및 소파 밑 방바닥 등에서 소량 혈흔이 검출되었으며 모두 피해자의 유전자형이 검출되었다.
 3. 베란다: 창고 문, 베란다 창틀 일부, 아이스박스 등에서 혈흔이 검출되었으며 피해자의 유전자형이 검출되었다. 창고의 벽면 등의 쓸림 흔적에서는 혈흔이 검출되지 않았다.
 4. 베란다: 배수구 주위에서 혈흔이 검출되었으나 오염 등으로 인하여 혈액형 및 유전자형이 검출되지 않았다

II. 남편의 의류 및 피해자 팬티에 대한 감정 결과
 1. 피해자의 팬티에서 정액 반응이 양성으로 나타났으나 정액 반응이 매우 약하여 피해자의 유전자형만 검출되었다.
 2. 남편의 바지 혈흔에서 남편의 유전자형만 검출되었다

사건이 일어난 지 일주일이 지났는데도 뚜렷한 단서를 잡지 못

하자 수사의 범위를 계속 넓혀갔다. 그동안 하나의 소득이 있었다면 남편의 알리바이가 여러 방면의 수사 결과 입증이 되어 남편은 용의 선상에서 제외하게 되었다. 부검 후 연구원의 다른 과(화학분석과)에 의뢰된 증거물들에 대한 실험 결과에서도 범인을 식별한 만한 결과는 없었다.

미궁 속으로

사건이 일어난 지 2주, 3주가 지났다. 그동안 수사관들이 많은 노력을 하였지만, 범인의 단서를 잡지 못하고 있었고 사건은 점점 미궁으로 빠져가고 있었다. 수사는 피해자의 주변 인물을 대상으로 계속 진행되었다. 하지만 용의자를 잡는다 해도 비교할 만한 뚜렷한 물증이 없었기 때문에 다른 증거를 찾기 위해 많은 노력을 기울였다. 수사관들이 피해자 주변 인물에 대한 수사를 하던 중 피해자가 여러 명의 남자를 상대로 성관계를 맺어오는 등 남자관계가 복잡하다는 사실을 알아냈다. 남편이 근무하러 간 사이에 이들 남성들과 집 또는 차 등에서 성관계를 맺어 왔다는 것이다. 피해자의 주변 인물을 대상으로 조사를 한 결과 의심이 가는 남성 5명에 대한 본격적인 수사가 진행되었다. 이들 모두에 대해 입던 옷 등이 압수되어 부산연구소에 의뢰되었다. 옷들은 모두 깨끗하게 세탁이 된 상태였다. 의뢰된 증거물 전체에 대해 루미놀 검사를 실시하였다. 실험 결과 모든 증거물에서 혈흔이 검출되지 않았다.

한편 피해자와 가해자가 범행 당시 다투는 과정에서 피해자의 손톱 밑에 가해자의 의류에서 유래된 섬유가 남을 수 있는데 이를 확인하기 위해 의뢰된 피해자의 손톱에서 작은 섬유흔이 발견되었다. 이 섬유흔과 용의자 집에서 압수한 옷의 섬유와 동일성 여부를 확인하기 위해 화학적 분석이 진행되었다. 분석 결과 용의자 중 한 사람의 옷·섬유와 유사한 것으로 나왔다. 하지만 섬유흔이 유사하다는 것만으로는 범인을 단정할 수는 없었다. 같은 섬유로 만든 옷은 얼마든지 존재하기 때문이다.

사건이 발생한 지 4주째가 지나가고 있었다. 다른 사건들에 밀려 이 사건도 점점 관심의 대상에서 멀어져가고 있었다.

손톱 밑에 숨겨진 비밀

이 사건은 계속 나의 머릿속을 맴돌고 있었다. 문득, 현장에 대한 혈흔 검출 시험 당시 남편의 목에 긁힌 상처가 기억이 났다. 혹시나 하는 마음에 섬유흔 감정이 끝난 손톱을 가져오라고 하였다(범인과의 다툼 과정에서 피해자가 손톱으로 가해자를 신체를 긁은 경우 손톱 밑에 범인의 세포가 남아 있을 수 있기 때문이다). 다행히 부검 시 채취한 피해자의 손톱이 섬유 동일성 감정을 마치고 잘 보관되어 있었다. 하지만 남편의 알리바이가 성립되었다는 얘기를 들었기 때문에 실험 결과에 대해 기대를 하지는 않았다. 설사 피해자의 손톱에서 남편의 유전자형이 나온다 해도 사건과 무관한 것이라고 주장하면 범인으로 확인하는데 어려움이 있었을 것이었다.

그래도 최선을 다하는 것이 과학자의 도리가 아닌가.

가져온 손톱을 필터페이퍼에 놓고 정밀하게 관찰하였으나 육안으로는 전혀 다른 이물질을 발견할 수 없었다. 손톱 밑을 소량의 거즈를 이용하여 잘 닦아낸 후 바로 유전자분석에 들어가기로 하였다. 매우 양이 적었기 때문에 채취한 샘플 모두를 유전자분석에 쓰기로 했다.

유전자분석 결과 눈을 의심하게 하는 결과를 얻었다. 남성 또는 여성을 구별하는 밴드 부분에서 남성을 상징하는 두개의 밴드가 눈에 들어온 것이다. 손톱 밑에서 채취된 눈에 보이지도 않는 극소량의 세포에서 남성의 유전자형이 검출된 것이었다(보통 살인 및 강간 사건에서 피해자의 손톱이 의뢰되곤 하는데 범인의 유전자형이 검출되는 경우는 드물다).

매우 흥분되는 순간이었다. 한편으로는 잘 믿어지지 않아 보고 다시 또 보았다. 여러 가지 확인 검사를 실시한 후 이상이 없음을 확인하였다. 의뢰한 OO경찰서 담당 형사에게 바로 연락을 했다. 손톱 밑에서 가해자로 보이는 남성의 유전자형이 검출되었으니 용의자들의 샘플을 채취해서 가능한 한 빨리 보내 달라고 했다. 연락을 하고 나서도 사건이 해결된다는 기대감에 마음이 가라앉지 않았다. 드디어 약 4주간 그렇게 애태우던 사건이 해결되는구나 하는 생각이 들었다. 그리고 전혀 생각하지도 않았던 것에서 결정적인 결과를 얻을 수 있어서 더욱 기분이 좋았다.

불륜의 끝

용의자로 지목되었던 사람들과 남편의 혈액(당시에는 구강 채취물이 아닌 혈액을 의뢰하였음)이 담당 수사관을 통해 하루도 안 되어 연구원에 도착하였다. 도착하자마자 바로 채취하여 유전자분석에 들어갔다. 신속하게 진행한 덕분에 하루도 지나지 않아 감정 결과를 얻을 수 있었다. 이들 결과들을 두근거리는 마음으로 손톱에서 검출된 유전자형과 비교하였다. 처음에 남편의 유전자형과 일치하는지 비교해 보았으나 일치하지 않았다. 남편의 목에 난 상처를 보고 생각이 나서 실험을 하게 되었지만 정작 남편과는 일치하지 않았다. 그리고 나머지 남성 5명과 비교한 결과 그중 1명과 정확하게 일치하였다.

오랫동안 해결되지 않고 하마터면 미궁으로 빠질 수도 있었던 사건이 해결되는 순간이었다. 감정 결과를 바로 ○○경찰서 담당자에게 통보하였다. 용의자는 바로 체포되었고 더 확실한 증거를 확보하기 위하여 그의 집을 압수 수색하여 옷장에 있던 그가 입었던 옷, 신발, 양말 등을 수거하여 의뢰하였다. 이들 증거물에 대한 혈흔검사가 진행되었다. 옷들은 모두 세탁이 되어 있어서 깨끗했다. 매우 적은 양의 혈흔을 검출하는 시약인 루미놀 검사에도 전혀 반응이 나타나지 않았다. 하지만 양말 바닥에서 약한 혈흔반응이 있어서 이를 잘라 혈액형 분석을 실시하였다. 분석 결과 피해자와 같은 혈액형임을 확인하였다.

사건의 전말은 피해자와 범인은 서로 사귀는 사이였다고 한다. 피해자가 이 남성에게 자동차까지 사주면서 애인 관계를 유지하려 하였으나 이 남성이 불안을 느낀 나머지 피해자에게 이제 나는 가정도 있고 하니 그만 헤어지자고 요구하였다 한다. 이에 피해자가 격분하여 욕을 하고 뺨을 때려서 홧김에 목을 졸라 살해한 후 시신을 베란다 창고에 유기하였다 한다. 참담한 불륜의 최후 결과였다. 사건은 기분 좋게 해결되었지만, 우리 사회의 잘못된 성문화를 보는 듯하여 씁쓸하였다.

손톱에서 증거물의 채취

손톱 채취 시 피해자의 조직 및 혈흔이 섞이지 않도록 바짝 자르지 말아야 하며 반드시 개별 포장을 해야 한다. 또한 증거물이 오염되지 않도록 채취자 및 시료를 취급하는 사람은 매우 주의를 하여 증거물을 다루어야 한다. 즉, 아주 적은 양의 DNA가 증거물에 오염되어도 오염된 사람의 유전자형이 검출이 되어 엉뚱한 결과를 얻을 수 있기 때문이다.

당시 의뢰되었던 변사자의 손톱 및 용의자 양말 혈흔 검사 결과

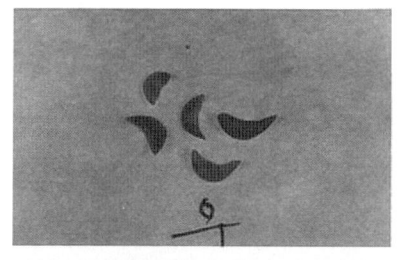
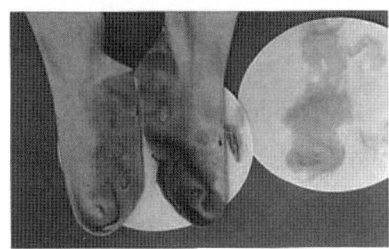

상 : 이OO 손톱(부검시 채취)
하 : 용의자 양말

베란다 배수구 주변 혈흔 검사 결과
(혈흔반응 양성–녹청색으로 변한 부분)

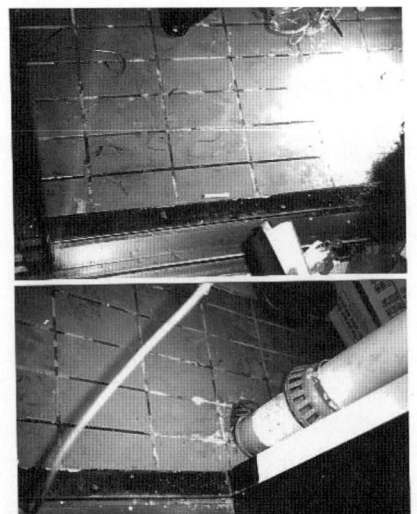

마지막 고백

사건 개요

2002년 어느 날 초췌한 모습의 남성 A 씨가 한 경찰서에 출두하여 8년 전에 자신이 저지른 범행을 자백했다. 1994년 서울의 모 용역 사무실에서 사장인 B 씨, 종업원인 C 씨 및 피해자 등과 같이 소주를 나누어 먹던 중에 사장인 B 씨가 피해자에게 욕설을 하며 일을 왜 그런 식으로 하느냐며 주먹으로 얼굴, 목, 가슴 등을 때리고 책상 위에 있던 연필통과 소주병 등으로 머리를 내리쳐 사망하게 했다고 했다. 이들은 사고 직후 치밀한 계획 아래 피해자를 유기하고 서로 입을 맞춰 피해자가 실종된 것으로 위장했다. 이 사건은 그 당시 실종 사건으로 마무리되었었다.

자백

자수한 A 씨는 대구 모 대학 병원에서 위암 4기 판정을 받아 수술을 한 후 항암치료를 받고 있던 사람이었다. 그는 병원에서 말기암으로 얼마 더 살지 못함을 통보받고 "죽기 전에 피해자의 원혼을 달래주고 싶다"며 피해자를 살해한 사실을 경찰에 찾아가 자백한 것이다.

세월이 많이 흘러 모든 증거가 사라졌고 이미 실종사건으로 종결되었었기 때문에 피해자는 영원히 실종자로 남았을지도 모른다. 시간이 많이 지난 사건이지만 A 씨의 자백을 토대로 재수사가

진행됐다. 그가 시신을 유기했다고 지목한 장소 주변을 대상으로 굴삭기를 동원해 시신을 찾기 시작했다. 하지만 세월이 많이 흘러 자수한 A 씨가 정확하게 장소를 기억하지 못하고 더구나 지형까지 모두 바뀌었기 때문에 시신을 찾는 데 애를 먹었다. 여기 저기 한참을 작업한 하던 중 A 씨가 지목한 곳 가까이에서 드디어 시신의 일부를 발견하였으며 깊이 묻힌 시신을 모두 발굴할 수 있었다. 시신은 흐른 세월만큼이나 완전히 백골화된 상태였다.

유골의 신원이 밝혀지다

시신에 대한 정확한 신원을 확인하기 위하여 발굴된 유골과 추정되는 어머니의 시료가 연구원에 의뢰되었다. 유골에 대한 신원확인은 피해자의 8년간의 응어리진 원한을 풀어가는 시작점이었다. 하지만 시료가 뼈였기 때문에 유전자 분석 결과를 얻기까지는 적지 않은 시간이 소요되었다. 단단한 뼈에서 유전자분석을 하기 위해서는 특수한 시약을 처리하여 뼈를 연하게 만들어야 하기 때문에 조직과 같은 샘플보다는 많은 시간이 소요된다. 하지만 최근의 개선된 방법을 사용하여 최대한 분석 시간을 단축하기로 하였다. 늦었지만 가능한 빨리 신원을 확인하는 것이 사건의 진실을 밝히는 데 가장 중요하기 때문이었다.

땅속에 묻혀 있었던 유골의 경우, 토양 미생물 또는 토양의 성분 등이 뼈에 지속적으로 영향을 주어 이들 물질을 완전히 제거하지 않으면 뼈에 있는 사람의 유전자를 증폭하는 데 영향을 미칠 수 있다. 따라서 하천이나 산에서 발견되는 유골보다는 유전자형 검출 확률이 많이 떨어지기 때문에 매우 걱정을 하기도 했다. 하지만 최선을 다하여 실험을 한 결과 생각보다는 매우 빠르게 뼈에서 성공적으로 유전자형을 검출할 수 있었다.

검출된 유전자형과 어머니의 유전자형을 비교하여 서로 친자관계가 성립되는지를 확인하였다. 분석 결과 의뢰된 어머니의 유전자형과 뼈에서 검출된 유전자 사이에 친자관계가 성립되는 것으로 나타났다. 즉, 암매장되어 발굴된 유골이 A 씨 등이 살해하여 암매장한 그 사람이 확실함이 증명된 것이었다. 피해자는 8년 만에 비로소 땅속에서 나와 밝은 빛을 받으며 자신의 존재를 알릴 수 있었으며 진실을 밝히는 계기가 될 수 있었다.

마지막 남은 양심

오랫동안 어둠 속에서 자신의 존재마저 잃고 구천을 떠돌던 영혼은 그제야 생전의 옷인 자신의 이름을 다시 찾고 가족의 품으로 돌아갈 수 있었다. 그 후 이 사건에 대한 재수사가 본격적으로 진행되었다. 그의 진술에 따라 범행에 같이 참여했던 다른 사람들도 찾을 수 있었고 그들은 모두 당시의 범행에 대해 시인하였다. 비로소 8년 전의 범행이 낱낱이 드러나는 순간이었다.

마지막 남은 작은 양심이 억울한 죽음의 원인을 밝히는 계기가 되었다. 죄를 짓고 편안하게 살 수는 없었을 것이다. 사실을 기억에서 지우려 했겠지만 결코 기억에서 지울 수 없었으며 마지막 남은 양심은 그 자신이 한 일에 대해서 용서를 하지 않았다. 혹, 자신이 자신을 속여 사실을 영원히 묻어두고 싶었지만, 하늘과 세월은 그것을 용서하지 않았다.

뼈에서의 유전자분석

뼈는 견고한 구조로 되어 있기 때문에 샘플을 채취하는 것뿐만 아니라 DNA를 깨끗하게 추출하는 것이 매우 어렵다. 또한 시신이 자연 상태에서 오래 있었기 때문에 토양 및 미생물 등에 장시간 노출되어 분리된 DNA가 대부분 손상된 경우가 많아 유전자형을 검출하는 것도 쉽지 않다. 유전자형 검출의 성공확률을 높이기 위해서는 이들 오염물질을 최대한 제거하여 가능한 깨끗한 DNA를 얻는 것이 중요하다. 깨끗한 DNA를 분리하기 위하여 뼈의 표면의 오염된 물질을 제거하고 뼈를 물렁물렁하게 하는 전처리 과정이 필요하다.

뼈가 의뢰되면 우선 증류수 등을 이용하여 뼈 표면의 오염원을 제거하기 위해 뼈의 표면을 깨끗하게 닦는다. 이를 말린 후에 다시 핸드피스(연마기) 등을 이용하여 뼈의 표면을 갈아내 미생물 등으로 오염된 표면을 제거한다. 이렇게 처리한 뼈를 DNA 분리를 위하여 적당한 크기로 자른 후 0.5 M EDTA[2]에 넣어 칼슘을 제거한다. 일주일씩 두 번을 이 시약으로 처리하면 뼈는 메스(외과용 칼)로 자를 수 있을 정도로 물렁하게 된다. 물렁물렁해진 뼈를 메스로 얇고 잘게 자른 후 분해 용액에 넣어 이를 완전히 분해하고 다양한 정제 과정을 거쳐 오염물질을 제거해 분석에 필요한 DNA를 추출한다. 이렇게 추출한 DNA를 분석에 사용한다.

---

2 EDTA(에틸렌다이아민테트라아세트산): 유기화합물로 금속이온의 제거, 분리, 분석 등에 사용되며, Ca2+등과 반응하기 때문에 세제 첨가제 또는 Pb2+와 강한 친화성을 갖기 때문에 납중독의 치료제로 사용되기도 한다.

매장된 변사체의 발굴 후 재구성

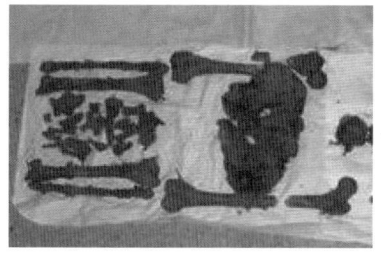
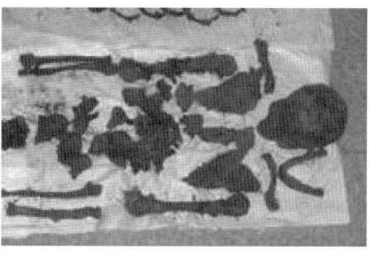

두개골 부위

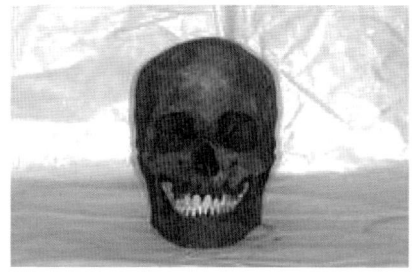

1. 뼈의 주요 성분과 DNA

뼈는 다른 조직과 마찬가지로 세포와 세포 사이의 물질로 구성되어 있는 특수결합조직이다. 세포 사이의 물질은 유기질(섬유결합 단백질인 콜라겐)과 무기질(85%는 인산칼슘이며 10%는 탄산칼슘이다)이다. 뼈는 이 세포 사이에 무기질이 침적되어 다른 조직과는 다르게 단단한 물리적 성질을 나타내고 유기질은 뼈의 탄력성을 유지하게 한다. 성분 중 무기질이 3분의 2를 차지하고 유기질은 3분의 1을 차지한다. 특별한 시약을 처리하여 이 무기질을 제거하면 뼈도 다른 조직처럼 물러지게 된다. 우리가 뼈에서 유전자분석을 할 때 원래의 뼈를 그대로 분석하는 것은 불가능하다. 따라서 뼈에서 이 무기질을 제거한 후 물렁물렁하게 하여 일정량을 채취하여 분해 용액을 처리하면 조직이 완전히 분해된다. 이곳에는 적은 양이기는 하지만 세포가 존재하여 유전자분석이 가능한 것이다.

2. 소뼈를 재료로 사용한 2차 제품에서 한우 및 수입산 구별은?

소고기의 경우 한우와 수입산 종에서 발견되는 특이 유전자를 분석하여 한우 및 수입산인지를 판단할 수 있다. 그런데 소뼈의 경우는 어떨까? 외국의 경우 고기를 제외한 부산물들은 보통 식용으로 사용하지 않는다. 하지만 우리의 경우 뼈를 비롯하여 여러 부위를 식용으로 하고 있다. 그중에 뼈를 우려낸 육수의 경우 유전자분석이 가능할까? 경우에 따라 달라질 수 있겠지만 끓이는 정도의 열을 가한 경우 DNA가 거의 파괴되지 않고 남아 있다. 대개 육수에는 뼈 또는 뼈에 붙어 있는 조직의 일부가 떨어져 나오기 때문에 육수에서도 충분히 유전자분석이 가능한 것이다. 따라서 이를 분석하면 한우의 뼈로 만든 것인지 외국산 소뼈로 만든 것인지 알 수 있다.

간통의 흔적

간통 혐의 사건

1990년대 중반의 일이었다. 서울 C법원에서 간통 피의 사건과 관련 감정을 해달라는 전화가 왔다. 간통 피의 사건? 나는 의뢰할 감정물의 상태를 자세하게 설명해 달라고 하였다. 법원 담당자는 수건, 잠옷 등이 증거로 제시되었는데 이 증거물들은 모두 이미 깨끗하게 세탁이 된 후라는 것이었다.

1990년 중반에는 이렇게 세탁이 된 증거물에서는 너무 DNA의 양이 적어 유전자형이 검출되지 않았었다. 지금에야 범인이 착용했던 마스크, 범인이 들고 있었던 가방 손잡이, 운전하였던 차의 운전대, 심지어 먹다가 뱉은 씨앗에서도 유전자형이 검출될 정도로 적은 양에서도 유전자형을 검출할 수 있지만, 당시의 유전자 분석 기술로는 세탁이 된 증거물에서는 불가능하였기 때문이다.

당연히 나는 그런 증거물에서는 감정을 한 적도 없고 방법도 없어 감정이 불가능하다고 답변했다. 세탁이 된 깨끗한 증거물에서 유전자분석을 한다는 것 자체가 부담이 되었을 뿐만 아니라 분석 자체가 거의 불가능함을 익히 알고 있었기 때문이었다. 바쁜데 괜히 이런 것으로 시간을 낭비하느니 다른 사건 하나를 더 분석하는 것이 더 나을 것 같아서였다. 하지만 이 사건을 해결하는 데 다른 증거가 전혀 없었고 이 증거물을 분석하여 증명할 수밖에 없다는 설명이었다. 일단 의뢰를 받고 새로운 여러 가지 방법을 사용하여 시도해 보기로 하였다.

증거물

분석을 하려고 마음을 먹었지만 실상 아무것도 없는 것에서 무엇을 어떻게 해야 할지 생각이 떠오르지 않았다. 증거물로는 상, 하의 잠옷 한 벌과 B 씨의 집에서 사용되었던 수건 한 점 등이었다. 이들 모두는 너무 깨끗하게 세탁이 되어 있어 혈액형 분석(입었던 옷 등에는 사용한 사람의 땀 등이 묻어 있기 때문에 혈액형 분석이 가능하다)도 불가능해 보였다. 여러 가지 생각 끝에 옷과 수건에 사용한 사람의 세포가 묻어있을 것으로 생각하여 이들 증거물을 전체적으로 털어서 떨어져 나온 것을 가지고 실험을 해보기로 하였다. 눈에는 보이지 않지만, 그것을 사용한 사람의 세포들이 떨어져 나와 수건의 섬유 올 속에 숨어 있어 세탁을 해도 떨어져 나오지 않았을 수도 있기 때문이다. 생각이 거기까지 미치자 이제는 실천이 중요했다.

"그래, 일단 털어보는 것이다."

중요한 해결 방법을 찾은 것이다.

털어서 나온 증거

세포 등 이물질은 보통 밝은색으로 일반 흰 종이에서는 잘 보이지 않기 때문에 바닥에는 검은색의 전지 종이를 깔았다. 그리고 실험하는 과정에서 자신의 몸에서 떨어져 나온 세포들이 우연히 그곳에 떨어질 수 있기 때문에 깨끗하고 바람이 불지 않는 공간

에서 진행하기로 하였다. 일회용 실험복을 입고 손과 머리 등 노출되는 모든 부분도 테이프로 모두 가렸으며, 일회용 수술용 장갑 그리고 마스크를 착용하여 오염이 될 수 있는 가능성을 모두 차단하였다.

조심스럽게 옷과 수건을 훑어 내리는 방법으로 털어나갔다. 한 증거물을 털고, 털어서 나온 것들을 종류별로 모아 선별하였다. 그리고 다른 증거물을 처리하고 하는 식으로 천천히 진행하였다. 결과는 놀라웠다. 아무것도 없을 것 같은 증거물에서 많은 양의 다양한 이물질들이 떨어져 나왔다. 떨어져 나온 섬유 조각은 필요하지 않았기 때문에 잘 제거하고 나머지를 조심스럽게 모아서 현미경으로 관찰하였다. 현미경으로 관찰하며 떨어져 나온 증거물들에 대해서 분류를 해나갔다. 잠옷에서는 약 0.3cm가량 되는 모발 1점과 약 0.5 cm가량 되는 모발 1점 등 작은 것이기는 하지만 모발 2점이 수거되었으며 소량의 세포를 포함한 이물질도 같이 채취되었다. 수건에서도 약 1cm가량 모발 1점과 약 2cm가량 모발 1점 등 모발 2점이 채취되었으며 소량의 세포를 포함한 이물질을 같이 채취할 수 있었다. 하지만 이제 이것이 증거 능력을 가지려면 분석을 거쳐서 의미 있는 결과를 얻어야 한다.

DNA 분석

수거된 것들에 대한 본격적인 실험이 시작되었다. 먼저 어떤 물질인지를 확인하기 위하여 즉, 떨어진 것들이 사람의 세포를 포함하고 있는지, 세포의 상태는 어떤지 그리고 모발의 경우 모근은 있는지 등을 알아보기 위하여 이들에 대한 2차 현미경 관찰을 실시하였다.

현미경으로 관찰한 결과 하얗게 떨어져 나온 것들은 섬유의 올 속에 숨어 있던 세포인 것으로 확인되었다. 세포의 상태는 마른 상태로 많이 깨져 있었으며 전형적인 세포의 모습은 관찰할 수 없었다. 하지만 이들을 분석하면 충분히 유전자분석 결과를 얻을 수 있을 것으로 보였다. 수거된 모발은 매우 짧은 모발들로 섬유 올 사이에 박혀서 떨어지지 않고 있었던 것으로 보였다. 당시의 분석 기술로는 모근이 없으면 유전자분석이 불가능하였다(지금은 미토콘드리아 DNA 분석법이 개발되어 이러한 증거물에서도 유전자분석이 가능하다). 따라서 그나마 조금이라도 모근부가 있는 모발을 선택하였으며 모근부를 충분히 잘라 유전자분석을 실시하였다.

유전자분석을 하는 데는 며칠이 소요되었다. 채취된 것에서 유전자형을 일부라도 얻을 수 있다면 일치 여부를 쉽게 판단할 수 있을 것이다. 이들 증거물에 대해 HLA-DQα형, D1S80(VNTR) 및 TH01(STR)을 분석하였다. 증폭과 전기영동을 거쳐 드디어 하나하나 데이터가 나오기 시작했다. 증거물 상태로 보아서 좋은 결과를 기대할 수는 없었지만 다행히 일부 채취된 증거물에서 의미 있는 결과를 얻을 수 있었다.

분석 결과

분석 결과 잠옷과 수건에서 떨어져 나온 세포에서 유전자형을 검출할 수 있었으며 피고소인의 유전자형과 일치하지 않았다. 또한 모발 1점에서도 혈액형을 검출할 수 있었으며 피고소인의 혈액형과 일치하지 않았다. 결국 모든 증거물에서 피고소인의 유전자형이 검출되지 않았던 것이었다.

아무것도 없을 것이라고 생각을 했고, 불가능할 것으로 생각했는데 다행히 좋은 결과를 얻을 수 있었다. 나는 이렇게 어렵게 또는 거의 불가능할 것 같은 것에서 좋은 결과를 얻어 사건을 해결했을 때 가장 큰 보람을 느낀다.

"털어서 증거가 안 나오는 것이 없다! 범죄의 현장에는 범죄를 해결할 수 있는 답인 증거가 반드시 있게 마련이다."

정말 깨끗한 증거물 같았는데 발상의 전환으로 그곳에서 결정적인 증거를 찾을 수 있었다. 무엇이든 안 된다고 생각하면 아무것도 할 수 없다. 하지만 할 수 있다고 생각하면 어떻게든 해결할 수 있는 실마리가 생기는 것 같다.

채취된 증거물

증1호 : 잠옷(상하)에서 채취한 모발 (약 0.3cm가량)
증2호 : 잠옷(상하)에서 채취한 모발 (약 0.5cm가량)
증3호 : 수건에서 채취한 모발 (약 1cm가량)
증4호 : 수건에서 채취한 모발 (약 2cm가량)
증5호 : 잠옷(상하)에서 채취한 세포로 추정되는 물질
증6호 : 수건에서 채취한 세포로 추정되는 물질

실험 결과

증거물	혈액형	HLA-DQα	D1S80형	HumTHθ1형	HumCD4형
증4호	B형	ND	ND	ND	ND
증5호	-	1.2 - 1.2	18 - 18	7 - 7	7 - 12
증6호	-	1.2 - 1.2	18 - 18	7 - 7	7 - 12
피고소인 A 씨	A형	1.1 - 3	18 - 24	7 - 7	7 - 7

생물학적 미세증거물의 종류

최근에는 매우 적은 양의 DNA에서도 유전자분석이 가능해짐에 따라 범인이 사용한 숟가락, 컵, 칫솔, 먹다 버린 과일의 씨, 사용한 장갑, 마스크, 가방 손잡이 등 범인이 사용하거나 만졌던 모든 것이 증거가 될 수 있다. 이러한 범인이 접촉한 증거물에는 범인의 세포가 소량이라도 남아 있기 때문에 유전자분석이 가능한 것이다. 범인의 침 또는 체액도 현장에 남는 경우가 많은데 이 경우도 모두 세포를 포함하고 있기 때문에 유전자를 검출할 수 있는 것이다.

최근에 의뢰된 미세증거물의 종류

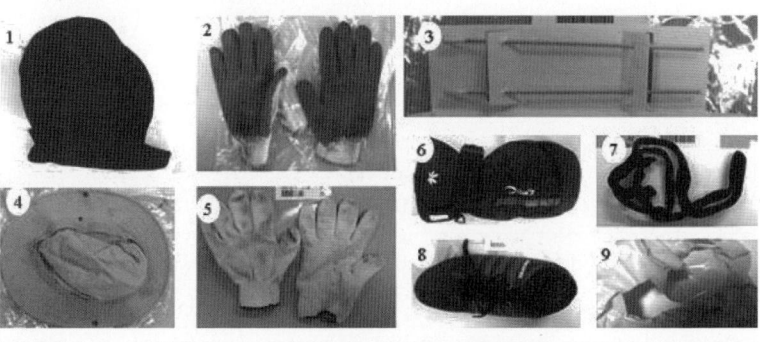

①복면	②범행 시 사용된 장갑	③구강 채취 면봉	
		⑥범행 시 사용된 장갑	⑦범행에 사용된 끈
④범인이 버리고 간 모자	⑤범행 시 사용된 장갑	⑧범인이 버리고 간 신발	⑨피해자를 결박했던 테이프

운 명 -교통사고와 백혈병 환자

교통사고의 발생
사건 개요

지방의 중소도시 외곽의 도로에서 길을 건너던 40대 중반의 남성이 교통사고로 사망하는 사건이 발생하였다. 사고를 낸 차량은 잠시 멈칫하더니 피해자를 구호 조치도 하지 않고 그대로 뺑소니쳤다. 마침 뒤를 따르던 차량의 운전자가 이를 목격하고 차에서 내려 피해자를 살핀 후 바로 경찰에 신고하였다. 신고를 받고 119 구급대가 도착하였지만 이미 피해자는 출혈이 심해 사망한 후였다.

목격자의 진술과 경찰의 수사로 용의자가 잡혔다. 다행히 목격자가 차량 번호를 메모해 놓아 쉽게 운전자를 검거할 수 있었다. 용의자는 다음과 같이 진술했다.

"사고를 낸 후 피해자가 인기척이 없어 사망한 것 같았어요. 겁이 나서 정신없이 차를 몰고 도망했습니다."

피해자에 대한 부검이 실시되었고 뺑소니 차량에 대한 정밀 감정을 위해 용의자 소유의 차량도 국립과학수사연구원에 의뢰되었다. 물론 목격자도 있었지만 확실한 물증을 확보하는 것이 과학수사의 기본이기 때문이다. 사고의 진실을 밝히기 위해 여러 전문 분야에서 정밀한 감정이 이루어졌다. 유전자감식센터에서는 용의 차량이 피해자를 치었는지 증명하기 위해 의뢰된 차량에서 피해자의 조직 또는 혈흔이 발견되는지 여부를 감정하였다. 차량에 대한 정밀 조사 결과 차량의 앞부분에서 조직 소량을 채취할 수 있었다. 이 조직을 조심스럽게 채취하여 유전자분석을 실시하였다. 부검 시 채취된 피해자의 혈액도 유전자분석을 위해 같이 의뢰되었다.

유전자분석 결과 이상한 일이!

이들 조직과 혈액에서 유전자분석을 한 결과 전혀 예상하지 못한 결과를 얻었다. 차량에서 채취한 표피 조직에서는 남성의 유전자형이 검출되었고 부검 시 채취한 피해자의 혈액에서는 여성의 유전자형이 검출된 것이었다.

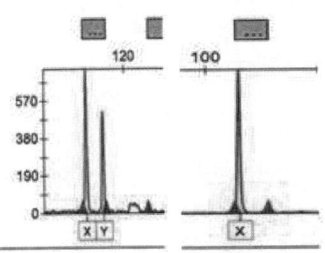

* 검출된 유전자형 [좌: 차량에서 채취한 표피 조직(남성), 우: 부검 시 채취된 혈액(여성)]

남성은 XY염색체를 여성은 XX염색체를 갖는다. 따라서 분석 결과 남성은 2개의 피크로 여성은 한 개의 피크로 나타난다.

"그럼 다른 사람을 치었단 말인가?"

"분명히 목격자도 있었고 운전자 자신도 모두 시인한 것인데 어떻게 된 것이란 말인가!"

조직과 혈액에서 검출된 두 유전자형은 다른 사람의 유전자형이었다. 이해가 되지 않았다. 분명히 사망한 사람은 남성인데 어떻게 여성의 유전자형이 검출된 것일까? 분석과정이나 증거물의 채취 및 전달 과정 등을 다시 처음부터 점검하기 시작했다. 어딘가에서 문제가 생긴 것으로 생각할 수밖에 없었다.

"부검 시 다른 사람의 혈액이 잘 못 의뢰된 것은 아닐까?"

"혹시, 여성에서 남성으로 성전환을 한 트랜스젠더?"

"진짜 교통사고를 낸 차량은 다른 차량?"

"우리가 분석을 하다가 잘못한 것은 아닌가?"

모든 가능성을 열어 놓고 점검해나가기 시작했다. 우선 피해자가 실제로 남성인지를 확인하기 위해서 부검 당시의 피해자 사진을 확인하기로 했다. 부검 기록으로는 분명 남성이었다. 성전환 수술을 한 사람도 아니었다. 어떻게 된 것일까? 그럼 어떻게 남성에서 여성의 유전자형이 검출되었단 말인가?

"그렇다면 증거물 채취 시 잘 못 기재를 한 것은 아닐까?"

그때 같이 부검 한 다른 피해자들을 일일이 대조하여 혹시 바뀌거나 잘 못 기재됐을 가능성을 검토하였으나 모든 과정에 이상이 없었다. 그리고 다른 가능성들도 하나하나 검증해나갔다. 하지만 모든 것이 정확하게 이루어졌음을 다시 확인하였다. 유전자분석 과정도 다시 검토하였으나 전혀 문제가 없었다. 분명히 모든 것은 정확하게 정상적으로 진행되었던 것이다.

다시 원점에서

모든 것을 원점에서부터 다시 시작하기로 하였다. 부검 당시 채취한 피해자의 여러 장기 조직을 추가로 보내줄 것을 요구하였다. 차량에서도 새롭게 조직을 다시 채취하였고 실험을 하고 난 조직의 잔량도 다시 DNA를 분리해서 분석하기로 했다. 이들 새로 채취된 증거물에서 모든 것을 처음부터 다시 실험하기로 하였다. 먼저 얻은 분석 결과와 새로이 채취한 증거물에서 분석한 결과를 비교하면 어디서 잘 못 되었는지 확실하게 밝힐 수 있을 것으로 보였다.

새로 채취하고 의뢰된 증거물들에서 분석 결과가 나왔다. 차량에서 새롭게 채취한 조직과 분석하고 남았던 조직 잔량을 분석한 결과 같은 유전자형이 검출되었다. 하지만 새로 의뢰된 다른 여러 종류의 피해자 조직에서는 믿을 수 없는 결과를 얻었다. 일부 조직에서는 남성과 여성의 유전자형이 혼합되어 검출되었으며 일부 조직에서는 남성 유전자형만 검출되었다. 이 검출된 남성 유전자형이 차량에서 채취한 조직에서 검출된 유전자형과 같은 유전자형이었다. 혼합되어 검출된 유전자형에는 최초 혈액에서 검출되었던 여성의 유전자형이 포함되어 있었다. 새로운 결과

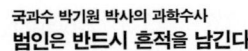

를 얻어 실험과정 등에서 이상이 없음을 확인하였지만 이해가 되지 않는 결과였다.

"최초 의뢰된 혈액은 누구의 것인가?"
"왜 혼합되어 검출된 것일까?"

차량에서 채취된 조직에서 검출된 유전자형과 피해자 조직에서 검출된 유전자형이 일치하는 결과가 나왔지만 나머지 결과에 대한 규명이 필요하였다. 여러 가지 의문에 대한 해답이 없이는 사건에 대한 결론을 깨끗하게 내릴 수 없는 상황이었다.

유전자분석의 경우 혈액을 분석하든, 조직을 분석하든, 모발을 분석하든 같은 사람으로부터 유래된 시료에서는 모두 같은 유전자형 검출되기 때문에 일반적인 상황으로는 설명이 안 되었다. 분명히 무슨 특별한 상황이 있는 것이었다. 한 사람에게서 채취된 증거물에서 혼합된 유전자형이 검출되었다는 것은 특별한 경우 성범죄 사건에서 여성의 질 내용물 분석과 같이 여성과 가해 남성의 유전자형이 혼합된 경우는 가능한 얘기다. 하지만 이 경우는 혼합되어 나올 가능성이 없는 사건이었다.

사건 담당 경찰관에게 전화를 하여 사건과 관련된 여러 가지 의문 사항에 대해 문의하였다. 그러던 중 피해자가 백혈병 환자였다는 것을 알 수 있었다.

"백혈병!"

그가 백혈병을 앓았었다는 것은 위와 같은 이해할 수 없는 결과에 대한 해석을 가능하게 하는 단서가 될 수 있었다. 즉, 혈액과 조직에서의 유전자형이 다르고 조직에서의 혼합 유전자가 검출된 원인을 설명할 수 있는 계기가 된 것이다.

백혈병

백혈병은 백혈구가 무제한으로 증가하는 질병으로 백혈구가 이상적으로 증가하여 빨간색을 띠는 혈액이 흰색을 띠기 때문에 백혈병이라고 한다. 백혈병은 일종의 조혈조직악성종양(혈액을 만드는 조직에서 일어나는 암)의 일종으로 혈액암이라고도 한다. 백혈병은 매우 치료가 어려운 병이다. 요즘은 치료 기술이 발달하여 많은 사람들이 완치되고 있지만 예전에는 불치의 병으로 여겨왔다. 이를 치료하기 위한 방법으로 화학요법을 많이 사용하고 있지만, 근본적인 치료를 위한 방법으로 골수이식을 한다. 하지만 골수이식은 적합한 골수 제공자가 있어야 하고, 이식을 하더라도 조직거부반응으로 인해 사망할 확률이 높다는 단점이 있다.

운명

드디어 모든 의문이 풀리는 순간이었다. 이 피해자는 백혈병 환자로 한 여성으로부터 골수이식을 받았다고 한다. 성공적인 수술과 치료로 이식을 받은 골수가 잘 활착되어 정상적인 혈액을 생산할 수 있을 정도로 호전된 사람이었다. 따라서 이식된 골수에서 정상적으로 생산된 혈액은 골수의 제공자인 여성의 유전자형이 검출되었던 것이었고 조직에서는 본인(남성)의 유전자형이 검출되었던 것이다. 즉, 이식받은 골수가 피해자의 몸에서 건강한 혈액을 잘 만들어내고 있었던 것이었다. 혈액을 많이 가지고 있는 간과 같은 조직의 경우는 골수의 제공자인 여성의 유전자형과 피해자의 유전자형이 혼합되어 검출된 것이었고 혈액이 소량으로 존재하는 조직에서는 피해자의 유전자형만 검출된 것이었다.

피해자는 백혈병이란 불치의 병을 얻었지만 골수이식을 받아 잘 치료되어 정상적인 생활을 하는 듯하였다. 하지만, 운명을 거스를 수는 없었던 모양이다. 참으로 안타까운 일이었다.

한 사람의 몸에서 두 개의 유전자형이!

■ 인간 키메라

한 사람의 몸속에 두 가지 이상의 유전자가 함께 존재하는 인간 키메라가 실제로 존재할 수 있을까?

2003년 12월 사이언스 타임즈에 인간 키메라가 존재한다는 사실이 게재되었다. 5년 전 미국 보스턴의 병원을 찾은 한 환자에게 신장 이식이 필요했다. 이 환자의 가족 중에 신장을 기증할 수 있는 사람이 있는지 알아보기 위해 남편과 세 아들의 조직적합성검사인 human leukocyte Antigen(HLA) 검사를 했다. 검사 결과는 믿을 수 없는 결과가 나왔다. 세 아들의 아버지는 이 여성의 남편이 분명했다. 그러나 이 여성의 세 아들 중 두 명의 어머니는 이 여성이 아니라는 것이었다. 이 여성이 세 아들을 자연 임신해서 낳았기 때문에 이것은 도저히 있을 수 없었다. 결과대로 해석을 하면 이 여성의 남편과 다른 여자의 아이를 이 여성이 낳았다는 결론인데 이는 있을 수 없는 상황이다.

이에 대한 답은 처음의 혈액 검사에서 빠진 다른 가족인 오빠를 검사함으로써 실마리가 풀리기 시작했다. 이 여성의 오빠에게는 아들들의 반수체가 있었던 것이었다. 이 여성의 머리카락, 피부, 갑상샘 등 몸의 다른 조직의 유전자를 검사한 결과 이 여성의 몸은 두 가지 다른 세포로 이루어져 있음이 밝혀졌다.

검사한 핵 DNA STR은 혈액에서 하나였지만 그녀의 조직에서 두 개인 것으로 드러났다. 여성은 키메라 현상으로 알려진 현상이 일어났고 이는 한사람에서 채취한 두 개의 다른 세포주였다. 키메라 현상은 수혈과 이식을 통해서 일어나고 유전된다고 한다.

위의 경우는 두 개의 정자가 두 개의 난자에 수정되고 수정란으로 발달하여 혼합된 세포주인 한 사람이 탄생한 것이다. 즉, 이 여성의 어머니가 이란성 여자 쌍둥이를 임신했는데 임신 초기에 합쳐져서 하나의 배아로 자라났다는 것이다. 혈액은 한 가지 세포로 이루어졌지만, 이 여성의 난소와 난자에는 두 가지 세포가 다 있어서 아들들에게 불가능해 보이는 유전자 조합이 나온 것이다. 이런 인간 키메라가 얼마나 되는지는 아직 아무도 정확히 알지 못한다. 몸 밖에서 난자와 정자를 수정시켜 자궁에 착상하는 시험관 아이가 늘며 쌍둥이가 많이 태어나 그에 따라 키메라도 늘어났을 것이라 예상된다.

위 여성의 조직이 사건 현장에서 발견되었고 이를 분석했다면 혼합반으로 나타날 것이다. 분석한 사람은 이를 두 사람의 것이 혼합된 것으로 해석을 할 것이다. 하지만 실제적으로는 한 사람에서 기원된 시료인 것이다. 이처럼 혼합반으로 검출되지만 실제로는 한 사람의 것인 경우는 매우 드물다.

만병통치약-사람 뼈?

만병통치약?

오래전부터 사람의 간을 먹으면 간질환이 낫는다는 식의 이상한 소문이 입을 통해서 회자되기도 했다. 지금까지도 일부에서는 이러한 소문을 믿는 사람도 있다고 한다. 이러한 사실을 증명하는 사건이 일어났다.

피해자는 간질환을 앓고 있는 사람으로 치료를 위하여 민간요법을 수소문하던 중에 사람의 뼈를 달여 먹으면 완치될 수 있다는 말을 듣고, 용의자로부터 사람 뼛가루라고 주장하는 분말을 천만 원에 구입했다고 한다. 피해자가 이 뼛가루를 끓여서 물을 복용하였으나 효과가 없자 용의자에게 항의하였다. 용의자는 다시 고등학생의 뼈를 갈아서 만든 것이라며 회색 분말을 건네주었다 한다. 다시 이를 복용하였는데도 병이 낫지 않고 악화되자 그를 사기 혐의로 고소한 사건이었다.

의뢰 증거물

증거로 자신이 먹다가 남은 회색 분말을 제시했고 국과수에 의뢰되었다. 의뢰 사항은 이 분말이 사람의 뼈를 갈아서 만든 것인지 여부를 확인해달라는 내용이었다. 육안으로 보아서는 당연히 사람의 뼈로 만들었는지 여부를 전혀 판단할 수 없었.

이렇게 뼛가루가 불에 완전히 탄 경우 유전자분석이 불가능하지만 완전히 타지 않은 경우 유전자분석이 가능한 경우도 있다. 의뢰된 분말은 탄화된 뼈를 곱게 빻은 것으로 보였으며 유전자분석이 불가능해 보였다. 하지만 감정이라는 것은 조금의 가능성이 있어도 진실을 가리기 위해 최선을 다하는 것이다. 가능할 것 같지는 않았지만, 유전자분석을 실시하기로 하였다.

실험 결과

실험을 위해서 의뢰된 분말의 일부를 덜어내었다. 분말이 매우 곱게 분쇄되어 있었기 때문에 일반적으로 뼈에서 유전자분석을 하는 것과 같은 방법으로 분석을 실시하였다. 뼛가루에 용해 완충용액을 넣고 반응시킨 후 DNA를 분리하였다. 분리된 DNA에서 핵 DNA STR과 미토콘드리아 DNA 분석을 실시하였다. 분석 결과 핵 DNA STR 유전자형은 검출이 되지 않았다. 핵 DNA STR 분석의 경우 증폭되는 유전자의 크기가 크기 때문에 증폭을 하고자 하는 부위가 손상된 경우 원하는 부위를 증폭할 수 없다. 이 증거물의 경우 DNA가 많이 손상된 상태이므로 예상대로 전혀 증폭이 되지 않았다. 하지만 미토콘드리아 DNA 분석에서는 PCR(중합효소연쇄반응) 결과 증폭된 밴드가 관찰되었다. 의외의 결과였지만, 한편으로는 최선을 다하길 잘했구나 하는 생각을 하였다. 이 증폭산물에 대하여 염기서열을 분석한 결과 피크는 낮았지만(증폭산물의 양이 적은 경우) 읽을 수 있을 정도의 결과를 얻을 수 있었다.

한편, 화학 분야에서의 성분 분석에서는 이 증거물이 실제로 뼈인지(분말이 다른 곡물 등의 분말일 수도 있기 때문에)와 만약 뼈가 아니라면 어떤 성분의 물질인지를 확인하기 위한 분석이 동시에 이루어졌다. 분석 결과 이 분말에는 단백질 등의 성분이 포함된 것으로 보인다는 결론이 나왔다. 즉, 사람인지 동물인지까지는 확인할 수 없지만(증거물에 포함된 성분만을 분석하기 때문에 사람의 것인지 동물의 것인지는 판단할 수 없음) 뼈가 맞다는 결론이었다.

사람의 유전자형이 검출되었다고?

"그렇다면 사람의 뼈가 맞다는 것인가?"

"하지만 피크가 너무 낮은 것이 좀 이상해! 정상적인 결과와는 조금 다른 것 같은데. 혹시 다른 사람의 것이 오염되어 증폭된 것은 아닐까?"

감정 결과를 놓고 심각한 고민을 할 수밖에 없었다.

미토콘드리아 DNA 분석은 매우 예민한 실험이기 때문에 적은 양이 증거물에 오염되어도 오염된 유전자형이 검출될 수 있다. 오염은 증거물이 만들어지는 과정, 이송 과정 등 모든 단계에서 얼마든지 자신도 모르게 일어날 수 있다. 심지어 실험 과정에서도 작은 부주의로 엉뚱한 결과를 낳을 수 있는 오염으로 연결될 수 있다. 이 사건의 경우 만약 오염이 된 것이라면, 시료를 다룬 사람들(신고자, 경찰관, 만든 사람)의 시료가 같이 의뢰되었다면 가루에서 검출된 것과 이들의 미토콘드리아 유전자형을 비교하여 바로 어떤 단계에서 오염된 것인지를 알 수 있었지만, 실제로 그들의 시료가 의뢰되지 않아 비교할 수는 없었다. 어떻게 결론을 내려야할까 고민스러웠다.

숟가락의 세포가?

여러 가지를 생각하였지만, 피크가 매우 낮았고 비교할 사람의 샘플도 의뢰되지 않아 이를 분석하는 데는 무리가 있을 것으로 판단하였다. 따라서 분석 결과가 정상적인 피크라고 보기에는 너무 낮아서 오염에 의한 것으로 판단하였던 것이다. 결론적으로 분말이 사람의 뼈인지 알 수 없었으며 검출된 유전자형은 오염에 의한 것으로 판단하게 되었다.

오염의 원인은 위에서 언급한 것과 같이 다양하게 생각해 볼 수 있었지만 고소인이 분말을 퍼서 먹는 과정에서 사용한 숟가락에 의한 것으로 추정할 수 있었다. 즉, 먹는데 사용한 숟가락에 묻어 있던 아주 적은 양의 고소인 구상상피세포가 분말에 섞여 들어갔고, 그 극소량의 세포에서 고소인의 미토콘드리아 DNA가 검출되었을 가능성이 가장 커 보였다. 하지만 제공한 사람이 이 가루를 만드는 과정에서 자신의 세포가 섞여 들어갔을 수도 있으며, 증거물의 이송 및 취급 과정에서의 오염도 배제할 수는 없다.

사기 사건

이 사건은 사람의 삶에 대한 절실함을 이용한 범죄였다. 사람이 병을 얻게 되고 잘 낫지 않는다면 무슨 방법이라도 써서 치료하려 한다. 예전부터 구전되어 내려오는 전혀 과학적 근거가 없는 말들도 절실함 앞에서는 진실처럼 들렸을 것이다. 곤경에 처하면 지푸라기라도 잡으려 애쓴다. 특히 생명과 관련이 있는 경우는 더욱더 그렇다. 범인들은 이러한 심리를 이용하여 아무런 치료 효과가 없는 물질들을 가지고 그럴듯한 포장과 설명으로 현혹한다. 피해자들은 너무 절실하다 보니 이성적 판단보다는 자그마한 가능성 또는 그럴듯한 말에 현혹되어 사기를 당하게 되는 것이다. 이 사건의 피해자도 혹시나 하는 마음에 그의 말을 믿었을 것이다. 결국 아무런 효과도 얻지 못한 채 무의미한 치료 방법에 의지하다 몸만 더 나빠지고 돈은 돈대로 사기를 당한 것이었다. 상대방의 어려움을 돕기보다는 상업적으로 이용하여 자신의 이익을 취하려 한 사건이었다. 상식적으로 믿을 수 없는 사건이었지만 이러한 절실함조차 이용하는 세태가 참으로 안타까웠다.

* 의뢰된 회색 분말

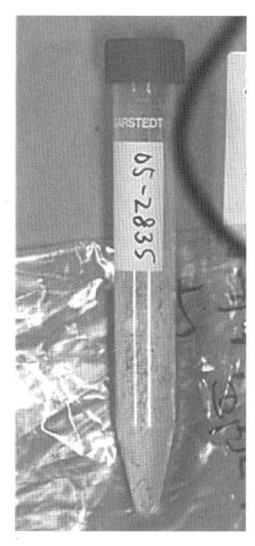

증거물 오염

　지금은 범죄 수사에 응용되는 유전자분석 기술이 발전하여 예전과는 비교할 수 없을 정도로 검출 한계가 높아졌다. 즉, 매우 적은 양의 시료만 있어도 유전자형을 검출할 수 있게 된 것이다. 이러한 기술의 발전은 숨겨진 시료, 분석이 불가능했던 적은 양의 시료에서도 분석이 가능하게 되어 사건을 해결하는데 큰 도움을 주고 있지만, 한편으로는 오염 문제의 심각성이 대두되게 되었다. 아주 적은 양이 증거물에 오염되어도 오염된 유전자형이 검출되기 때문이다. 시료를 맨손으로 만지거나 기침, 재채기 또는 땀 등으로 증거물이 오염된 경우 증거물을 다룬 사람의 유전자형이 같이 검출될 가능성이 커졌다는 것이다. 그만큼 증거물의 채취, 이송 및 분석과정에서 더욱 주의를 기울여야 한다.

이웃집 남자의 딸

엇갈린 감정 결과

1990년대 후반, 필자가 부산에 있는 국과수 남부분원에 근무하고 있을 때였다. 친자 감정과 관련하여 모 대학 병원 및 친자 감정 기관이 감정을 하였는데 서로 다른 결과가 나와 정확하게 맞는지를 판단해 달라는 감정이 의뢰되었다. 증거물로는 부산의 모 대학 병원과 서울의 모 감정 기관에서 감정한 각각의 감정서 사본과 재감정을 위한 피고소인 남성 A(이웃집 남자)와 고소인 남성 B(남편), 피고소인(부인), 아들 및 딸의 시료가 의뢰되었다.

불륜의 의심

남편 B 씨는 평소에 딸이 자신과 닮지 않은 것으로 생각하여 고민하였다. 그는 외항선원으로 보통 짧게는 한 달 길게는 몇 달씩 집에 들어오지 못하는 경우가 많았기 때문에 자신이 집을 비운 사이 부인이 바람을 피워 낳은 자식으로 의심했다. 결국, 딸이 자신과 아내 사이에서 출산한 자식인지를 확인하기 위해 자신과 딸의 시료를 모 대학 병원 의뢰하였다. 이 병원에서는 보통 장기 이식 등에서 조직의 적합성 여부를 검사하는데 주로 사용되는 HLA 검사를 통한 친자 감정을 실시하였다. 검사 결과 부녀관계가 성립되지 않는다는 결과를 통보받았다. 이 결과를 근거로 부인에게 불륜 사실을 추궁하기 시작했다. 하지만 부인은 절대로 바람을

피운 적이 없으며 분석 결과가 잘 못 되었다며 감정 결과를 인정하지 않았다. 그리고 다른 기관에 다시 한번 의뢰하여 확인하자고 제의하였다.

따라서 이들은 다시 시료를 채취하여 서울의 모 감정 기관에 의뢰하였다. 이 감정 기관에서는 대학 병원의 분석 방법과는 다른 방법인 VNTR 분석[가변연속반복 - 15~30개의 염기가 반복되는 부위의 분석] 및 STR 분석[단연쇄반복 - 2~4개의 염기가 반복되는 부위의 분석]을 실시하였다.

이 기관의 감정 결과가 통보되었는데 뜻밖에도 대학병원의 감정 결과와 정반대였다. "부녀 관계가 성립된다"는 완전히 상반된 결과를 통보받은 것이다. 분석 방법이 다르더라도 친자 감정의 결과는 같아야 한다. 두 감정 기관의 결과가 다르기 때문에 둘 사이에는 자신에게 유리한 쪽으로 주장을 하며 첨예하게 대립했다. 따라서 서로 다른 감정 결과의 진실을 가리기 위해 경찰을 통해 다시 우리 연구원에 의뢰했던 것이다.

이웃집 남자의 딸

의뢰된 시료에 대해서 실험을 시작했다. 양 기관의 명운이 달린 것이기도 했기 때문에 결과가 매우 궁금하였다. 결과에 따라서는 한 기관이 큰 타격을 입을 수 있기 때문이다. 실험이 순조롭게 진행되었고 며칠 만에 결과가 나왔다.

실험 결과 아들과 고소인 남성 B(남편) 및 피고소인(부인) 사이에는 친자 관계가 성립되었다. 하지만 딸의 감정 결과는 엇갈

렸다. 딸과 부인 사이에는 친자 관계가 성립되었으나 딸과 남성 B(남편) 사이에는 친자관계가 성립되지 않았다. 그리고 이웃집 남자인 남성 A와 부인 그리고 딸 사이에는 친자 관계가 성립되었다. 즉, 첫째 아들은 피고소인과의 사이에서 출생하였지만 딸은 이웃집 남자와의 사이에서 출생한 것이 확인된 것이다. 그리고 모 감정 기관의 감정에도 문제가 있음이 확인된 것이다. 그 감정 기관의 감정 과정 중 어디서 잘 못 됐는지 확인하는 작업도 우리의 몫으로 남게 되었다.

오류의 발견

모 감정 기관의 감정서 및 실험 결과를 검토하기 시작하였다. 검토 결과 감정 과정의 일부에서 오류가 발견되었다. 고소인(남편)의 분석 결과를 읽는 과정에서 호모(동형접합체, 쌍을 이룬 대립유전자가 동일한 경우)를 헤테로(이접합체, 쌍을 이룬 대립유전자가 다른 경우)로 잘 못 읽은 결과였다. 하필이면 이 잘 못 읽은 대립유전자가 고소인의 한쪽 유전자와 같은 것이었다. 즉, 호모로 읽었다면 아버지의 유전자가 딸의 유전자에 없는 것이기 때문에 친자 관계가 성립되지 않는 것이었지만 헤테로로 읽어 친자 관계가 성립된다는 결과가 나오게 된 것이었다. 현재는 친자 감정에서 충분한 좌위를 분석하기 때문에 이러한 불상사가 발생하지 않지만, 당시에는 적은 좌위를 분석하였기 때문에 감정에 큰 영향을 미친 것이다. 사소한 부주의가 중대한 결과로 나타난 것이었다.

드러난 불륜

감정 결과한 감정 기관의 오류가 확인되었고 고소를 당한 부인은 몇 년간의 불륜 관계가 드러나고 말았다.

요즘 불륜과 관련된 질문을 일반인들에게서도 종종 받는다. 보통 "외도를 입증할 수 있는 휴지, 팬티 등을 확보했는데 정액검출 여부를 시험할 수 있느냐?" 혹은 "간통 사건과 관련하여 유전자검사를 개인적으로 할 수 있느냐?" 하는 것이다. 하지만 필자가 근무하고 있는 국립과학수사연구원은 국가기관으로 개인적인 감정은 실시하지 않는다. 이런 경우 보통 사설 감정기관에서 의뢰된다.

지금 우리나라에는 적지 않은 사설 감정기관이 있다. 대부분의 분석 기관은 실험실 및 실험 관련 인증을 받고 일하고 있다. 하지만 감정은 매우 중요하고 그 결과가 사적인 생활에 미치는 영향이 매우 크기 때문에 보다 체계적인 관리가 필요하다.

사설 감정기관의 오류

모 사설 감정기관에서 실험자의 실수로 어머니와 딸의 샘플을 바꾸어 실험한 사건이 있었다. 이 결과 이 둘 사이에 친자가 성립되지 않는 것으로 감정서가 잘 못 나간 것이다. 남편은 부인이 외도하여 낳은 자식으로 판단하여 결국 이혼에까지 이르게 되었고 가족은 뿔뿔이 흩어지고 말았다 한다. 하지만 부인의 끈질긴 노력으로 결국 당시 감정에 오류가 있음이 밝혀졌다. 재감정을 하여 친자가 맞음이 밝혀졌지만 이미 부부관계가 파탄이 난 후였다.

그 회사는 거액의 손해배상을 하게 되었고 결국 문을 닫을 수밖에 없었다. 하지만 망가진 가정은 누가 다시 복원할 수 있단 말인가? 자그마한 실수 하나가 돌이킬 수 없는 결과를 낳을 수 있다. 따라서 사설 감정기관에 대한 철저한 품질관리와 정부의 관리감독이 이루어져야 할 것으로 생각된다. 실험 결과에 따라서는 한 개인 또는 한 집안을 풍비박산시킬 수 있는 중요한 실험이기 때문에 철저한 품질관리를 하여 이러한 오류가 발생하지 않도록 자체적인 노력이 필요하고 실험자에 대한 철저한 교육도 필요하다.

법과학 실험실 실험자의 자격

보통 법과학 실험실 연구원의 경우 관련 분야를 전공한 사람으로 일정 기간 관련 분야에서 훈련을 거친 사람들이다. 미국 연방증거법 702조는 법과학 전문가를 "지식, 기술, 경험, 훈련 및 교육"을 갖춘 사람으로 정의하고 있다. 하지만 법과학 실험실 연구원에 대한 자격을 구체적으로 제한하고 있지는 않다. 품질관리 차원에서 연구원에 대한 정기적인 교육과 훈련을 실시하고 있으며 숙련도 시험 등을 통하여 이들의 분석능력을 확인하고 있다.

국립과학수사연구원 연구원은 관련 전문 분야 석사 이상의 학위가 있는 사람으로 연구논문 및 자질 등을 심사하여 선발하며 일정한 기간의 훈련을 거친 후에야 실제 사건의 감정을 할 수 있다. 그 후에도 정기적인 숙련도 시험을 실시하여 연구원들의 감정능력을 평가하고 있다.

친생자 감정

국립과학수사연구원에 의뢰되는 친자 감정은 대부분 형사사건으로 강간 등 범죄로 인해 임신 및 출산한 경우, 신원을 알 수 없는 변사자의 신원 확인, 헤어진 가족 찾아 주기 운동, 비행기 추락사고 등 여러 종류의 사고와 관련된 희생자의 신원 확인, 기타 법원 등에서 의뢰되는 사건 등의 경우 실시한다. 그 범위가 매우 넓고 다양하다.

형사사건과 공적인 경우 대부분 국과수에 의뢰되지만, 민사사건인 경우는 재산상속 문제 및 불륜으로 인한 친생자 감정이 대부분으로 국가가 개입할 수 없기 때문에 사설감정기관에서 담당하고 있다.

[1990년대 분석 장비 및 분석 결과]

당시의 분석 장비

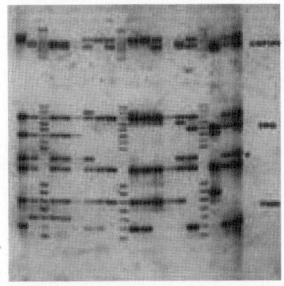

STR 분석 결과

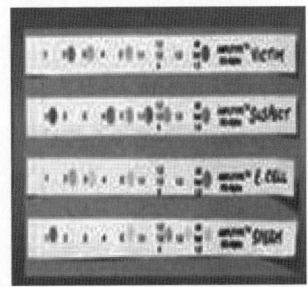

HLA-DQα 분석 결과

욕망의 굴레 - 노파 강간 살인 사건

사건 발생 및 긴급한 요청

부산사하경찰서로부터 살인사건의 현장에 대해 혈흔반응검사를 해 달라는 전화를 받았다. 20세가량의 젊은 청년이 60대 중반의 할머니를 강간을 하려다 뜻을 이루지 못하고 사실이 탄로 날까 봐 살해한 사건이었다. 항상 일에 쫓기는 우리로서는 경찰의 요구에 일일이 대응할 수 없는 것이 현실이었다. 물론 한 사건 한 사건 다 중요하지만 한정된 감정 인력으로는 어쩔 수 없는 일이었다. 실험실에서 급한 감정을 하는 것이 우선이기 때문이었다. 하지만 감정인이 직접 가서 실험을 해야만 하는 상황이라고 판단되면 실제 범죄 현장에도 나가 여러 가지 전문적인 감정을 하기도 한다. 이 사건의 경우 범인이 사건을 은폐하기 위하여 현장의 증거를 없애려 했기 때문에 증거를 확보하는 것이 중요하였다. 따라서 현장에 직접 가서 혈흔 감정 등을 하기로 결정하였다.

범인은 살해 후 증거를 없애기 위해 자신이 입고 있던 피 묻은 옷을 벗어 현장에 있던 세탁기에 넣어 세탁을 하였고 집에 있던 새로운 옷으로 갈아입고 잠적한 상태였다. 용의자로 지목된 젊은 청년은 범행 후 동네 주위를 배회하다 수사팀에 검거되었다. 용의자가 범행 사실을 부인하였기 때문에 범행을 입증하기 위해 현장 및 범인에 대하여 증거를 확보하기 위해 감정을 의뢰한 것이었다.

사건 현장 및 증거물

 동료 연구원과 함께 수사관들의 안내로 도착한 곳은 연립주택들이 밀집된 지역으로 사건 현장은 큰길에서 좁은 골목길을 따라 약 100미터 정도 들어간 곳이었다. 살인사건이 일어난 곳이었지만 마을은 아무 일도 없었다는 듯 매우 조용했다. 사건 현장은 연립주택의 2층으로 한 명이 간신히 지날 수 있는 난간을 지나 나란히 방 두 개가 놓여 있었고 할머니가 피살된 곳은 안쪽에 있는 방이었다. 방 안에는 침대가 놓여 있었으며 피 묻은 이불 등이 어지럽게 널려져 있었다. 부엌은 매우 좁았으나 깨끗한 편이었으며 한쪽에는 세탁기가 놓여 있었다. 세탁기 안에는 세탁을 마치지 못한 옷가지들이 젖은 채로 있었다. 범인이 입었던 옷들이라고 했다.

 우선 현장의 세탁기 안에서 수거한 범인의 옷 등에서 혈흔이 검출되는지 실험하였으며 범인이 어느 곳으로 움직였는지를 알아보기 위해 방, 부엌 등에서 혈흔이 검출되는지 여부를 실험하기로 하였다. 미리 실험실에서 만들어 온 루미놀 시약을 현장에 뿌려 나갔다. 실험 결과 방과 부엌 등 현장의 여러 군데에서 비산된 혈흔이 검출되어 사건 당시의 긴박했던 순간을 추정할 수 있었다. 세탁 중이던 옷과 수건 등에 대해서도 혈흔 검출 시험을 하였다. 이들 모두에서 세탁이 되어서 혈흔이 씻겨나가 반응이 약하지만 혈흔을 검출할 수 있었다.

 유전자분석 등 추가 실험을 위해 혈흔이 검출되었고 의미 있는 여러 곳을 채취하였다. 세탁기에서 꺼낸 옷과 수건 등도 모두 추가 실험을 위해 수거하였다. 이들 증거물에서는 피해자의 유전자형이 검출되는 것이 당연한데 왜 채취할까 할 수 있지만 이러한 기초적인 실험들이 현장 상황을 확인하고 범인의 범행을 입증하는 첫 단계이며 결국 사건을 해결하는 결정적인 실마리를 제공할 수 있기 때문에 현장에 있는 증거물은 아무리 작은 것이라도 중요하게 다룬다.

범인의 손

현장 감정을 마치고 해당 경찰서로 돌아와 잠시 휴식을 취하고 있는 동안 담당 수사관이 나에게 질문을 했다. 범행 당시 범인의 손 등에 피해자의 피가 묻어 있는지를 실험할 수 있는가를 물었다. 나는 혈흔 등이 묻어 있으면 가능하다고 말했다. 물론 완전히 씻은 경우 혈흔이 검출되지 않겠지만 어딘가에는 피해자의 혈흔이 남아 있을 수 있기 때문이다. 더 확실한 증거를 확보하기 위해 용의자를 데려와 손과 발 등에서 혈흔이 있는지 여부를 실험하기로 했다.

잠시 후 용의자로 검거된 청년이 들어왔다. 청년은 여느 청년과 다르지 않은 말쑥한 모습이었다. 저런 청년이 어떻게 이런 끔찍한 일을 저질렀을까 하는 생각이 들었다. 눈을 보니 많이 겁에 질려 있는 상태였다. 하지만 그는 모든 것을 체념할 듯 담담한 모습이었다.

실험을 위해 일회용 비닐장갑을 끼었다. 그리고 수사관이 용의자의 팔을 들어 내가 있는 쪽으로 올려놓았다. 살인범을 마주한다는 것이 약간의 부담이 되는 것은 어쩔 수 없었다. 조금 무서웠지만 실험을 위해 그의 손을 잡았다. 그의 손은 매우 차가웠다. 순간 오싹한 기분이 들었다. 그가 살인범이라는 선입견이 있어서 그런지 그의 체온을 전부 느끼기도 전에 싸늘함이 먼저 느껴졌던 것 같다. 살인범의 손이라고 생각하니 더욱 오싹함이 느껴지고 무서운 생각마저 들었다.

하지만 직업인 것을 어떡하랴. 수갑이 채워진 그의 손을 잡고 여기저기를 살폈다. 혹시 혈흔처럼 보이는 것은 없는지. 하지만 육안으로는 혈흔이 묻어있는지 전혀 알 수 없었다. 이미 손을 깨끗이 닦은 듯하였다. 따라서 우리 눈에는 보이지 않지만 묻어 있을 것으로 추정되는 소량의 혈흔을 검출하기 위하여 또 다른 실험을 실시하기로 했다. LMG 시험이었다. 루미놀에 비해 예민도는 떨어지지만, 실험실에서도 주로 사용되고 있는 혈흔 검출 방법이다. 하지만 이 시약이 인체에 나쁜 영향을 줄 수 있기 때문에 그의 손에 직접 실험을 하는 것은 불가능하였다. 따라서 그의 손등과 발등을 거즈로 닦아 실험을 하기로 하였다.

가까이 다가가 다시 그의 손을 잡았다. 그의 손에서는 맥박이 뛰고 있었다. 그리고 제대로 느끼지 못했던 그의 체온을 한 겹의 비닐장갑을 통해서 느끼고 있었다. 나는 아무렇지도 않은 듯 그의 손등과 발등 특히 혈흔이 잘 닦이지 않을 것 같은 손톱 및 발톱의 밑 부분을 중점적으로 닦았다. 채취한 것에서 혈흔검출시험을 실시하였지만 모두 혈흔이 검출되지 않았다. 하지만 나머지 증거물들에서 충분히 범행을 입증할 수 있기 때문에 혈흔이 검출되지 않았다고 해도 크게 문제가 되지는 않았다.

안타까움

실험을 마치고 채취한 증거물 등을 챙겨서 경찰서를 떠났다. 발걸음이 무거웠다. 잠시의 성적 욕구를 참지 못해서 일어난 사건이 한 생명을 앗아갔고 그리고 한 명의 젊은이를 영원한 절망의 늪으로 빠뜨렸다는데 마음이 너무 안타까웠다. 용의자는 피해자의 집 문간방에 세 들어 자취를 하고 있었는데 우연히 그곳을 지나다 문틈으로 할머니의 자는 모습을 보고 욕정을 못 이겨 문을 열고 들어가 할머니를 강간하려다 미수에 그치고 그 사실이 탄로날 것이 두려워 피해자를 둔기로 살해했다고 한다.

실험실로 가져온 증거물들에 대해서 유전자분석을 실시하였다. 실험 결과 모든 증거물에서 피해자의 유전자형이 검출되었다.

씻을 수 없는 죄를 지었지만, 죽어도 용서할 수 없는 죄를 지었지만 왠지, 잠시 스쳐 지나간 그의 눈망울이 미치도록 쓸쓸하였다. 차가운 수갑이 채워진, 무섭게만 보이던 손끝에서 느꼈던 젊은 맥박이, 차가운 손에서 느껴졌던 그의 체온이 아프게 가슴을 찌르고 있었다. 밤늦도록 많은 생각으로 잠을 이룰 수 없었다.

세탁을 한 옷에서도 혈흔이 검출될까?

피 묻은 옷을 세탁한 경우에도 혈흔이 검출될까? 그리고 혈흔이 검출된다면 유전자형도 검출이 가능할까?

가끔 범행 현장에서는 범행 현장에 세제를 뿌리면 혈흔을 없앨 수 있고 유전자분석이 불가능하게 된다고 하는 인터넷의 내용 때문에 실제의 사건에서도 세제가 뿌려져 있는 경우를 종종 볼 수 있다. 그리고 범행을 은폐하기 위해 세탁을 하는 경우가 종종 있다. 실제로 그렇게 하면 실험이 불가능할까?

답부터 얘기하면 그럴 수도 있고 안 그럴 수도 있다. 세제를 뿌리거나 및 세탁을 하면 실험에 영향을 주는 것은 당연하다. 묻어 있던 혈흔이 닦여 나가고 세제 자체가 실험에 영향을 줄 수 있기 때문이다. 하지만 상황에 따라서는 혈흔이 남아있는 경우가 많다. 범인은 철저하게 혈흔을 지웠다고 하지만 실제로는 미세하게 남아있는 경우가 많다. 전문가들은 이러한 숨어있는 혈흔도 찾아낼 수 있는 기술이 있다. 다 지워진 범죄 현장에서도 증거를 확보할 수 있는 이유이다.

사건 해결의 열쇠 - 혈흔을 찾아라

사건 개요

6개월 전 단란주점에서 변사사건이 발생했다. 당시에는 사망자가 술에 취해 화장실을 갔다 오다 계단에서 굴러떨어져 사망한 것으로 수사가 종결되었다. 하지만, 사망자 유가족이 누군가에 의해 살해된 것으로 의심된다며 계속 재수사를 강력하게 요구했다. 혈흔을 찾는 것이 사건 해결의 열쇠가 되었다. 하지만 6개월이나 지난 현장에서 혈흔의 검출이 가능할까?

6개월이 지난 변사 사건

부산 해운대경찰서에서 전화가 왔다. 문의의 요지는 "사건 현장이 몇 개월이 지났는데도 혈흔 검출 시험이 가능한가"를 묻는 전화였다.

사건이 일어난 지 6개월이 지났고, 더구나 많은 사람이 드나드는 유흥주점이라는 것을 감안하면 실험할 의미가 없을 것으로 생각되었다. 왜냐하면 그렇게 오래된 곳에서 혈흔이 검출될 가능성이 없었고 현장 보존이 전혀 되지 않은 상태이기 때문이다. 주점의 바닥은 그 사건 이후 깨끗하게 청소되었을 것이고 더구나 혈흔이 묻은 곳은 더욱더 신경을 써서 깨끗하게 물청소를 하였을 텐데 그곳에서 혈흔을 검출하여 타살 여부를 가린다는 것은 불가능하기 때문이었다. 하지만 억울한 죽음은 없어야 한다는 마음에서 실험을 진행하기로 하였다.

사건 현장

현장에 도착하였다. 주점은 반지하였는데 그리 크지는 않았다. 먼저 현장에 대한 전체적인 상황을 관찰하기로 하였다. 주점 내부는 전체가 트여있었다. 입구의 오른쪽에는 작은 무대가 있었고 왼쪽에는 테이블과 의자들이 놓여있었다. 화장실은 맨 뒤 구석의 오른쪽에 있었는데 계단을 이용하게 되어 있었다. 화장실로 올라가는 계단은 매우 경사가 급했다.

업소 주인은 피해자가 술에 취해서 화장실을 갔다 오다 계단에서 굴러떨어져 숨졌다고 주장하는 반면 사망자 가족은 주점 내부에서 살해되었다고 주장하였다. 상황으로 보아 화장실로 가는 계단 밑에서 혈흔이 검출되면 업소 주인의 말이 맞을 가능성이 큰 것이고, 주점 내부에서 혈흔이 검출되면 가족의 주장대로 타살의 가능성이 있는 것이다. 즉, 살해되어 옮겨졌을 가능성이 많다는 것이다. 따라서 계단 밑 부분과 시신이 옮겨졌을 것으로 추정되는 경로를 따라 집중적으로 실험하기로 하였다.

혈흔 검출 시험-루미놀 시험

루미놀 시험은 어두운 곳에서만 할 수 있다. 그곳이 반지하였지만 밖의 불빛이 들어오지 못하게 모든 창문을 담요로 가리고 실험을 해야 했다. 더운 날씨에 밀폐된 공간이라 문을 닫고 나니 숨이 턱턱 막히는 듯하였다. 루미놀 시약 자체가 사람에게 안 좋고 함께 들어가 있는 과산화수소수는 사람의 피부 및 점막 등에 손상을 입히기 때문에 매우 더운 날씨임에도 불구하고 실험복, 방독마스크, 눈을 보호할 수 있는 안경 등을 착용하여 최대한 시약에 노출되는 것을 막아야 했다. 날씨가 매우 더워서 실험을 시작하기도 전에 몸은 온통 땀범벅이 되었다.

먼저 홀 내부에 대해 루미놀 시험을 실시하였다. 시간이 많이 흘러서인지 예상대로 혈흔반응이 전혀 없었다. 원래 혈흔이 있었는데 닦여나간 것인지 또는 원래부터 혈흔이 없었는지도 확인할 길이 없었다. 홀에서 화장실 가는 방향으로 계속 루미놀을 뿌려나갔다. 화장실로 가는 계단 밑 그리고 계단과 화장실 입구까지 모두 실험을 하였지만, 혈흔 반응이 없었다. 예상대로였다. 괜히 고생만 죽도록 했구나 하면서 불을 켰다.

"어, 이 거품은 뭐지!"

숨어있던 혈흔을 찾아내다

계단 밑의 타일 이음 부분에서 무엇인가에 반응하여 올라오는 거품을 발견한 것이다. 루미놀 시약에는 과산화수소수가 들어가 있기 때문에 혈흔이 있는 곳에서 거품을 내기도 한다. 마치 예전에 상처가 나면 소독약(3% 과산화수소 용액)으로 상처 난 곳을 소독할 때 거품이 일어나는 것처럼. 하지만 타일 사이에 더러운 물질(세균 등) 등이 묻어 있는 경우도 거품이 일어날 수 있기 때문에 정말 혈흔인지를 판단하기 위해 그 부분을 정밀하게 실험하기로 했다. 불을 끄고 다시 시약을 뿌렸다. 이번에는 혈흔반응에서와 비슷한 약한 형광을 발하고 있지 않은가! 혈흔이 맞는 것 같았다.

"그런데 어떻게 처음 실험에서 검출되지 않았던 혈흔이 검출된 것이었을까?"

나는 잠시 머뭇거리며 생각을 하였다. 홀 내부는 장판 같은 타일이 깔려있었는데 아마 타일과 타일 사이의 연결 접착 부위로 모세관현상에 의해 소량의 혈흔이 스며들어 간 것으로 보였다.

"첫 번째 실험에서는 왜 검출되지 않았던 것일까?"

처음에는 루미놀 시약을 뿌리고 바로 관찰했기 때문에 시약이 혈흔이 있는 타일 밑까지 스며들어 가지 않아 반응을 할 수 없어 형광 반응을 볼 수 없었던 것이었다. 하지만 시간이 지나면서 루미놀시약이 타일과 타일 사이의 연결 부위의 미세한 구멍을 통하여 스며들어 반응이 나타나기 시작했고 거품이 그사이를 뚫고 나왔던 것이었다.

그 부분의 타일을 모두 뜯어내기로 하였다. 일부를 칼로 자른 후 들어내었더니 장판의 접착 면 부분에 스며들어간 톱니 모양으로 퍼진 소량의 혈흔을 관찰할 수 있었다. 이를 채취하여 추가로 다른 혈흔반응 시험인 LMG 시험을 하였다. 혈흔반응 양성이었다.

하지만 홀 내부에서도 스며들어 간 혈흔이 있을 수 있어 주점 내부의 장판도 모두 뜯어내고 혈흔 검출 시험을 하였다. 어디에서도 혈흔이 검출되지 않았다.

미량의 혈흔이 밝혀낸 진실

그때서야 6개월이 지난 사건이었지만 사건의 진실에 대한 명확한 결론을 내릴 수 있었다. 업소 주인의 주장대로 피해자는 술에 취해 화장실을 갔다 오다 가파른 계단에서 굴러떨어져 숨진 것으로 보였다. 그때 흘린 피를 닦아내는 과정에서 희석된 혈흔의 일부가 타일 사이로 스며들어 갔던 것으로 판단할 수 있었다. 사건 직후 물청소 등을 하였지만 미세한 틈으로 스며들어 간 혈흔은 그 이후에도 닦이지 않고 남아 있을 수 있었던 것이었다.

실험은 약 2시간여 동안 진행되었다. 몸은 온통 땀범벅이 되었고 속옷은 물론 가운까지 모두 젖어 있었다. 하지만, 불가능할 것으로 생각했던 사건을 속 시원하게 해결하게 되어 마음이 뿌듯하였다. 실험 일지를 정리하며 채취한 시료들을 챙겼다. 시원한 맥주 한 잔이 생각났다. 하지만 채취한 증거물을 실험실로 바로 들고 들어가 다음의 실험을 진행해야 했다. 이미 혈흔이 루미놀 시약에 반응했기 때문에 더이상 채취한 시료의 변성을 막기 위하여 실험실로 바로 가서 말려야 했다. 젖은 옷을 그대로 입고 실험실로 다시 돌아왔다.

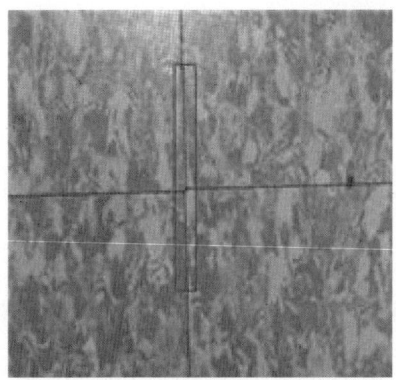

* 혈흔이 스며들어 간 타일의 홈(붉은 네모 박스 부위)

■ 혈흔 검출 시험

혈흔 검출 시험 방법으로는 루미놀 시험과 LMG 시험(Leucomalachite green) 등이 주로 사용된다. 이들 시약은 매우 적은 양의 혈흔이 있어도 반응하여 발광을 하거나 고유한 색깔로 변한다. LMG 시험의 경우 혈흔과 반응하여 청록색을 나타내며 루미놀의 경우는 색깔의 변화 대신 형광을 발한다.

• 루미놀 시험

루미놀 시험은 매우 적은 양의 혈흔을 찾아내는 시험 방법이다. 범행 현장이 청소되었거나 용의자의 옷 등이 세탁된 경우 등 눈으로는 혈흔을 확인할 수 없으나 범행과 관련성이 있을 것으로 의심되는 현장이나 증거물에서 미량의 혈흔을 찾아내는데 사용한다.

루미놀(Luminol: 3-aminophthalic acid hydrazide)의 알칼리 용액과 과산화수소수 혼합액을 혈색소 헤민에 작용시키면 그의 촉매작용에 의해 강한 화학적 발광을 일으킨다.

루미놀 시약은 루미놀 1g, 무수탄산나트륨 50g, 30% 과산화수소 150ml에 증류수 1000ml를 첨가하여 잘 녹여 만든다.

시험 방법은 시약을 혼합한 후 분무기에 넣고 혈흔으로 의심되는 곳 또는 물건에 분무한다. 혈흔이 있는 경우 강한 발광을 한다. 이 반응을 보기 위해서는 비교적 적은 양의 형광을 볼 수 있도록 전체적으로 어두워야 한다.

이 시험은 매우 예민하여 몇만 배로 희석된 혈흔도 검출할 수 있다. 하지만, 구리, 철 등 여러 가지 물질과 반응하여 혈흔과 같이 빛을 내기 때문에 숙련된 전문가가 시험을 해야 한다.

시험 시에는 시약이 피부 및 점막을 손상시키기 때문에 피부가 시약에 노출되지 않도록 주의해야 한다.

- LMG(Leucomalachite Green) 시험

LMG 시험은 루미놀 시험으로 찾은 혈흔을 추가로 확인하거나 유사 혈흔 등에 대해 실제로 혈흔이 맞는지를 확인하는 데 사용된다. 예로, 붉은색 페인트나 인주 등이 묻은 경우, 혈흔이 오래되어 변색된 경우 등은 실제로 그 시료가 혈흔인지 여부를 구별하는 것이 어려운데 이러한 경우에 간단하게 혈흔 여부를 판단하는 데 유용하다.

제조 방법은 말라카이트록 1g, 빙초산 100ml, 증류수 150ml을 넣고 완전히 녹여 만든다. 혈흔으로 생각되는 시료를 필터페이퍼에 올려놓고 제조한 시약을 시료에 한 방울 떨어뜨리고 이어 3% 과산화수소를 한 방울 떨어뜨려 관찰한다. 혈흔이 있는 경우 시료가 있는 부위를 중심으로 혈흔과 반응하여 청록색을 띠며 필터페이퍼에서 사방으로 퍼져나간다.

LMG 시험은 수백 배까지 희석된 혈흔을 검출할 수 있어 루미놀보다는 예민도가 낮지만 반대로 특이도는 높다. 루미놀과 마찬가지로 인체에 해롭기 때문에 시약을 조제하거나 시험할 때에 일회용 장갑 및 마스크를 반드시 착용해야 한다.

* 루미놀 및 LMG 시약 제조 및 사용 방법

시약	제조 및 사용 방법	주의 사항
루미놀 시약	루미놀 시약: 1g 무수탄산나트륨: 50g 30% 과산화수소: 150ml 증류수: 1000 ml * 제조 방법: 위의 시약을 차례로 혼합하여 완전히 용해 (냉장 보관, 일주일 내 사용) 하여 사용 * 사용 방법: 분무기를 사용하여 의심되는 곳에 분무함.	1. 제조 및 사용 시 비닐장갑 및 마스크 착용 2. 운반 시 폭발 위험이 있으므로 용기 위에 작은 구멍을 뚫어 주고 야외 이용 시 저온에서 운반한다.
LMG 시약	무색말라카이트록: 1g 빙초산: 100ml 증류수: 150ml * 제조 방법: 위의 시약을 혼합하여 완전히 용해한 후 사용 * 사용 방법: 위의 시약을 채취한 감정물에 한 방울 떨어뜨리고 이어 3% 과산화수소수를 한 방울 떨어뜨려 반응을 본다.	제조 및 사용 시 비닐장갑 및 마스크 착용

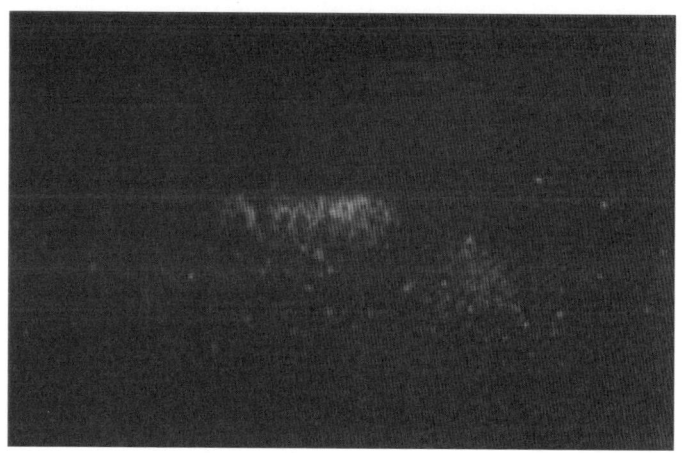

* 루미놀 시험 결과(혈흔반응 양성 결과)

혈흔과 반응하여 형광 반응을 일으키고 있다.

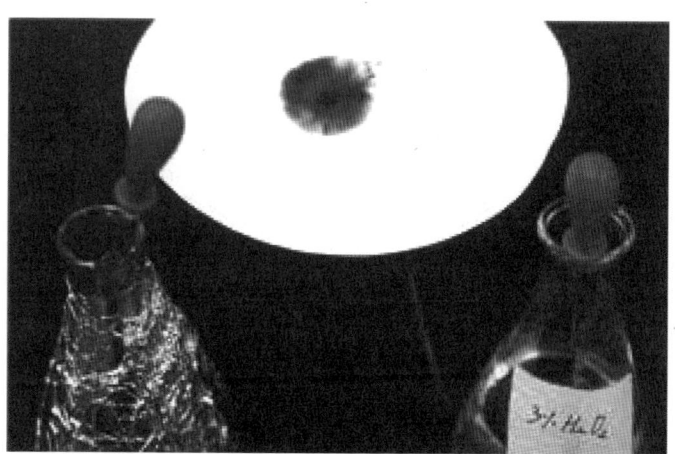

LMG 시험(혈흔반응 양성 결과)

(LMG 시험에 사용되는 시약 및 혈흔과 반응한 결과)

혈흔 형태가 밝힌 범인의 거짓말

사건의 발생

부산의 한 시립공원묘원에서 비닐봉지에 넣어져 버려진 시신이 발견됐다. 공원묘원 관리인이 아침에 관리를 위해 공원묘원을 돌아보던 중 묘지의 뒤편에 유기된 시신을 발견하고 경찰에 신고를 한 것이었다. 공원묘원에는 관리인이 근무하고 있었지만 사건이 한밤중에 이루어졌기 때문에 누구도 이 사실을 알지 못 하였다. 시신이 발견된 주변에서는 시신을 옮긴 것으로 보이는 승합차도 같이 발견되었다. 승합차는 OO체육관이라고 상호가 새겨져 있었다. 시신에 대해 신원을 확인한 결과 인근의 OO체육관에서 일하고 있던 사람으로 확인되었다.

미궁 속으로 미궁 속으로

시신에 대한 부검이 실시되었다. 부검 결과 사인은 두개골 함몰 골절로 사망한 것으로 밝혀졌고 유기된 지는 얼마 안 되는 것으로 밝혀졌다. 불상의 둔기로 머리를 맞고 숨진 것이었다.

수사관들이 바로 체육관을 찾아 차량의 소재와 피해자와 관련된 사항을 조사했다. 체육관 관장에게 피해자에 대한 얘기를 들을 수 있었다. 피해자는 고향 후배인데 자신이 권유하여 시골 고향에서 올라와 자신의 배려로 숙식을 하면서 도장의 청소 및 관리를 하면서 합기도 수련도 하고 있었다고 했다. 사건에 대해서 묻자 관장은 자신과는 전혀 관련이 없으며 차량도 후배가 관리해서 전혀 모르는 일이라고 말했다.

체육관 내부를 보니 잘 정돈되어 있었고 아무런 사고의 흔적이 보이지 않았다. 정황상 체육관 내에서 사건이 일어난 것으로 보이지 않았다. 따라서 체육관이 아닌 다른 곳에서 살해되어 그곳으로 옮겨진 것에 무게를 두고 수사가 진행되었다.

관장에게 피해자의 사건 당일 행적을 물었다. 관장은 자신은 체육관을 정리하고 퇴근하여 후배가 어떻게 그렇게 되었는지 알 수가 없다고 했다. 피해자를 알고 있는 사람들과 주변 사람들에 대한 조사도 이루어졌지만, 누구도 그날 그를 본 적이 없다고 하였고 친구들과 통화를 한 적도 없었다. 그날 저녁 시간대에 피해자가 어느 곳을 갔고 무엇을 했는지 전혀 나오지 않았다.

한편 주변에서 발견된 승합차에 대한 감정을 실시하였다. 승합차는 많은 피를 흘린 피해자와는 다르게 너무 깨끗한 상태였다. 구석구석을 살펴도 별다른 증거를 찾을 수가 없었다. 분명히 시신을 옮겼으면 혈흔이 있어야 하는데 전혀 혈흔이 검출되지 않았다. 모든 곳에서 혈흔 검출 시험을 했지만 딱 한 곳 문짝에서 아주 작은 한 방울의 혈흔이 검출되었다. 혈흔의 혈액형은 피해자와 같은 "O"형이었다. 전혀 이해가 가지 않는 상황이었다. 그것만으로는 승합차로 시신을 실어 그곳에 유기했다고 단정할 수 없는 상황이었다. 범인은 왜 시신과 승합차를 그곳에 버리고 걸어서 공원 묘원을 탈출했을까? 수사는 단서를 잡지도 못한 채 점점 미궁으로 빠지고 있었다.

절망적 상황

피해자 주위에 대한 수사도 본격적으로 진행되었다. 체육관 안에 있던 피해자의 유품에 대한 조사가 이루어졌다. 수사관은 그의 최근 행적을 밝힐 수 있는 단서를 찾기 위해 그의 유품을 꼼꼼히 뒤지기 시작했다. 그중에서 피해자의 일기장을 발견하고 최근의 내용을 읽어 내려갔다. 한데 피해자의 일기에 "관장이 왜 증명을 떼어 오라 하는지 모르겠다"고 한 메모가 있는 것을 발견하였다. 이 내용은 분명히 무엇인가를 암시하고 있는 것이었다. 그가 의심히는 증명이라 함은 인감증명이 아닐까! 수사관의 시선이 그곳에서 떨어지지 않았다. 순간 많은 생각을 할 수 있는 장면이었다. 일기의 내용 중 한 부분이었지만 사건의 전말을 가늠하게 하는 중요한 내용이 된 것이다.

"그럼 체육관장이!"

그 사실에 대한 확인이 필요하였다. 수사의 방향은 내부에 혐의점을 두고 선회하기 시작했다. 처음에는 너무 깨끗해서 체육관 내부에 대해서는 별 혐의점을 두지 않았지만 체육관 내부에 대한 실험도 병행하기로 했다. 넓은 곳이었지만 체육관 내부 전체에 대한 혈흔 검출 시험을 진행하기로 했다. 혹시 체육관 내에서 살해가 이루어졌다면 옮기는 과정에서 혈흔이 체육관의 바닥 등에 유류됐을 가능성이 크기 때문이다. 체육관 내부를 모두 천으로 가려 어둡게 하고(루미놀은 형광 반응을 보는 것이므로 컴컴한 곳에서만 실험이 가능하다) 체육관으로 올라가는 계단부터 루미놀 시험을 하였다. 혈흔이 검출되지 않았다. 다시 체육관의 내부

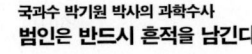

에 대해서 혈흔검출 실험을 했다. 매트가 깔려 있는 곳을 모두 들쳐가며 실험을 하였다. 모든 곳에서 혈흔이 검출되지 않았다. 힘도 들고 절망적인 상황이었다. 예상이 빗나가는 순간이었다. 의심이 가더라도 결정적인 물증이 없으면 범행을 입증할 수 없는 노릇이다.

혈흔의 형태가 말해준 사실

　마지막으로 현장의 세면장 및 샤워실에 대한 실험을 진행하였다. 세면장도 너무 깨끗했다. 육안으로는 아무런 흔적도 발견할 수 없었다. 우선 조심스럽게 입구부터 루미놀을 뿌려 나갔다. 체육관장은 시종 태연하게 우리가 실험하는 것을 지켜보고 있었다. 얼굴에는 뭐라도 찾아보라는 식의 표정이었다. 그때까지 별다른 증거를 찾지 못했다고 생각하니 그럴 것도 같았다.

　하지만 입구에서부터 아무것도 없을 것 같았던 곳에서 혈흔 반응이 나타났다. 거짓말처럼.

　"이 핏자국은 어떻게 된 것입니까?"

　실험 장면을 같이 보고 있던 수사관이 어둠 속에서 관장에게 물었다.

　"네, 그것은 그 친구가 코피를 흘려서 그런 것으로 알고 있습니다."

　그는 준비했다는 듯 대답을 했다.

　다시 한발 나가서 벽면에 대해 루미놀을 분사하였다. 순간 혈흔이 흘러내린 자국이 너무나도 선명하게 벽면에서 형광을 발하며 나타났다. 혈흔의 형태는 혈액이 튄 뒤 흘러내린 형상이었다.

상기된 형사가 다시 체육관장에게 물었다.

"상당히 많은 혈흔이 검출되는데 이 혈흔은 무엇입니까?"

"네, 그것도 그 친구가 그 전에 코피를 흘려서 그런 것입니다."

다시 관장은 태연하게 같은 대답을 했다.

계속 세면장 및 샤워실에 대한 정밀한 실험이 진행되었다. 혈흔반응 검사 결과 많은 곳에서 혈흔이 검출되었고 욕실 천정에서조차 혈흔이 검출되었다. 또한 바닥의 타일 사이에서도 강한 혈흔반응이 나타났다. 이들 혈흔반응이 나타나는 곳에서 모두 혈흔을 채취하였다.

현장에 대한 실험이 끝나고 불을 켰다. 그리고 실험 결과를 수사관에게 이야기하였다.

"세면장과 샤워실에서 혈흔이 검출되었습니다. 육안으로는 잘 보이지 않았지만 많은 비산된 혈흔이 검출되었습니다. 혈흔 형상으로 보아서는 체육관장이 말한 코피에 의한 것이라고 판단하기에는 무리가 있어 보입니다. 검출된 혈흔의 양이 많고, 넓게 분포되어 있었으며 비산 혈흔이 천정까지 분포한다는 점, 또한, 튄 혈흔이 벽면으로 흘러내린 점 등으로 보아 그렇습니다."

그곳에서 사건이 일어난 것이 확실해 보였다. 현장은 사건 당시 격렬한 다툼이 있었던 것으로 보였다.

사건의 전말

피해자는 샤워실에서 둔기로 살해된 뒤 유기된 것임이 확실해졌다. 체육관장은 이 사실을 추궁하자 계속 피해자가 얼마 전 코피를 흘렸는데 그 코피에 의한 것이라고만 대답했다. 하지만 결국 그는 코피에 의해 그 많은 비산 혈흔과 형태가 만들어질 수 없음을 추궁하자 결국 범행 일체를 자백했다. 범인은 차량을 가지고 오면 탄로 날까 봐 시신을 싣고 갔던 체육관 소유의 차량을 그곳에 버리고 걸어서 산길을 내려왔다고 한다.

조사 결과 관장은 체육관을 이전하면서 돈이 모자라게 되자 이를 마련하기 위하여 보험금을 노리고 살해하여 유기한 것으로 밝혀졌다. 범인은 고향 후배인 피해자를 생명보험에 들게 한 뒤 인감증명이 필요하다며 인감증명서를 떼어 오게 한 뒤 후배 몰래 자신을 상속인으로 변경 지정하여 보험회사에 제출한 것으로 드러났다.

또한 범인은 몇 년 전에도 보험금을 노리고 부인을 살해한 것으로 드러났다. 추가적인 수사 결과 당시 계단에서 굴러떨어져 사망한 것으로 알려진 부인도 관장이 보험금을 노리고 살해한 것으로 드러났다. 부인의 명의로 거액의 보험이 들어 있어 여죄를 추궁한 결과 자백을 받은 것이었다.

범인이 사건을 은폐하기 위하여 사건 현장을 깨끗이 세척하였으나 현장에는 수많은 혈흔이 남아 있었다. 세면장 및 샤워실의 바닥 타일, 천장, 벽 등에서 비산된 혈흔이 검출되었고 이것들은 혈흔의 양 및 분포 등으로 미루어 코피에 의한 것은 아닌 것으로 생각되었다.

  그 당시에는 혈흔 형태 분석에 대한 학문적 바탕이 전혀 없었던 때였지만 혈흔 형태 분석이 사건을 해결하는데 중요한 역할을 하였다. 지금은 우리나라에서도 혈흔 형태 분석이 하나의 전문 영역으로 자리 잡고 있으며 사건 현장에서 진실 규명을 위해 활발하게 적용되고 있으며 이를 위한 가이드라인도 만들어져 활용되고 있다. 또한, 많은 연구가 실험실 및 현장에서 이루어지고 있으며 전문가 양성을 위한 교육과정도 설치되었으며 혈흔형태학회가 창설되어 많은 전문가들이 참석하고 있다. 앞으로 더 많은 연구가 진행되고 현장에도 더욱 활발하게 적용되어 진실을 규명하는 유용한 분야가 될 것으로 생각된다.

  돈이 궁한 나머지 살인을 하는 사건이 끊이지 않고 일어나고 있다. 뻔히 드러날 것을 알면서도 그러한 사건이 끊임없이 일어나는 것을 보면 돈이라는 것의 마술이 대단한 것 같다. 아무리 돈이 중요하지만 어떻게 생명과 바꿀 수 있겠는가. 생명에 대한 경시 풍조가 어느새 우리의 마음을 망가뜨려 가고 있는 것이다. 이제 더 이상 돈 때문에 사람이 희생됐다는 뉴스를 안 들었으면 하는 바람이다.

혈흔 형태 분석

혈흔 형태 분석은 사건 현장에서 발견되는 혈흔의 형상을 분석함으로써 사건을 재구성하고 사건을 해결하는데 중요한 역할을 한다. 2000년대 초반에 필자를 비롯한 뜻있는 전문가들이 도입하여 감정을 시작하였다. 처음 용어의 한글화를 하였고 여러 가지 학문적 기반을 닦는데 노력하여 현재는 중요 사건에 적용하여 사건을 해결하는데 중요한 역할을 하고 있다.

다양한 혈흔의 형태

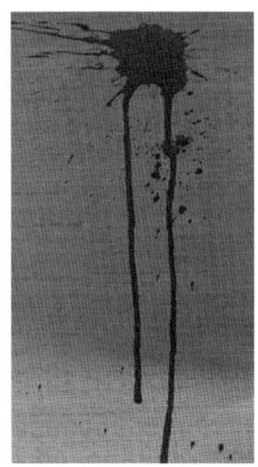

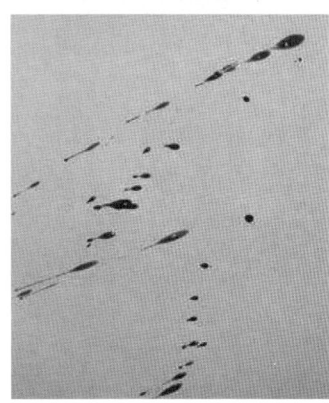
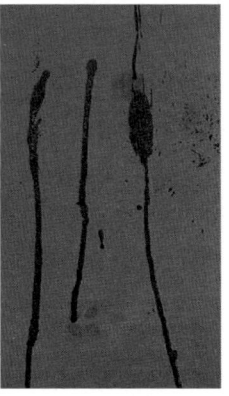

CHAPTER 2

어머니를 어머니가 아니다 한 이유는!

사건 개요

경기도의 모 경찰서에 한 남성이 찾아왔다. 그는 호적상에 올라 있는 어머니가 "나의 어머니가 아니다"며 진정서를 제출했다. 그는 그 어머니의 아들이었다. 해당 경찰서에 접수되어 국립과학수사연구원에 이를 확인하기 위해 유전자분석을 의뢰한 것이었다.

나의 어머니가 아닙니다

처음, 의뢰된 사건의 사건 개요를 읽으면서 필시 진정을 하게 된 데는 무슨 사연이 있겠지 하였다. 즉, 입양된 아들 또는 이복(異腹) 자식이 아닐까 하는 생각도 하였다. 어쨌든 입양을 했다면 길러 준 정도 있었을 것이고 그리고 이복 자식이라 해도 어머니는 어머니이지 않겠는가? 도대체 무슨 일이 있었기에 그리고 무슨 이유로 진정서까지 제출했을까? 이것저것 궁금증을 가지고 실험을 진행하였다.

감정 결과

아들과 어머니의 혈액이 의뢰되어 핵 DNA STR 유전자형 분석 및 미토콘드리아 DNA 분석을 실시하였다. 실험을 하면서도 내내 과연 어떤 사연이 있기에 저런 일까지 벌어진 걸까 하는 생각이 떠나질 않았다. 하지만 실험 결과는 나를 더욱 놀라게 하였다. 어머니는 분명히 "나의 어머니가 아니다"며 진정서를 제출한 자식의 생모로 밝혀진 것이다. 어떻게 이런 일이 있을 수 있을까? 진정서를 제출한 이유는 알 수 없었지만 어렵게 낳아서 힘들게 길러 성년까지 성장시켰더니 자기의 어머니가 아니라고 부정하고 있으니 정말 개탄할 노릇이었다.

짧은 단상

위의 사건은 어머니임을 부정한 하나의 사건이라고 생각하기에는 우리에게 너무 큰 아픔을 던져 주었다. 감정을 하는 내내 "왜 그랬을까?" 하는 생각을 머리에서 지울 수 없었다. 아무리 각박한 세상이라고 하지만 어떻게 기본적인 도덕마저 무너져 내려 이렇게까지 되었을까? 안타깝기 그지없었다. 요즘 범죄의 행태를 보면 더욱 그러한 생각을 갖게 만든다. 너무나도 끔찍한 범죄들이 시간과 장소를 가리지 않고 일어나고 있으니 말이다. 그중에서도 직계존속을 대상으로 한 범죄는 극단적으로 병든 우리 사회의 단면을 볼 수 있게 한다.

가정이 해체되어 가고 있고, 개인마저 존재감을 상실해 가고 있다. 더욱 심각한 상황으로 빠지기 전에 우리 사회 전반에 걸쳐 좀 더 희망을 나눌 수 있는 프로그램이 많았으면 한다. 가정은 가정대로, 사회는 사회대로 이제는 경쟁과 극한 대립에서 한걸음 물러나서 주위를, 나를 살필 수 있는 시간을 가졌으면 한다.

친자 감정은 어떻게 할까?

부모가 있는 경우는 핵 DNA STR 분석을 실시하여 부, 모로부터 유전자를 받았는지 여부로 확인한다. 여러 가지 좌위를 분석하여 모두 부모와 자식이 유전자를 공유하고 있다면 친자관계가 성립되는 것이고 일부 좌위에서 공유하는 유전자 좌위가 없는 경우 친자관계가 성립되지 않는 것이다.

부모가 아무도 없는 경우는 증명하고자 하는 가족관계에 따라 미토콘드리아 DNA를 분석하거나 Y-STR을 분석한다. 미토콘드리아 DNA는 모계 유전되기 때문에 같은 어머니의 자식들은 모두 유전자형이 같다. 따라서 형제, 자매만 있는 경우 친자 감정에 사용된다. 또한 Y-STR의 경우 아버지에서 아들에게만 유전되기 때문에 부계를 확인할 때 사용되고 있다. 즉, 같은 아버지의 아들들은 모두 같은 Y-STR 유전자형을 갖기 때문에 형제 관계를 증명할 때 사용된다.

희생자	신00		1	2	3		4	5	6	7
유가족명	관계	DNA No.	D3S1358	vWA	FGA	Amel	TH01	TPOX	CSF1PO	D5S818
	부	TSF 074-1	15 16	14 17	23 25	X Y	6 7	8 8	12 12	10 13
	모	TSF 074-2	15 17	18 19	22 25	X X	6 10	8 11	9 11	11 12
대상자		TSS 380	15 16	17 18	23 25	X Y	7 10	8 8	9 12	12 13
			8	9	10	11	12	13	14	15
			D13S317	D7S820	D8	D21	D16	D2	D19	D18
			10 11	8 13	10 13	30 31.2	12 12	16 19	14 14.2	13 14
			11 11	10 13	15 16	29 32	10 12	17 19	13 15	11 14
			10 11	8 10	13 31.2	30 12	19	14.2 13	14

* 핵 DNA STR 분석에 의한 신원 확인 결과

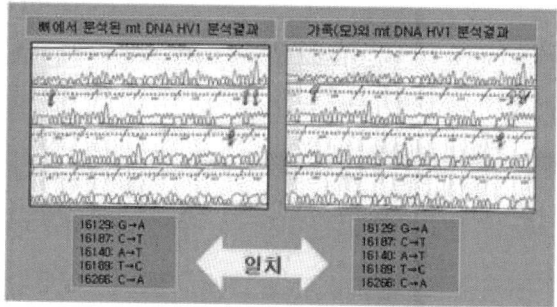

* 미토콘드리아 DNA 분석에 의한 신원 확인 결과

핵 DNA STR 분석 및 미토콘드리아 DNA 분석

사람 세포에서 유전정보를 가지고 있는 것은 핵 DNA와 핵 외에 있는 미토콘드리아 DNA가 있다. 핵 DNA의 경우 4~5개의 염기가 반복되는 것이 사람마다 다른 부위를 분석하게 되는데 이를 단연쇄반복부위(STR, Short Tandem Repeat)라 하며 현재 법과학 분야에서 개인식별 및 친자감정을 하는데 일반적으로 사용되고 있다. 거의 모든 나라가 이를 사용한 표준화된 방법을 사용한다. 이들은 상염색체뿐만 아니라 성염색체에도 존재하여 이를 Y-STR 및 X-STR이라고 한다. Y-STR의 경우 부계의 혈통을 증명하기 위한 실험에 사용되고 있다. 미토콘드리아 DNA는 핵 밖에 존재하며 하나의 세포 안에 수백에서 수천 개의 복제수를 가지고 있기 때문에 모근이 없는 모발, 극소량의 시료 등에서도 분석이 가능하며 모계 유전되기 때문에 부모가 없는 경우의 신원 확인 및 친자 감정에 응용되고 있다.

STR 좌위(4개의 염기가 7번 및 8번 반복됨)

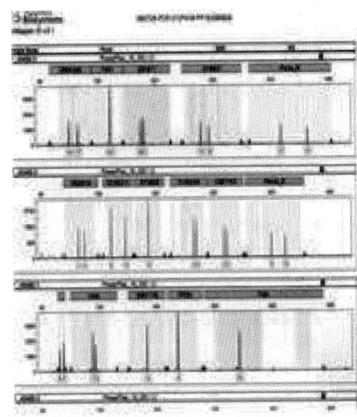

* STR 분석 결과

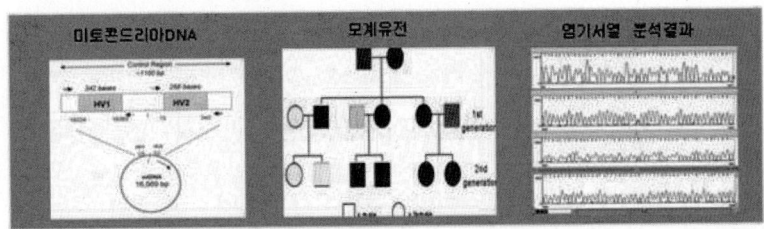

* 미토콘드리아 DNA 분석
(좌: 미토콘드리아 DNA 분석 부위 HV1 및 HV2, 중: 모계 유전 모식도, 우: 미토콘드리아 DNA 분석 결과)

죽음의 마지막 몸부림

피해자 손의 모발

살인사건과 관련하여 사건 현장에는 범인을 입증할 수 있는 다양한 증거물이 남게 된다. 보통 사건 현장의 혈흔(용의자의 혈흔이 있을 수 있음), 범행 도구(칼, 망치 등), 수거된 모발, 담배꽁초 등이 일반적으로 의뢰되고 있으나 증거가 될 수 있는 것은 사건 현장의 모든 것들이 해당된다. 그런데 가끔 피해자의 손에 쥐어져 있던 모발이 의뢰되는 경우가 있다.

피해자 손에 쥐어져 있던 모발들은 보통 피해자가 범인과 싸우거나 반항하는 과정에서 뽑혔을 것으로 판단하게 된다. 즉, 피해자가 범인의 머리채를 잡아당겼고 그것을 놓아주지 않아 범인의 머리카락이 뽑힌 것으로 판단하는 것이다. 이런 증거물의 경우 대부분 사건을 해결할 수 있는 확실한 증거로 기대를 하고 의뢰한다. 하지만 과연 그럴까? 가장 확실한 증거물이라고 생각하고 의뢰를 했어도 막상 분석 결과에서는 예상치 못하는 결과를 얻는 경우도 있다.

아래의 사건들은 피해자의 손에 쥐어져 있던 모발이 의뢰되었지만 예상치 못한 결과를 얻은 사건들이다.

사건 1. 일가족 살해 사건

서울에서 일가족을 살해하고 사건을 은폐하기 위해 현장에 불을 지른 사건이 발생했다. 방 안에는 아버지와 딸 그리고 아들이 흉기에 찔리고 불에 타 숨진 채 발견되었다. 다행히 어머니는 사건 당시 현장에 있지 않아 살아남을 수 있었다. 사안의 중대성으로 미루어 많은 수사 인력이 투입되었고 현장에서 수거된 많은 감정물들이 의뢰되었다. 분석 결과 용의자를 단정할만한 증거가 전혀 없었다. 그러던 중 부검 시 사망자 중 1명인 딸의 손에 쥐어져 있던 머리카락을 채취할 수 있었다. 경찰은 범인의 것이 확실하다며 흥분을 감추지 못하며 유전자 분석을 의뢰하였다. 핵 DNA STR유전자형 분석을 실시하였으나 유전자형이 검출이 되지 않았다. 마지막으로 미토콘드리아 DNA를 분석하였다. 다른 증거물에서도 결정적인 단서가 될 수 있는 분석 결과를 얻지 못했기 때문에 담당 수사관들은 모발에서 미토콘드리아 DNA 유전자형이 나오기만을 기다렸다.

모발에서 DNA 분석

모발에서의 DNA 분석은 모근부 및 모간부에서 이루어진다. 모근부가 손상되지 않은 경우는 핵 DNA STR 분석이 가능하지만 그렇지 않은 경우 즉, 모근부가 없는 경우 분석이 불가능하다. 모발이 자라면서 핵 DNA가 모두 깨지기 때문에 검출이 되지 않기 때문이다. 이런 경우 모간부에서 미토콘드리아 DNA 분석을 실시한다. 미토콘드리아는 하나의 세포에 수백 개 이상이 존재하고 매우 짧은 유전자를 갖고 있기 때문에 핵 DNA보다는 비교적 검출이 잘 된다. 하지만 미토콘드리아 DNA는 어머니에서 자식으로 유전되기 때문에 같은 어머니의 자식들은 모두 같은 미토콘드리아 DNA 유전자형을 갖는다.

숨진 딸의 오른손에서 8점 및 왼손에서 5점 등 총 13점의 모발이 채취되어 의뢰되었다. 혹시 이들 모발 모두가 한 사람의 모발이 아닐 가능성도 있기 때문에 먼저 모발을 현미경적 특징으로 나누기로 했다. 모발을 현미경으로 관찰하면 여러 가지 특징을 관찰할 수 있기 때문에 이를 분류하여 특징별로 나누는 것이다.

이들 모발의 형태학적 검사를 통하여 특징별로 6개의 군으로 나눌 수 있었으며 이들 그룹별로 유전자분석을 실시하였다. 미토콘드리아 DNA 분석을 실시한 결과 모두 같은 모계의 유전자형이 검출되었다. 이제는 그 모발이 내부 사람 중 누구의 것인가가 중요하게 되었다. 혹시 범인이 내부에 있을 수도 있기 때문에 이를 확인하는 것도 중요한 사항이었다.

사망한 오빠의 모발은 딸의 손에 쥐어져 있던 모발과 형태학적으로 상이하였다. 따라서 오빠는 대상에서 배제하였다. 이제 남은 것은 어머니의 머리카락인가 또는 본인의 머리카락인가였다. 유일하게 어머니가 생존해 있었기 때문에 용의 선상에서 배제하지 않고 수사가 진행되었다. 따라서 어머니가 범인인지를 확인하는 중요한 증거가 될 수 있기 때문에 이를 확인하는 것이 매우 중요했다. 따라서 실험하고 남은 나머지 잔량의 모발에서 ABO혈액형 실험을 하였다. 혈액형 검사 결과 딸의 손에 있던 모발은 딸 자신의 모발임이 밝혀졌다. 많은 기대를 하였지만, 손에 있던 모발의 주인공은 딸인 것으로 확인된 것이었다.

사건 2. 의정부 이OO 살인 사건

피해자는 식당을 운영하는 사람으로 2003년 5월 25일 경 불상의 사람으로부터 전화를 받고 외출한 뒤 귀가하지 않아 가족들이 가출 신고한 것으로 2003년 6월 1일 의정부시 OO동 공터에서 자신의 승용차 트렁크 안에서 숨진 채 발견되었다. 이 사건과 관련하여 많은 감정물이 의뢰되었으나 사건을 해결할 단서가 될 만한 증거물이 없었다.

마지막으로 피해자의 왼손에 쥐고 있던 모발이 채취되었다. 결정적인 증거물일 수 있다는 생각에 수사관들은 많은 기대를 하며 확실하니 빨리 감정을 해 달라며 몇 번이고 설명을 하였다. 불행하게도 의뢰된 모발에는 모근이 존재하지 않았다. STR 유전자형을 분석하였으나 검출이 되지 않았다. 따라서 미토콘드리아 DNA 분석을 실시하였다.

피해자의 왼손에서 채취되어 의뢰된 모발은 8점이었다. 이 중 미토콘드리아 DNA 분석이 가능한 3점과 형태학적 연관성이 있는 2점도 같이 분석을 실시하였다. 하지만, 이번에도 앞의 사건과 같이 모두 피해자의 유전자형과 일치하여 손에서 채취된 모발이 피해자의 것으로 밝혀져 실망을 주었다.

이 두 사건에서와같이 대개 피해자의 손에 쥐어져 있는 모발에서는 대개 피해자 자신의 유전자형이 검출되는 경우가 많다. 이는 피해자들이 사망하면서 극도의 고통을 느끼게 되는데 그 고통으로 인해 자신의 머리카락을 쥐어뜯어서 그렇다고 한다.

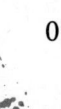

하지만 피해자의 손에 있는 모발이 반드시 본인의 것인 것만은 아니다. 사건의 종류 및 손에 쥐어져 있는 상태 등에 따라 면밀히 관찰할 필요가 있다. 실제로 범인의 모발일 수도 있기 때문이다.

모발에서 어떤 증거를 얻을 수 있을까?

모발은 육안으로 보기에는 매우 단순한 실 같은 모습을 하고 있지만 현미경으로 관찰하면 다양한 특징을 나타내는 것을 알 수 있다. 이러한 특징들은 모두 범죄 수사를 위한 중요한 증거가 될 수 있다.

우선 모발의 표면을 현미경을 통해 관찰하면 물고기 비늘 같은 모양을 한 것들이 기왓장처럼 쌓여있는 것을 관찰 할 수 있는데 이를 "모소피무늬"라고 한다. 이 모양은 동물과 사람의 모양이 전혀 다르고 동물 사이에도 종에 따라 다르다. 따라서 사람과 동물의 털을 구별하거나 어떤 동물의 털인지 구별할 필요가 있는 경우 응용될 수 있다. 또한 모발의 안쪽을 "수질"이라고 하는데, 이 수질의 분포도 여러 가지 형태로 나타나는데 보통 점속상, 단속상, 또는 연속상 등으로 나눈다. 이들의 형태는 동물의 수질과 확연히 구별될 수 있다. 모발의 끝부분도 여러 가지 형태를 하고 있어, 둥근형, 침상형, 각진형 등 여러 가지로 나눌 수 있다. 이발 후 경과 시간에 따른 모양도 관찰 할 수 있는데 시간이 경과함에 따라 모발의 끝부분은 처음 거친 면에서 둥그렇게 변해가는 모습을 볼 수 있다. 이 밖에도 모발에서는 염색 여부, 파마 여부, 특별한 금속 성분 검출 여부(마약 및 독소 검출) 등 매우 많은 분석을 할 수 있다.

모발에서는 위의 특징 이외에도 유전자분석이 가능해서 범인을 특정할 수 있다. 현장에서 발견되는 모발에서 유전자형을 분석하여 용의자의 모발과 비교하면 범인이 현장에 있었었는지를 알 수 있다. 모근이 있는 경우 핵 DNA STR 분석이 가능하며 모근이 없는 경우 미토콘드리아 DNA를 분석한다.

모발에서 관찰할 수 있는 특징들

1. 육안검사 : 형상, 길이, 색깔, 광택, 경도(硬度)

2. 모소피 무늬 검사 : 모발의 표면 무의 관찰(비늘 모양을 관찰)

3. 수질의 검사 : 모발의 횡단면 검사

    무수질, 연속상, 단속상, 접속상

4. 모발의 종단면 검사 : 모발을 종단으로 잘라서 관찰

    두모, 코털, 수염, 음모 및 동물털 구별

5. 부착물 검사 : 모발에 부착된 이물질 검사

    특수 약품, 혈흔, 폭약 등

6. 손상기구에 의한 절단면 검사

    가위, 망치, 이발기, 면도날 등에 의한 절단 특징 관찰

7. 염색 유무의 검사

8. 자연 및 강제탈락모의 검사

9. 인조 모발(가발)의 검사

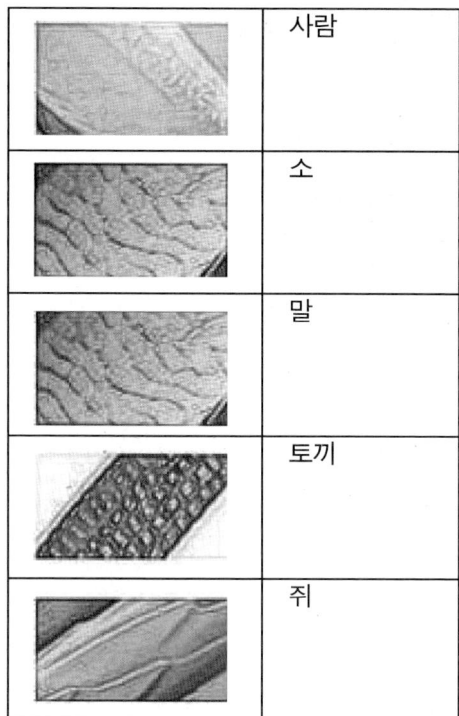

	사람
	소
	말
	토끼
	쥐

* 사람과 동물의 모소피 무늬 비교

	자연탈락된 모발
	잡아당김
	망치
	가위
	연필칼
	메스

* 손상 기구에 의한 절단면 검사

과거를 묻지 마세요

유골의 발견

한 등산객이 등산을 하다가 산등성이에서 뼈만 남은 시신을 발견하고 경찰에 신고하였다. 시신은 사망한 지 오래된 듯 조직이 전혀 없이 뼈만 남은 상태였으며 입고 있었던 옷도 흐른 세월을 말해주듯 많이 훼손되어 옷의 모양이나 형체를 알아보기 힘들 정도였다. 시신의 신분을 알 수 있을 만한 신분증이나 물건도 없었다.

신고를 접수한 강원도 모 경찰서는 시신과 변사자가 입고 있던 옷 등을 꼼꼼하게 챙기고 변사자의 신원을 확인하기 위해 주변 마을의 실종자 가족을 대상으로 오래전에 실종된 사람이 있는지 탐문 수사를 벌였다.

탐문 수사를 하던 중 인근 마을에서 몇 년 전에 실종 신고된 사람이 있음을 확인할 수 있었다. 추정되는 실종자의 부인으로 추정되는 사람에게 현장에서 수거한 옷 등을 보여주며 확인을 요청했다. 그녀는 입고 있던 옷 등이 바래고 많이 훼손되었지만, 그의 남편이 집을 나간 당시에 착용했던 것과 분명히 동일하다고 하였다.

황당한 사건들

변사자의 정확한 신원을 확인하기 위하여 유전자분석을 실시

하기로 했다. 뼈의 일부와 부인, 아들 및 딸의 구강 채취물이 유전자분석을 위해 의뢰되었다.

변사자가 발견되는 경우 일차적으로 누구인지를 확인하는 것이 매우 중요하다. 보통 변사자가 착용하고 있던 의복, 장신구 등의 유류품과 신체적 특징을 관찰하여 일차적으로 신원을 확인하고 정확한 신원 확인을 위해 유전자분석을 한다. 유류품 및 추정 유가족의 진술만으로는 잘못 판단할 수 있기 때문이다. 실제로 유류품, 유가족 진술 및 정황 판단만으로 신원을 확인했다가 낭패를 당한 경우가 있기 때문이다.

삼풍백화점 붕괴사고 당시 많은 사람들이 희생되었다. 워낙 많은 분들이 희생되어서 시신을 수습하고 신원을 확인하는 작업도 매우 힘들게 진행되었다. 그렇게 많은 사람이 희생된 사건이 거의 없었기 때문에 재해를 수습하는 시스템도 제대로 갖춰져 있지 않은 상태였다. 사망자의 신원 확인 과정도 마찬가지였다. 시신의 수습과정에서 신원을 잘 못 확인하여 시신이 바뀌어서 인도되었던 사례도 있었다. 입고 있던 가운의 이름을 보고 가족에게 인도하였는데 가족이 자신의 딸이 아니라고 항의하여 유전자분석을 추가로 하였다. 유전자분석 결과 서로 바뀐 것으로 밝혀졌다. 그 희생자들은 백화점이 붕괴되기 전에 서로 가운을 바꾸어 입었던 것으로 밝혀졌다.

또 하나의 사건이 있었다. 시골의 한 집의 별채에서 화재가 발생했다. 한 남성이 사망했는데 심하게 타서 신원을 확인할 수 없었다. 경찰이 조사를 하였고 그의 신원을 확인하기 위해 집주인에게 물었다. 부인은 남편이 하루 전 집을 나갔는데 돌아오지 않았다고 했다. 자신의 남편이 그곳 짚더미에서 잔 것 같다고 했다. 경찰은 남편이 그곳에서 자다가 추위를 느끼고 불을 피우다 불이 번져 사망한 것으로 판단하였다. 따라서 죽은 변사자가 남편인 것으로 확신하고 시신을 가족에게 인도하였다. 부인 또한 당연히 사망한 남성이 자신의 남편인 것으로 판단하였고 인도받은 시신으로 장례를 치렀다. 하지만 너무나도 황당한 일은 그다음에 일어났다. 며칠이 지난 후 사망한 줄 알고 장사까지 치렀던 남편이 집으로 걸어 들어오고 있었던 것이었다. 그녀가 헛것을 본 듯이 재차 확인하였지만 분명 자신의 남편이 맞았다. 그의 남편은 아무 말없이 집을 나갔다가 며칠 만에 집으로 들어오고 있던 중이었다.

경찰이 재조사를 할 수밖에 없었다. 재조사 결과 자신의 남편으로 알고 장례를 치렀던 변사자는 동네를 배회하던 노숙자로 그곳에서 추위를 피해 자다가 그날은 너무 추워 불을 피웠다가 불이 나 사망한 것으로 밝혀졌다. 관계자의 진술만 가지고 판단을 한 결과였다. 이 두 사건 이외에도 여러 사건에서 시신이 잘 못 인도된 경우가 있었다.

이 사건의 경우 가족이 착용한 옷 및 시신의 외관적 특징 등으로 자신의 남편임을 확인한 사건이었기 때문에 당연히 유전자분석 결과도 맞을 것으로 생각했다. 분석 결과가 나오기 전까지는 미리 판단해서는 안 되지만, 사건 개요 및 부인으로 추정된 사람의 진술로 보아 가족일 가능성이 매우 높아 보였다. 하지만 확실한 신원을 확인하기 위해 뼈와 가족들의 시료를 함께 채취하여 유전자분석에 들어간 것이다.

상반된 유전자분석 결과

실험은 보통 한 사건만을 떼어서 하지 않고 비슷한 날짜에 의뢰된 다른 사건들과 같이 동시에 진행한다. 이들 샘플들에서 각각 실험 결과가 나오면 각각 의뢰된 사건별로 데이터를 정리하고 사건에 맞게 여러 가지 추가적인 분석을 진행하기도 하고 부족한 부분에 대해서는 재실험을 한다. 최종적으로 자료를 분석하기 전에 실험이 정확하게 진행되었는지 확인을 한다. 혹시 오염의 문제는 없었는지, 결과가 잘 나왔는지 등 데이터로 사용할 수 있는지를 확인하는 단계를 밟게 된다. 확인 후 이상이 없으면 자료들을 비교하여 가족 관계가 성립되는지 여부를 분석하고 맞는다면 그 확률은 얼마나 되는지 등도 계산한다.

뼈에서 검출된 유전자형과 부인 및 아들과 딸에서 검출된 유전자형을 비교하여 이들 사이에 가족관계가 성립되는지 여부를 검사하였다. 분석 결과는 당연히 가족관계가 성립될 것으로 생각했던 것과는 다르게 정말 이해할 수 없게 나왔다. 남편이 맞는다면 아들과 딸이 모두 변사자와 부인의 유전자를 하나씩 받아야 한다. 하지만 결과는 두 자식 모두에서 부인의 유전자형을 받았지만 변사자의 유전자는 두 자식 중 한 명은 받았는데 다른 한 명은 받지 않은 것이다. 분명히 아버지가 맞는다고 했는데 한 명은 가족 관계가 성립되고 다른 한 명은 성립되지 않는다고 감정서를 쓸 수도 없는 노릇이고 참 난감한 순간이었다. 결국 변사자의 신원을 정확하게 확인하기 위해서는 설명이 필요하였다.

검토 또 검토

이들 시료와 같이 실험을 했던 다른 사건들의 모든 데이터를 놓고 다시 검토하였다. 혹시나 다른 시료들과 바뀌지는 않았는지, 실험 과정에서 실수를 한 것은 아닌지, 아니면 오염이 된 것은 아닌지 등에 대해 분석 과정의 처음부터 모든 자료를 꼼꼼하게 검토하였다. 몇 번을 검토해도 분석 과정상에서는 전혀 문제를 발견할 수 없었다. 실험은 분명히 정확하게 진행된 것이었다.

하지만 혹시나 하는 마음에 실험을 한 이 사건 관련 시료들을 다시 채취하여 실험에 들어갔다. 모든 상황이 정확하게 진행되었지만 원래의 증거물에서 한 번 확인하는 것이 이를 확인하는 가장 빠른 길이라고 판단했기 때문이다. 따라서 다른 사건들의 결과까지도 모두 보류하고 이 부분이 확인된 후 감정서를 쓰기로 했다. 하지만 다시 채취하여 실험한 결과도 전과 동일한 결과를 얻었다. 감정은 100%가 아니면 확인에 확인을 거쳐서 100%를 만든 후에 감정서를 써야 한다.

그렇다면 이제는 생물학적 가족관계인지 아닌지를 확인할 수밖에 없었다. 여러 상황이 있을 수 있기 때문에 실제의 가족관계 즉, 실제로는 이들 부 또는 모 사이에서 태어나지 않았을 가능성을 확인하기 위해 담당 수사관에게 전화를 해서 친부 및 친모인지를 물었다. 종종 이렇게 정황 증거가 확실한데 유전자분석 결

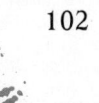

과 부정되는 결가가 나오는 경우 입양하거나 양자로 들인 경우가 많다. 이런 경우 생물학적 혈연관계가 전혀 없기 때문에 유전자 분석 결과에서는 당연히 친자가 아닌 것으로 나오게 된다. 수사관이 부인에게 물어 가족관계가 정확하게 표기되었는지 확인한 후 전화를 주겠다고 했다.

감추고 싶었던 과거

잠시 후 담당 수사관으로부터 전화가 왔다. 수사관이 부인에게 전화를 하여 자식 중 한 명이 부인과는 모자 관계가 인정되지만 변사자와는 부자관계가 성립되지 않는다고 하자 부인은 그럴 리가 없다며 펄쩍 뛰었다 한다.

"그러면 어디서 잘 못 됐다는 말인가?"

혹시 하는 마음에 다시 그 아들의 것을 채취해서 의뢰해 줄 것을 요구했다. 그리고 다시 한 번 물어보라고 했다. 아니면 남편을 찾을 수 없게 된다는 말과 함께. 실제로 한 사람과 친자식 관계가 성립이 된다고 해도 다른 한 사람과 성립되지 않으면 판단이 곤란할 수 있다. 자식이 확실하다고는 하지만 유전학적으로 입증이 안 되었기 때문에 인정하기 어렵다는 것이다. 따라서 최종적 판단을 보류하고 좀 더 확인과정을 거치기로 하였다.

며칠이 지났다. 다시 담당 수사관으로부터 전화가 왔다. 몇 번의 설득으로 결국 부인이 자신이 말한 사실을 절대 비밀로 해 줄 것을 요구하며 그전에 있었던 사실을 말했다고 한다. 그 자식은 자신이 결혼하기 전에 다른 남자와 관계를 하였고 뜻하지 않게 임신을 했다고 했다. 그 사실을 모르고 변사자인 남편과 결혼 생활이 진행되었고 남편은 자신과의 관계로 임신한 것으로 알고 전혀 눈치를 채지 못했다고 했다. 많은 세월을 숨기고 살아왔지만 마지막에 이렇게 될 줄은 몰랐다고 하였다.

과거를 묻지 마세요

모든 의문들이 한꺼번에 풀리는 순간이었다. 그동안 그렇게 고민을 하고 힘들게 반복 실험을 했던 일들이 눈 녹듯이 녹아내렸다. 한편으로는 황당하기도 했다. 진작 이러한 사실을 비공식적으로라도 확인해주었으면 그 자식에 대해서는 실험을 안 할 수도 있었는데 말이다. 자그마한 사실의 왜곡이 전체적인 실험을 지연시키는 결과를 가져왔다. 과학은 절대로 거짓말을 하지 않는다. 아무리 속이려고 해도 결국 진실 앞에서는 무릎을 꿇을 수밖에 없다.

실험 결과를 감정서로 써야 할 때가 되었다. 가족관계가 성립되지 않는 자식의 분석 결과를 감정서에 넣을 것인가를 고민하다가 변사자의 신원을 확인한 만큼 실제의 결과(남편을 확인하는)에는 영향을 미치지 않을 것으로 생각하여 결국 그들의 가정을 지켜 주는 방향으로 결정했다. 즉, 그 자식의 결과는 참고로만 하고 다른 한 명의 자식과 부인 그리고 변사자를 비교하여 가족 관계가 성립되는 것으로 통보하였다.

부인에게 그 과거는 그때까지도 살아 있는 현실이었던 것이었다. 잊고 싶은, 감추고 싶은 과거였겠지만 그녀의 삶 어딘가에 살아남아 그녀를 짓누르고 있었던 것이었다.

마지막 증거 - 개인택시 기사 살인 및 사체 유기 사건

사건 발생

울산의 태화강 강변에서 개인택시 운전자인 이OO 씨가 둔기에 얻어맞아 숨진 채 발견되었다. 발견 당시 피해자는 빨간색 노끈으로 양손과 양발이 묶여 있었으며 피를 많이 흘린 상태였다. 사건 현장에서 멀지 않은 곳에서 피해자가 운행하던 택시 차량도 같이 발견되었다. 차량이 있는 곳에서 시신이 발견된 곳까지는 시신을 끌고 간 흔적이 땅 위에 그대로 남아 있었으며 주변의 풀들도 누워 있었다.

살인 사건이 발생함에 따라 인근 경찰서에 수사본부가 차려졌다. 현장에 대한 정밀한 감식이 이루어지고 주변 인물을 대상으로 여러 각도에서 수사가 시작되었다.

현장 감식 및 초등 수사

차량 내에는 비산된 혈흔이 여기저기 튀어 있었다. 피해자가 둔기로 맞은 후 저항을 한 것으로 보였다. 운전석 옆에는 만 원짜리 지폐와 천 원짜리 지폐가 그대로 있었다. 피해자의 옷에서 지갑도 발견되었는데 지갑 안에 현금도 그대로 있는 상태였다.

피해자의 주변 인물에 대한 조사도 진행되었다. 하지만 특별히 원한 관계에 있거나 채무 관계에 있는 사람도 없었다. 금품을 노리고 한 범행도 아니고 특별히 원환 관계에 있는 사람도 있지 않아 수사가 진척되지 않았다. 특별하게 용의 선상에 떠오르는 사람이 전혀 없었다.

현장에 대한 감식도 이루어졌다. 우선 피해자 차량에 범인이 탔던 것으로 보여 차량에서 범인의 흔적을 찾는데 주력하였다. 혹시 용의자도 피를 흘렸을 가능성을 배제할 수 없음으로 내부에 비산된 혈흔 중 형태학적으로 특이한 혈흔들을 채취하였다. 그리고 발판 및 시트에 있던 모발도 채취하였고 재떨이에 있던 담배꽁초 6점도 채취하였다.

○○

감정 결과 및 새로운 증거

현장 및 차량에서 채취한 증거물에 대한 실험 결과가 신속하게 통보되었다. 차량에서 채취된 혈흔 그리고 담배꽁초 모두에서 피해자의 유전자형만 검출이 되었다. 모발에서는 피해자 것 이외에 다른 남성의 유전자형이 검출되었지만, 택시에는 수많은 손님이 탄다는 것을 감안하면 특별하게 의미는 없어 보였다.

계속되는 수사 결과 새로운 증거가 포착되었다. 사건이 일어나고 나서 바로 피해자의 통장에서 거액의 현금이 인출된 사실이 밝혀진 것이다. 수사관은 즉시 현금이 인출된 지점으로 달려가 CCTV에 녹화된 영상을 확인한 결과 현금이 인출된 시간에 현금지급기 앞에 서 있는 사람을 찾을 수 있었다. 하지만 범인으로 추정되는 사람은 마스크를 쓰고 있어 얼굴을 정확하게 확인할 수가 없었다.

경찰은 할 수 없이 당시 인기리에 방영되고 있었던 공개 수사

프로그램을 활용하기로 했다. '사건 25시' 라는 공개 수사 프로그램은 위 사건과 같이 단서는 있으나 해결되지 않은 사건을 해결하기 위해 확실한 용의자의 모습을 TV 매체를 통해 전국에 공개함으로써 신고를 유도하는 프로그램이었다. 비록 마스크를 쓰고 있어 얼굴을 확인할 수 없었지만, 얼굴의 윤곽이 있기 때문에 아는 사람은 범인의 모습을 알아볼 수 있을 것으로 기대한 것이다. 범인이 입고 있던 옷 등도 그를 알아볼 수 있는 중요한 단서가 될 수 있을 것으로 보였다. 그때까지 범인을 확인할 수 있는 가장 유력하고도 유일한 증거였다.

용의자들

당시 인기리에 방영되던 TV 공개 수사 프로그램인 사건 25시를 통해 범인의 모습이 공개되자 수많은 제보가 들어왔다. 그중에 가능성이 있는 사람들을 선택하여 수사망을 좁혀갔다.

제보된 용의자를 중심으로 증거 확보에 나섰다. 수사를 통해 유력한 몇 명의 용의자를 거를 수 있었다. 따라서 그들의 옷과 신발 등 집에서 압수한 증거물들이 차례로 의뢰되었다. 의뢰된 증거물에 대한 실험을 실시하였지만 모두 혈흔 반응이 음성으로 나왔다.

그러던 중 용의자 윤○○ 및 장○○의 자취방에서 현금인출 시 피의자가 입고 있던 옷과 비슷한 것으로 보이는 티셔츠, 잠바 등과 신발 2점 및 땀복이 수거되어 의뢰되었다. 실험 결과 용의자 윤○○의 옷 등에서 혈흔이 검출되었지만, 피해자와 다른 유전자형이 검출되었으며 용의자 장OO의 티셔츠, 잠바 및 땀복에서는 혈흔이 발견되지 않았다.

마지막 증거-신발

남은 것은 두 명의 신발이었다. 눈으로 확인한 결과 전혀 혈흔이 보이지 않았다. 두 신발 모두 너무 깨끗해 보였다. 혈흔이 있을 것이라고는 전혀 생각되지 않았다. 유력한 용의자이지만 전혀 증거를 확보하지 못한 상황에서 신발은 매우 중요한 증거였다. 신발은 옷과 다르게 혈흔이 스며들어 가서 잘 닦이지 않을 확률이 가장 높다. 따라서 두 신발을 모두 해체하기로 했다. 신발 바닥, 내부 및 외부 홈 등에 대한 정밀한 감정을 실시하기 위해서였다.

신발을 모두 해체하고 해체한 모든 부분 부분에 대한 혈흔 검사를 실시하였다. 해체를 하였지만 눈으로는 혈흔을 확인할 수 없었다. 해체를 한 신발의 윗부분, 뒤꿈치 부분, 깔창 밑 등 모든 부분에 대한 혈흔 검사(LMG 검사)를 실시하였다. 검사 결과 장OO의 신발 여러 부위에서 아주 적은 양의 혈흔이 검출되었다. 이들에서 시료를 채취하여 유전자 분석을 실시하였으나 시료의 양이 너무 적고 오염되어 있어 유전자형을 검출하는데 실패하였다.

난감하였다. 다 해체하였는데도 결정적인 증거를 확보하는데 실패한 것이다. 마지막으로 아주 적은 양의 혈흔이라도 찾아서 증거를 확보하기 위해 신발 전체에 대해서 루미놀 검사를 실시하였다.

결정적 증거

암실의 불을 끄고 해체된 신발을 향해 루미놀 시약을 분사하였다. 한데 어둠 속에서 아주 작지만, 무엇인가 강하게 발광하는 것이 있었다.

"아! 이것은 혈흔!"

머리가 환해지면서 온몸에 소름이 돋았다. 불을 켰다. 하지만 그곳이 어디인지 구분이 되지 않았다. 혈흔이 판단할 만한 흔적이 전혀 발견되지 않았기 때문이다. 하지만 잠시 후 그 비밀이 풀렸다. 자세히 살펴보니 신발을 매는 끈의 끝부분에서 무엇인가 뽀글뽀글 올라오고 있는 것이 보였다. 하지만 오염이 된 경우도 혈흔처럼 반응할 수 있기 때문에 혈흔이라고 단정하기에는 무리가 있었다.

다시 코팅한 부분을 해체하기로 했다. 코팅한 부분을 조심스럽게 분해하여 다시 혈흔 반응 검사(LMG 시험)를 실시하였다. 검사 결과는 혈흔이 맞았다. 분명히 혈흔이 맞았다. 하지만 혈흔이 발견되었다고 그가 범인이라고 할 수는 없다. 추가적인 실험을 실시해야 한다.

혈흔 검사 결과 양성으로 나온 곳의 비닐을 조심스럽게 벗겨내고 끝부분을 두 개로 나누어 유전자분석을 실시하였다. 오직 증거가 될 만한 것이 그것밖에 없었기 때문에 분석에 실패하면 범인을 확증할 수 있는 유일한 증거가 없어지는 것이므로 신중에 신중을 기해 분석을 실시하였다. 검사 결과 신발 끈의 마지막 부분 필름 속에 숨어 있던 혈흔에서 검출된 유전자형이 피해자와 일치하였다. 중요한 사건이 해결되는 순간이었다.

바로 담당 수사관에게 통보를 해 주었다. 내가 해 놓고도 잘 믿어지지가 않았다. 사실 그 끝부분까지 생각을 하지는 못했었다. 신발을 해체하여 각 부분별로 실험을 한 것은 처음이었던 것 같다.

조사 결과 용의자는 택시의 뒷좌석에서 타고 가다가 피해자를 위협하여 차를 세운 후 둔기로 머리를 내리쳐 기절시킨 후 카드를 빼앗았다 한다. 인기척이 없자 숨진 것으로 생각하고 피해자를 끈으로 묶은 후 강 둔치에 유기했다 한다. 그 후 절취한 피해자의 카드로 현금을 찾아 모두 탕진해버린 것으로 드러났다.

신발 끈 끝부분 사진

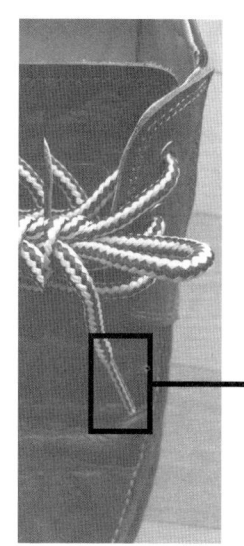

혈흔이 검출된 곳

화장된 유골에서도 유전자분석이 가능할까?
- 메구미 사건 -

　모 언론사 기자가 사무실로 전화를 하여 일명 "메구미 사건"과 관련하여 화장된 유골에서도 유전자분석이 가능한지에 대해 물었다. 그 사건은 북한과 일본이 많은 관심을 갖고 있는 사건이라고 했다. 그때는 메구미 사건이 어떤 사건인지를 몰라 오히려 기자에게 "메구미 사건"이 어떤 사건인지를 설명해달라고 했다. 어떤 사건이기에 국가적인 관심의 대상까지 되었을까 하는 궁금증도 있었다.

　그 기자의 이야기와 그 후 인터넷 등을 통해 알게 된 내용은 대략 다음과 같다. 요꼬다 메구미는 1977년 일본 니가타현에서 실종됐다. 메구미의 가족과 시민단체들은 북한 공작원에 의해 그가 납치되었다고 주장하며 끊임없이 송환을 요구하였다. 북한은 납치 사실을 계속 부인해오다 2002년 9월 북·일 정상회담 때 납치한 것임을 시인했다. 2002년 9월 18일 고이즈미 일본 총리의 방북 때 북·일 평양 선언을 발표하였다. 이 선언에서 "일본 국민의 생명과 재산에 관련된 현안 문제에 대해 북한은 북일 관계가 비정상적인 관계였던 때에 발생한 유감스런 문제라고 밝히고 앞으로도 이 같은 문제가 다시 발생하지 않도록 적절한 조치를 취한다."라고 하였고 이를 실천하기 위하여 납북자에 대한 귀국 조치와 함께 납북 사망자인 요꼬다 메구미의 화장된 유골이 일본 측에 건네졌다.

　일본은 바로 유골의 진위 여부에 대한 감정을 진행하였다. 세 개의 연구소에서 동시에 실험이 실시되었다. 실험 결과 일본 과학경찰연구소와 다른 한 개 기관은 '판정 불가'로 판단하였지만 데이쿄 대학에서만 유골이 가짜라는 감정결과를 내놓았다. 감정 결과는 주 북경 일본대사관을 통해 북측에 전달됐다. 북측은 이 결과를 보고 일본의 태도를 격렬하게 비난했고 화장된 유골을 돌려달라고 요구하였다. 일본의 감정 결과에 대해 세계적인 과학 잡지인 〈네이처〉에서 감정에 참여했던 데이쿄대학 토미오와의 인터뷰를 통하여 "샘플이 오염되었을 가능성이 있다."라고 인정했음을 게재하였다.

　이후 화장된 유골에서도 유전자분석이 가능한지에 대한 논란이 계속되었다.

　"과연 정말 화장한 유골에서도 유전자분석이 가능할까?"

　답은 "화장된 유골의 상태를 직접 보고 판단해야 하며 상태가 모두 다르기 때문에 결국 실험을 해봐야지만 알 수 있다."이다.

　화장은 1,200℃나 되는 고온에 조직과 뼈가 오랜 시간 노출되기 때문에 탄화된 경우 그 안에 있는 DNA도 완전히 깨져 유전자 분석이 불가능하다. 지금까지 세계 어느 연구기관에서도 완전히 탄화된 뼈에서 성공적으로 유전자형을 검출한 예는 없다. 하지만 고온의 영향을 받았더라도 뼈의 속까지 완전히 타지 않은 경우 분석이 가능할 수도 있다. 이 예가 대구 지하철 화재 참사 사건의 희생자 신원 확인이었다. 사건 발생 시 대부분의 시신들이 사망한 후 상당 시간 고온에 노출되었기 때문에 희생자의 대부분이 뼈까지 완전히 탄화된 상태였다. 당시 유골이 많이 탄화되었고 극히 일부만 남은 경우도 있기 때문에 탄화된 시료들이라도 조금이라도 가능성이 있다고 생각되면 채취하여 실험을 했다. 탄화된 뼈에서는 유전자분석이 불가능하다는 것은 알았지만 한 명이라도 신원이 확인되지 않는 희생자가 있어서는 안 된다는 생각에 이들 모두에 대해 유전자분석을 실시하였다. 당시 수백 개의 탄화된 뼈를 대상으로 실험을 실시하였지만 완전히 탄화된 뼈에서는 역시 모두 유전자형이 검출되지 않았다. 하지만 완전히 탄화되지 않은 일부의 뼈에서 유전자분석 결과를 얻을 수 있었다. 뼈가 까맣거나, 하얗게 뼈 속까지 완전히 탄화된 경우가 아닌 약간 덜 탄화되었거나, 뼈의 일부가 덜 훼손된 경우였다.

  일본에서의 실험이 정확하게 어떤 과정을 밟았는지는 알 수 없지만 결과 분석에 있어서 기본적인 원칙도 무시되지 않았나 생각되었다. 통상 중요한 사건이고, 더구나 시료가 뼈였고, 그것도 탄화된 뼈라면 3곳의 연구소에서 실험을 하여 한 곳에서만 나왔다면 일단 의심을 했어야 하는 것이 상식이다. 그리고 그곳의 분석 결과에 대해 철저하게 검증을 했어야 옳았다. 하지만 이번 분석에서는 두 곳의 결과는 무시하고 한 곳에서 나온 것만을 가지고 발표한 것이다. 또한, 미토콘드리아 DNA 분석법은 극소량의 시료에서도 유전자형을 검출할 수 있기 때문에 거꾸로 실험자 또는 이를 취급한 사람이 조금이라도 부주의했다면 그 사람의 유전자형이 검출될 수도 있다. 따라서 이들의 유전자형을 같이 분석하여 오염 여부를 확인했어야 했다.

"정말 맞는 결과일까?" "그들은 최소한 실험자들의 유전자형과 유골에서 검출된 유전자형을 비교나 해보았을까? (실험과정에서 오염될 수 있기 때문에) 그리고 이송 과정에서 많은 사람들이 유골을 만졌을 수도 있는데 그들의 것이 유골에 오염되었을 가능성에 대해 생각이나 해보았을까?"라고 반문하며, 결과에 대해 부정적인 생각을 할 수밖에 없었다. 결국 이렇게 DNA가 극소량인 경우 실험에 세심한 주의를 기울여야 하며 실험과정 등에서 시료가 오염이 되지 않았음을 객관적으로 증명할 수 있어야 한다.

법과학 분야에서의 감정은 매우 다양한 상태의 시료를 분석하기 때문에 매우 어렵다. 그리고 감정의 전 과정에서 신뢰성과 정확성이 확보되지 않으면 결국 엉뚱한 결과를 가져올 수 있으며 그 결과를 인정을 받을 수도 없게 된다. 특히 요즘처럼 검출 한도가 높은 경우 매우 적은 양이 오염이 되어도 오염된 사람의 유전자형이 검출되기 때문에 매우 조심해서 시료를 다루어야 하며 보다 엄격한 품질관리가 이루어져야 한다.

* 고온에 완전히 탄화된 유골

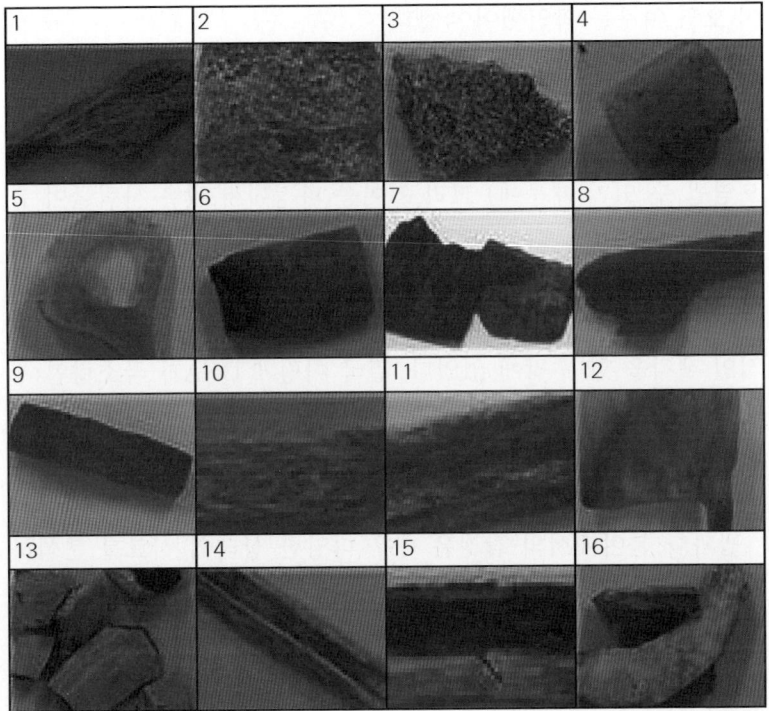

* 여러 상태의 탄화된 유골의 모습

(16개의 탄화된 뼈 중 4, 5, 6, 12번의 경우 유전자형이 검출되었으며 8, 9번은 일부의 유전자형만 검출되었다. 하지만 나머지 완전히 탄화된 뼈에서는 유전자형이 검출되지 않았다. 이 예에서 보듯이 일부 덜 탄화된 뼈에서는 유전자형의 검출이 가능하며 완전히 탄화된 뼈에서는 불가능한 것을 알 수 있다.)

백범 김구 선생 혈의(血衣)

문화재연구소의 후배로부터 한 통의 전화를 받았다. 김구 선생이 서거 당시 입고 계셨던 피 묻은 옷이 보관되어 있는데 그 혈흔에서 유전자분석이 가능한지에 대한 질문이었다. 김구 선생이 서거한 지 50년 이상이 지났기 때문에 혈흔도 그 정도 되었을 것이다. 필자는 사건과 관련된 다양한 종류의 혈흔을 다루어 보았으며 오랜 세월이 경과된 혈흔에서도 혈액형과 유전자분석을 성공적으로 마친 경험이 있었기 때문에 자신 있게 가능하다고 말했다. 공식적으로 문화재연구소와 과학수사연구원의 업무 협조를 통해 처리하기 위하여 공문과 함께 채취된 혈흔을 보내 달라고 했다. 자신 있게 대답을 했지만 수십 년이 지난 혈흔에서 과연 좋은 결과를 얻을 수 있을지 나조차도 의심스러웠다. 왜냐하면 혈흔이 아무리 잘 보관되었더라도 자연환경에 오랜 시간 노출되어 환경의 영향을 많이 받아 DNA가 완전히 분해되었을 가능성이 크기 때문이었다.

며칠 후 문화재연구소로부터 공문과 함께 혈흔이 연구원에 접수되었다. 보내온 편지 봉투를 조심스럽게 뜯었다. 봉투 안에는 새까맣게 변색된 숯덩이 같은 고체 덩어리 소량이 비닐봉투 안에 있었다.

"이것이 백범 김구 선생의 혈흔!"

나는 혼잣말로 말하며 의뢰되어 온 혈흔을 자세히 살폈다. 서거 당시 입고 계셨었다는 옷에서 채취된 혈흔을 접하니 가슴이 두근거렸다. 김구 선생의 숨결이 느껴지는 듯하였다. 탈색된 혈흔 속으로 긴 세월만큼이나 흐릿한 영상으로 서거 당시의 모습이 스쳐 지나가는 것 같았다. 어찌 가슴이 떨리지 않을 수 있겠는가! 대한민국 역사상 가장 큰 인물을 가슴으로 만나는 순간이었다.

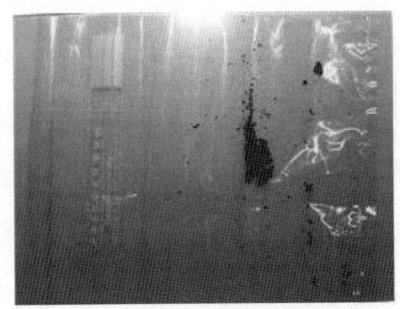

* 김구 선생 서거 당시 의복에서 채취된 혈흔

하지만 감동도 잠시, 시료를 본 순간 눈앞이 캄캄하였다. 숯덩이 같은 혈흔에서 과연 유전자분석이 가능할까? 어떻게 해야 할지 걱정이 되었다. 고민에 고민을 거듭했다.

"어떻게 하면 혈흔에서 여러 가지 분석을 성공적으로 마칠 수 있을까? 혈흔이 새까맣게 되었을 정도로 상태가 안 좋은데 분석이 가능하기나 할까? 돌처럼 딱딱하게 굳어 있는데 완충용액에 풀리기나 할까?"

온통 머리는 이런 생각으로만 차 있었다.

여러 가지 궁리를 하다가 시간이 좀 소요되더라도 완충용액에 장시간 추출하면서 가능성을 보기로 하였다. 하지만 돌덩이같이 굳어진 혈흔이 금방 풀릴 것 같지가 않았다. 일부의 혈흔을 완충용액에 넣은 다음 사람의 체온과 비슷한 37℃ 온탕기에서 혈흔이 녹을 때까지 기다리기로 하였다. 며칠이 지나도 혈흔 덩어리는 전혀 풀릴 기미가 보이지 않았다. 처음 넣었을 때보다는 조금 풀린 듯했으나 그 정도로는 시험을 진행할 수 없을 정도였다. 보통 일반적으로 오래된 혈흔의 경우 몇 분에서 길어도 몇 시간이면 다 풀리는데 며칠이 지나도 약간의 붉은 기만 있을 뿐 풀리지 않았다. 모든 실험은 혈흔이 풀려야 시작되는 것인데 시작도 못 하고 끝나는 것은 아닌가 하는 생각이 들었다. 다시 며칠이 지나자 붉은색이 진해지기 시작했다. 오랜 세월 얽혀있던 세월이 풀리듯 그 단단했던 덩어리도 천천히 풀리기 시작했다. 또다시 며칠이 지났다. 이제는 제법 많이 풀려서 처음보다는 덩어리가 많이 작아져 있었다. 벌써 열흘 이상이 흘렀다. 어느 정도 실험을 하기에 적당한 것으로 판단되어 작은 덩어리를 꺼내고 풀린 혈흔을 실험에 사용하기로 하였다.

풀린 혈흔에서는 여러 가지 실험이 가능하다. 심하게 변색되어 실제로 혈흔인지 의심스러울 정도였기 때문에 혈흔인지 여부에 대한 실험을 먼저 실시하였다. 당연한 결과이겠지만 실험 결과는 혈흔 반응 양성이었다.

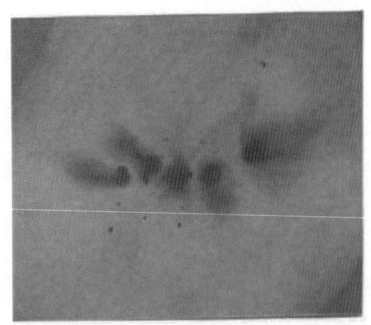

* 검은색 덩어리의 LMG 시험(혈흔 검출 검사) 결과: 혈흔반응 양성

혈흔은 세월이 흐름에 따라 색깔이 변하기 때문에 육안 관찰에 의해 대략 혈흔이 어느 정도 되었는지를 판단할 수 있다. 조금 더 자세한 시기를 알고 싶으면 흡광도 등을 측정하여 추정하기도 한다. 하지만 이번 실험에서는 시기가 중요한 것이 아니었으므로 이에 대한 실험은 생략하였다. 다음에 할 수 있는 것이 사람의 혈흔인지 여부를 판단할 수 있는 실험인 인수혈(人壽血) 검사다. 김구 선생이 서거 당시 입고 있었던 옷에서 채취했다고 해도 보통 우리가 다른 증거물에서 하는 실험 절차와 같이 실제로 사람으로부터 유래되었는지를 확인하는 실험을 하였다. 사건 현장에서 들어오는 각종 혈흔 증거물들은 대개 사람의 것이 거의 대부분이지만 실제로는 사람의 것이 아닌 동물, 또는 생선의 혈흔이 묻어 있는 경우도 있기 때문이다. 지금은 유전자분석 방법이 일반화되어 사람의 피가 아닌 경우 증폭이 되지 않기 때문에 이러한 실험을 일일이 할 필요는 없지만, 혈흔이 맞는데도 증폭이 되지 않는 경우 실제로 사람의 피가 아니라서 증폭이 안 되는지 또는 증폭을

방해하는 물질이 있어 증폭이 안 되는지를 구별해야 하므로 경우 이 실험을 실시한다. 사람의 혈흔인지 여부를 실험하는 것은 항원항체 반응을 응용한 젤 확산법 등 여러 가지 방법이 있는데 젤 확산법을 실시하여 확인하였다. 실험 결과는 예상대로 사람의 혈흔이 맞는 것으로 확인하였다.

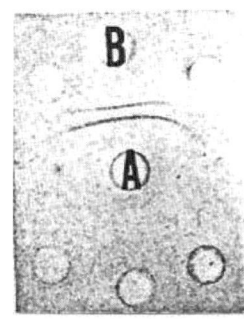

* 젤 확산법 시험 결과: 인혈 반응이 양성으로 나왔다

혈흔이 사람의 것이라는 것을 확인하였기 때문에 본격적으로 혈흔에서 혈액형 그리고 유전자분석을 실시하는 실험을 진행했다. 보통 우리가 생각하는 혈액형 실험은 슬라이드 응집법이다 (헌혈을 해 보았다면 혈액형 검사하는 것을 보았을 것이다)보통 이 실험은 우리의 혈액형을 알고자 할 때 사용하는데, 항혈청 A와 항혈청 B에 각각 혈액을 떨어뜨려 혈구가 응집하는지 아닌지 여부로 혈액형을 판단하는 것이다. A에만 응집되면 A형, B에만 응집되면 B형, 둘 다 응집되면 AB형, 모두 응집되지 않으면 O형으로 판정한다. 하지만 혈흔의 경우는 혈액이 마른 상태이기 때문에 슬라이드 응집법으로 간단하게 할 수 없다.

우리 연구원의 경우 대개가 사건 현장에서 혈액이 아닌 혈흔이 의뢰되어와 오래전에 이에 대한 분석 방법을 확립하고 감정에 지속적으로 활용하여 이 혈흔에서 혈액을 실험하는 것은 그리 어려운 일이 아니었다. 이 방법을 해리 또는 흡착시험법이라 한다. 해리시험법은 항혈청을 혈흔이 묻어 있는 거즈 등과 반응시키면 A형인 경우 항혈청 A의 항체가 가서 붙게 된다. 이렇게 반응한 항체는 약 56℃에서 약 10분간 가열하면 다시 떨어지는데 그 떨어져 나온 항체는 눈으로 보이지 않기 때문에 결과를 눈으로 확인할 수 있게 알고 있는 혈액형의 혈구를 떨어뜨려 반응시킨 후 응집 여부로 판단한다. 흡착은 이와 반대의 과정을 거친다. 혈액형 검사 결과 김구 선생의 혈액형은 'AB형'인 것으로 밝혀졌다.

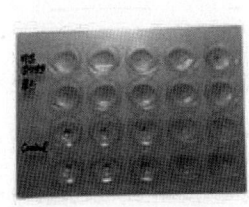 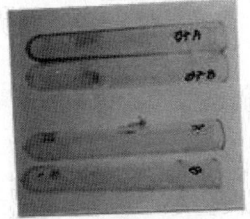

* 혈액형 시험 결과

왼쪽: 흡착시험 결과(A 및 B에서 모두 응집이 없어 AB형)
오른쪽: 해리시험 결과(A 및 B에서 모두 응집이 있어 AB형)

*당시 동아일보 보도 내용

　혈액형을 성공적으로 검출한 후 유전자분석을 실시하였다. 혈흔이 수십 년 이상 자연환경에 노출되어 있었기 때문에 여기서 DNA를 분리하기 위해 여러 가지 방법을 사용하였다. 분리된 DNA를 아가로오스 겔에 전기영동 하여 DNA의 상태를 관찰하였다. 예상대로 DNA는 많이 깨진 상태였다. 당시에는 일부 좌위의 유전자형이 검출되지 않았지만, 최근에 다시 실험을 하여 깨끗한 결과를 얻을 수 있었다. 최근의 분석 방법은 극소량의 DNA에서도 유전자 분석이 가능해졌을 뿐만 아니라 단연쇄반복(STR) 좌위의 분석으로 많이 손상된 DNA에서도 유전자 분석이 가능하기 때문이다. 이러한 기술들은 범죄사건 현장에서 채취되어 의뢰되는 많은 증거물들에 적용되고 있으며 많은 사건들을 해결하는데 결정적인 역할을 하고 있다.

　거의 불가능할 것 같았던 혈흔에서 유전자형을 성공적으로 검출하고 나니 기분이 매우 좋았다. 무리 민족의 위대한 인물인 김구 선생이 살아 돌아오신 것 같은 느낌이었다. 성공적으로 모든 실험을 마칠 수 있었던 것은 서거 당시 입고 있었던 옷의 혈흔이 마른 상태로 보관되어 부패가 진행되지 않았기 때문이었다.

과학의 영역은 제한이 없다. 범죄 관련 증거물의 분석에 사용되는 여러 가지 분석 방법들이 역사적인 사건들의 진실을 밝히는데 응용될 수 있음을 증명하였으며, 앞으로는 이러한 과학적 분석 방법들이 또 다른 역사적 사실을 밝히는데 응용될 수 있을 것으로 생각된다.

김구 선생 혈의 유전자 분석 결과

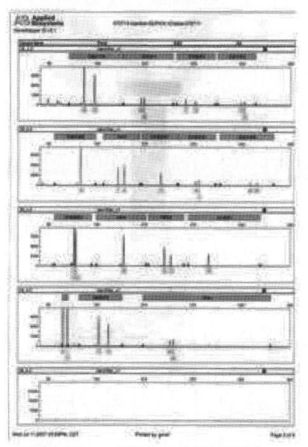
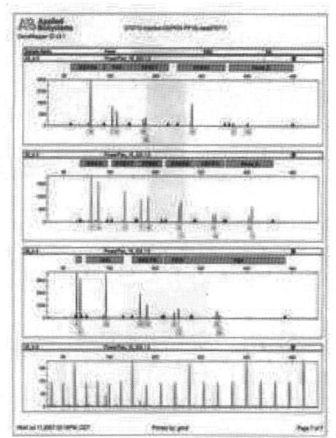

* 핵 DNA STR 분석 결과

* Y-STR 분석 결과

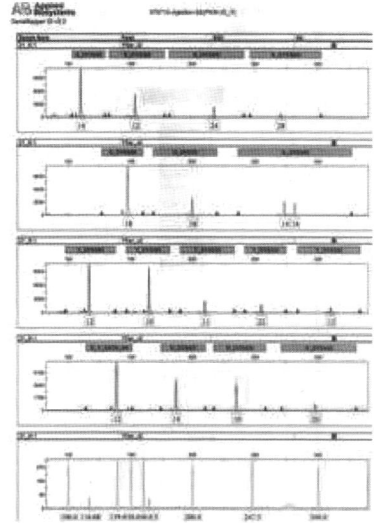

대구 지하철 방화 참사 사건

2003년 2월 18일 "대구 지하철에 불"이라는 보도가 인터넷 및 방송을 타고 급보로 전해졌다. 김해에서 추락한 중국 민항기 사건의 희생자에 대한 신원 확인이 끝난 지 채 8개월도 지나지 않은 시점이었다. 중국 민항기 희생자의 신원 확인에 관한 보고서조차 작성하지 못하고 밀린 감정을 하느라 얼마간 정신을 차릴 수 없을 정도로 바쁘게 지냈었다. 일상적인 업무로 복귀하여 정상적인 업무를 한 것도 얼마 되지 않은 상태였다. "에이! 설마 그렇게 큰 사건이 또 났을까?"하며 "그냥 대구 지하철 일부에서 불이 난 것이겠지!"라고 생각하면서도 사건을 주시하지 않을 수 없었다. 사실 그때까지만 해도 그 끔찍한 일들이 직접 나에게 다가올 줄은 생각하지도 못했었다. 하지만 그러한 우려들이 현실화되고 있었다. 속속 보도되는 현장 상황이 매우 심각함을 알 수 있었다.

1995년 삼풍백화점, 2001년 중국 민항기 김해 추락사건 등 대량 재난 사건의 희생자에 대한 신원 확인을 성공적으로 마무리한 경험이 있어서 대량 재난 사고가 일어나면 어떻게 대응한다는 계획이 서 있었기 때문에 국립과학수사연구원에서는 일사불란하게 각 단계별 대응을 신속하게 할 수 있었다. 화재감식팀과 희생자 신원 확인팀의 선발대가 구성되었다. 화재감식팀은 사안의 긴급성으로 먼저 출발하였다. 우리 신원 확인팀도 바로 선발대가 구성되어 대구행 비행기에 몸을 실었다. 유전자분석 분야에서는 나와 임○○ 박사가 동행했다. 마음이 매우 착잡하고 제발 큰 사건이 아니었으면 하고 빌었다. 큰 사건이 터질 때마다 업무가 힘든 것도 힘든 것이지만 가슴이 찢어지는 현장을 또 여과 없이 온몸으로, 가슴으로 받아야 하기 때문이었다.

짧은 비행시간 후 도착한 대구시의 모습은 한가로운 모습이었다. 하지만 경찰의 안내를 받아 현장에 도착했을 때 사건 현장은 화재로 인한 유독한 가스가 가시지 않은 상태였고 일부에서는 그때까지도 연기가 계속 나오고 있었다. 매캐한 연기 속을 구조대원들이 쉴 새 없이 드나들고 각종 매체들의 보도진들은 사건 현장을 취재하느라 분주하였다. 하루 종일 매캐한 연기를 마시며 고생했을 구조대원, 경찰 관계자의 얼굴에는 그을음이 시커멓게 묻어 있었고, 그들의 머리, 옷 등은 온통 땀으로 범벅이 되어 있었다. 구조대원들은 너무 지친 나머지 앉아서 쉬고 있거나 드러누워 있는 사람들도 있었다. 그들은 파김치가 된 몸을 의지 하나만으로 움직이고 있었다.

"왜 이런 일이…, 어째 이런 일이…."

깊은 한숨만 나왔다.

화재감식팀이 먼저 급파되어 화재 현장에 대한 감식을 진행하고 있었다. 신원 확인팀은 현장을 확인하여 신원 확인을 하는데 어떠한 장비 및 소모품 등이 얼마나 필요하며, 사건 현장에서는 어떻게 대응하고 각 팀별 역할을 어떻게 할 것인가 등의 신원 확인 및 진행을 위한 계획을 수립하기 위하여 구성되었다. 책임자급으로 구성된 우리 선발대가 지하철 내의 시신들의 상태 및 현황을 파악하기 위하여 대구지방경찰청 감식팀의 안내로 지하철이 있는 지하 현장으로 들어갔다.

사고가 난 지 한참이 지난 밤인데도 아직도 매캐한 연기와 냄새가 코를 찔렀다. 준비된 마스크도, 실험복도 없어 손수건으로 입을 막고 컴컴한 현장 안으로 들어갔다. 들어가는 입구 벽면에는 살고자 컴컴한 공간을 필사적으로 탈출하기 위하여 벽을 더듬으며 올라간 자국이 시커먼 그을음 속에 대비되어 하얗게 뚜렷이 남아 있어 가슴을 긁어내렸다. 벽면은 온통 그을음으로 가득 차 있었다. 내려가는 계단 바닥에는 필사적으로 탈출을 한 사람들의 것으로 보이는 신발, 가방, 안경 등 어지럽게 널려 있어 당시의 긴박한 상황을 알 수 있었다. 전깃불을 군데군데 켜 놓았는데도 내려가는 길을 찾기가 어려웠다. 손전등으로 바닥을 비추며 계단을 한참 내려가니 형체를 알아볼 수 없을 정도로 탄 열차가 나타났다. 그때까지 만해도 그렇게 많은 분들이 희생됐을 거라고는 생각조차 못 하였다. 컴컴한 조명에 폐부를 찌르는 유독물질 냄새, 먼지 등이 가만히 서 있는 것조차 힘들게 하였다. 실제의 상황에서는 얼마나 큰 고통이었을까? 도대체 가늠이 되질 않았다. 차량은 화재 당시의 고열로 인해 모든 것이 타버리고 뼈대조차도 녹아내려 큰 뼈대만 흉물처럼 앙상하게 남아있었다. 어느 정도의 시신이 있으며 시신들의 상태는 어떤지를 살피기 위해 차량 안으로 들어갔다.

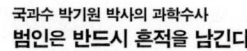

하지만 그곳에는 시신들이 보이지 않았다. 군데군데 흰 천으로 덮어 놓은 시신들이 보일 뿐이었다. 지하철의 뒷부분은 시신이 별로 없었으나 훼손 정도가 더욱 심하여 완전히 탄화된 뼈만 발견되는 곳도 있었다. 맨 끝 차량 두 대에 시신이 집중되어 있었다. 육안으로는 도저히 몇 명이 희생되었는지 조차 가늠할 수 없었다. 아마 불이 나서 그 불을 피해 모두 맨 뒤 두 차량으로 급하게 피한 뒤 희생을 당한 것 같았다. 이 두 차량의 시신 상태도 고열로 심하게 탄화되어 형체를 전혀 알아볼 수 없었다. 수없는 참사 현장을 보았지만 그렇게 심한 경우는 처음이었고 도저히 눈을 뜨고 볼 수가 없었다. 어마어마한 고통 속에서 숨져 갔을 희생자들을 생각하니 가슴이 메어 왔다. 도저히 상상이 안 되었다. 신원 확인에서도 최악의 상황이었다. 이런 상황에서 어떻게 신원을 확인할 것인가? 매우 고민스럽고 걱정이 앞섰다. 보이는 것은 모두 탄화된 뼛조각과 조금씩 남아 있는 형체밖에 안 보이니 그것도 거의 탄화되어 제대로 된 모습은 전혀 보이지 않았다. 유전자 분석이 가능할 것인가? 물론 유전자분석 기술이 많이 발전해서 우리 연구원의 기술력도 선진국들과 거의 차이가 없는 상황이었고 더구나 이런 대량 재난 사건은 벌써 몇 번을 경험하여 나름대로의 경험과 노하우도 많이 쌓인 상태였다. 그간의 경험상 웬만큼 탄화된 시신에서도 유전자 분석이 가능하였고 유전자형을 검출하여 신원 확인 한 사례가 많은 만큼 최선을 다해 분석이 가능한 시료는 모두 채취하여, 한 분이라도 더 찾을 수 있도록 하기로 하였다.

약 1시간 정도 둘러보고 현장을 빠져나왔다. 머리는 온통 어떻게 해야 할 것인가 뿐이었다. 암담하였다. 10시가 넘어서 늦게 저녁을 먹고 숙소로 돌아갔다. 잠을 청하려니 몸은 파김치가 되어 있었는데 걱정이 먼저 들어 쉽게 잠이 오질 않았다. 잠을 자는 둥 마는 둥 자고 다시 아침에 안심 기지창으로 옮겨진 차량으로 갔다. 차량을 현장에 그대로 둘 수 없어 기지창으로 옮겨 시신을 수습하기로 한 것이다. 차량 내부를 밝은 곳에서 다시 살폈다. 밤에 보았던 것과는 전혀 달랐다. 자세히 보니 더욱 심각한 상황이었다. 생각보다 많은 시신들이 그곳에 있었다.

 아침부터 많은 유족들이 소식을 듣고 그곳에 모였다. 유족들이 차량 내부를 보고 싶다고 했지만, 너무 처참하여 보여드리는 것이 오히려 도움이 될 것 같지 않았다. 하지만 유족들이 공개를 요구함에 따라 차량의 밖에서 차량 내부 모습을 볼 수 있도록 하였다. 한편 구내식당에서는 유족들이 모두 모인 가운데 차량 내부를 촬영한 비디오테이프를 잠시 방영하였다. 일부 유족들은 비디오를 보면서 오열하였고 일부 유족은 애써 진정하려는 모습이었다. 신원 확인과 관련하여 현장의 상황과 신원 확인 방법 및 과정 등 신원 확인에 유족들이 협조해야 할 사항들이 자세히 설명되었다.

 설명회가 끝난 후 우리들은 준비하여야 할 일이 많아 곧바로 비행기를 타고 서울 본소로 복귀하였다. 다음날 신원 확인에 필요한 물건들을 챙기고 어떻게 시료를 채취할 것인가 등의 계획을 수립하느라 늦은 밤이 되어서야 귀가하였다. 집에 도착하여 대충 세면을 한 후 잠시 누웠는데 워낙 피곤하였던지 그냥 곯아떨어졌다.

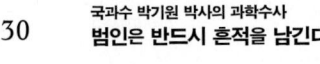

무거운 몸을 이끌고 출근하였다. 대형 트럭에 시신 수습 및 신원 확인과 관련된 모든 장비들을 실었다. 두 시간여의 작업 끝에 모든 짐을 실었다. 짐차는 짐차대로 먼저 출발을 하였고 우리는 연구원 봉고차에 몸을 실었다. 앞으로 전개될 일을 생각하니 마음이 매우 무거웠다. 연구원에 남은 일행들이 전송을 해주었다. 서울외곽순환고속도로를 타고, 경부선을 타고, 숨차게 달렸다. 밖으로 보이는 풍경은 이제 막 겨울의 때를 벗고 봄을 준비하고 있었다. 양지바른 곳에서는 새싹이 파릇파릇 돋아나고 가끔 냉이를 캐는 아낙이 보인다. 제법 따뜻한 날씨다. 긴장 속에서도 몸도 매우 피곤했고 차의 히터 덕분인지 참을 수 없는 졸음에 눈을 감았다. 잠깐 졸다 깨다를 몇 번 반복하였다. 저녁이 다 되어 대구 안심 기지창에 도착하였다. 쉴 사이도 없이 바로 시신 수습 및 신원 확인을 위한 작업에 들어갔다. 각 팀별로 일사불란하게 자기의 맡은 바를 다하여 싸늘한 날씨와 매캐한 실내 공기에도 불구하고 정신없이 뛰었다. 상황실, 작업장 모두 바삐 움직이며 또 하나의 전투를 시작하였다. 오직 사명감 하나로….

희생자의 신원 확인은 여러 개의 팀으로 나누어 진행되었다. 물론 유전자분석이 가장 강력한 신원 확인 방법이지만 보통 법의감정, 유전자분석, 치과 감정, 유류품 감정 등 많은 팀들이 각자의 분야에서 전문적인 분석을 한 후 이를 종합하여 최종적으로 신원을 확인한다. 이번 사건 같이 시신이 완전히 탄화된 경우는 유전자형이 검출되지 않을 수도 있기 때문에 각 팀별 협동이 매우 중요하다. 차량 안의 시신들은 말할 것도 없으려니와 유류품 등에 대해서도 철저한 감정을 실시하였다. 차량 안에서 나오는 모든 물건들에 대해 사진을 찍고, X-ray 촬영을 하여 금속 등의 유류품 등을 선별하였다. 유전자분석을 위한 시료의 채취도 같이 진행하였다. 시료의 채취는 대검과 같이 진행했다. 작업은 매우 늦은 시간까지 계속되었다. 정말로 힘들고 고통스러운 시간이었다. 매일 아침 8시부터 시작하여 12시 넘어서까지 현장 및 시신에 대한 수습 작업을 강행하였다. 어떤 때는 철야를 해가며 최악의 조건을 이겨 나가고 있었다. 종일 석면이 있는 먼지 구덩이 속에서 피곤과 추위와 싸워 가면서 쳇바퀴처럼 안심 기지창과 숙소인 모텔을 오갔다. 며칠이 지나자 모두 녹초가 되어 있었다.

예상외로 작업 속도는 엄청나게 더디게 진행되었다. 생각했던 것 보다 실제의 수습 과정이 쉽지가 않았다. 초조한 마음에 무리하게 진행하다 보니 벌써 한 명이 탈진하여 병원으로 긴급 후송되었고, 모두들 석면 가루를 뒤집어쓴 터라 온몸을 긁어 붉은 반점이 생겼다. 작업등의 영향으로 얼굴이 타서 얼굴의 표피가 벗겨지고 추위로 인해 감기 환자가 속출하였다. 며칠이 지나면서 지원팀도 속속 도착하고 간식도 제공되었다. 그나마 위안이라면 위안이었다.

작업이 어느 정도 진행되었다. 눈에 띄게 차량 안의 빈 공간이 늘어 갔다. 수습 상황을 상황판을 만들어 체크해 나갔다. 진행 정도에 따라 색깔을 입혀 나갔는데, 어느 정도 색칠이 된 것으로 보아 상당히 진척이 된 느낌이었다. 차량 안에서도 작업의 속도가 붙었다. 유전자분석을 위한 검체 채취도 탄력을 받아 빠르게 진행되었다. 그 사이 유족들을 상대로 설명을 하고 한쪽에서는 희생자의 생전의 특성 등을 묻는 유가족 설문지 작성 및 유가족 대조를 위한 시료 채취 등이 동시에 진행되었으며 채취된 시료들은 바로바로 서울로 이송되어 분석에 들어갔다.

약 2주 이상의 힘든 작업 끝에 유전자분석을 위한 검체 채취가 끝났다. 채취는 대검찰청 팀과 같이 진행했는데 채취한 검체는 거의 천 개에 다다랐다. 조금이라도 유전자분석의 가능성이 있는 시료는 모두 채취를 했기 때문에 시료의 숫자가 엄청나게 늘어난 것이다. 탄화 정도가 심해 혹시 그 작은 부분만 남았을 가능성도 있었기 때문이다. 이들 모두는 6개의 큰 아이스박스에 넣고 봉하였다. 아이스박스에는 시료가 이동 중 부패되지 않도록 드라이아이스를 넣었다. 이 큰 아이스박스들을 봉고차 뒤에 싣고 우리도 차에 올랐다. 봉고차는 바로 신원동 서울 본원의 실험실로 향했다. 참으로 오랜만에 집으로 가는 것이었다.

서울 본원에 새벽 1시가 되어 도착하였다. 채취한 검체를 챙기고, 다음 날 아침에 바로 유전자 분석에 들어가야 하고, 분석을 어떻게 진행할 것인지를 논의하기 위해 늦은 시간이었지만 동료들이 기다리고 있었다. 검체와 가져갔던 각종 도구 및 개인 물품을 챙기고 나니 2시가 되었다. 간단하게 해야 할 일과 계획을 논의하고 배가 출출하여 해장국을 간단하게 먹었다. 자고 일어나면 바로 구체적인 분석 계획을 세워야 하기 때문에 좀 쉬어야 한다. 차를 끌고 집으로 갔다. 늦은 시간인지 거리에는 차들이 거의 없었다. 매일 다니던 길인데도 오랜만에 지나려니 이국에 온 듯 낯설어 보였다. 집에 도착하니 아들과 딸은 모두 자고 있었고, 처만 걱정이 되어 기다리고 있었다. 잠시 얘기를 나누다 나도 모르게 잠이 들어 버렸다.

다음날이 되었다. 다시 또 시작이었다. 채취해 온 검체들의 상태가 너무 안 좋아서 연구원에서 십년 이상 유전자분석의 경험이 있는 고참들이 채취를 하도록 하였다. 채취해 온 검체들에서 정성들여 DNA를 분리하고, 이를 여러 가지 분석 방법을 통하여 분석하는 작업이 매일 밤 12시 넘게까지 계속되었다. 사건이 발생하기 전에 운영하기 시작한 자동유전자염기서열분석기 덕분에 밤에도 계속 작업이 진행될 수 있었다. 자동유전자염기서열분석기는 한 시간의 쉴 틈도 없이 분석 결과를 쏟아 내고 있었고, 한쪽에서는 얻은 결과를 입력하고 이미 의뢰되었던 가족들과 가족 관계를 분석하는 작업이 계속되었다. 단 하나의 오차도 발생하면 안 되기 때문에 결과를 일일이 점검하고 입력하고, 분석 방법을 다르게 하여 교차 점검하고 다른 사람이 확인하고 하는 작업이 반복되었다.

어느 정도 진행되어 윤곽이 잡히기 시작하고 모두들 자신감을 갖기 시작하였다. 기대도 하지 않았던 검체에서도 모두 유전자형이 깨끗하게 검출되었고 결과도 하나하나 쌓여 갔다. 그 사이에도 유가족의 혈액은 계속 의뢰되었다. 하지만 의뢰된 가족 중 가족의 생존이 확인되어 통보되어 온 경우도 많았다. 작업은 의외로 빨리 진행되었다. 일부 신원이 확인된 사람도 나타났다. 그러나 유전자 분석 신원 확인하는 모든 검체의 유전자형과 모든 가족의 유전자형의 분석이 끝난 후 비교하여야 하기 때문에 조심스럽게 진행되었다. 계속되는 작업으로 몸과 마음이 지칠 대로 지쳐 모두 힘들어했다. 휴일도 없이 벌써 한 달 이상을 강행군했다. 물론 대구 현지에서 고생하는 직원들, 또 실험실에서 밤낮 가리지 않고 정확한 신원 확인을 위하여 고생하는 동료들 모두 매한가지였다.

일부이긴 하지만 일차로 이십여 명의 신원을 확인하여 통보하였다. 유전자분석도 순조롭게 진행되고 거의 불가능할 것 같은 샘플들에서 모두 유전자형을 확보할 수 있어 자신감이 더해 갔다. 오랜만에 뉴스를 보았다. 가톨릭대학교 테니스 선수였던 희생자가 신원 확인 되어 가족에게 인도되어 장례식이 치러졌고 다른 신원 확인이 된 시신들에 대해서도 장례식이 치러졌다는 보도를 볼 수 있었다. 드디어 가족의 품으로 한 분 한 분 인도해 드릴 수 있었다. 정말 힘들게 지내 온 한 달여의 힘든 시간들이었다.

혼신의 힘을 다해서 실험을 한 결과 채취한 샘플에 대한 결과를 거의 다 얻을 수 있었고 유가족들에 대한 유전자분석도 거의 완료되어 갔다. 마무리 단계로 데이터를 몇 번이고 다시 맞춰 보고 다시 대검찰청의 결과와 교차 검증하였다. 완벽한 데이터들이 얻어지고 한 분 한 분 새로이 이름이 붙여지고 있었다. 한 분 한 분 찾을 때마다 기분은 말도 못 할 정도로 벅찼다. 너무나도 힘들었던 작업 과정이었기에 더욱더 그러하였다. 모두들 오로지 사명감 하나로 모든 것을 이겨 나갔다. 긴장과 스트레스의 연속이었다. 수차례 대량 재난 사고에서 유전자분석팀의 책임자로서 일했지

CHAPTER 2

만 매번 긴장의 강도는 같았다. 하지만 이번 사건의 신원 확인은 정말 특별한 경험이었고 세계적으로도 희귀한 경우였다. 한 분 한 분 신원이 확인되어 가는 순간순간 보람을 느끼기도 하였지만 그 긴장감은 이루 말할 수 없었다. 몸과 정신이 지칠 대로 지쳐서 정말 정신력으로 버텨 나가는 상황이었다. 이러다 쓰러지지나 않을까 걱정도 되었다. 하지만 기다리는 유가족을 생각하면 쉴 수도 없는 상황이었다. 거의 불가능하리라 생각했던 일들이 하나하나 해결되어가고 신원 확인의 윤곽이 잡혀 나갈 때 힘을 얻어 다시 나가고 다시 나가고 했다. 그런데 유전자분석을 하고 신원을 확인하면서 다행이라고 생각된 것은 그 혹독한 상황에서도 모든 희생자들의 시신이 조금이라도 남아 있었다는 것이다. 너무나 처참한 현장이라서 전혀 남아 있지 않을 수도 있을 거라 생각 했는데 자신을 꼭 찾아 달라는 호소 같았다.

그 많은 사망자들이 가족의 품으로 모셔졌고, 일차 감정이 마무리 될 수 있었다. 다시 일상의 업무로 복귀하여 그동안 하지 못한 업무를 처리하기 위해 매달려야 했다. 얼마의 세월이 흘러 기억 저편으로 그 혹독한 시간들도 일상에서 멀어져 가면서 잊혀졌다.

신원 확인 감정을 일단락 지은 후 치과 감정 등으로 유전자분석을 하지 못한 나머지 검체채취들을 채취하기 위하여 대구의 안심기지창으로 다시 내려갔다. 어느새 계절이 바뀌어 대구 곳곳에는 벚꽃이 피어 있었고 개나리가 길을 따라 노랗게 피어 있었다. 눈이 부시도록 아름다운 꽃들이 괜히 서러워 보였다. 모든 것을 잊고 오로지 일에만 매달려 산 것이다. 금방 한 달여의 시간이 흘

러가 버렸다. 안심 기지창에 들어갔을 때 수습된 시신에 대한 재구성 작업이 한창 진행되고 있었다. 신원 확인이 된 시신의 주위에 있는 유골들을 최대한 수습하여 인류학적으로 재구성하고 번호표 대신 생전의 이름을 다시 찾아주는 작업이었다. 이미 희생자들은 이름을 새로이 달고 가족의 품으로 돌아갈 날만 기다리고 있었다. 그동안의 모든 어려웠던 일들이 눈이 녹듯 스르르 녹고 있었다. 그 순간을 위해서 우리는 한 달여의 기나긴 시간을 힘들게 달려온 것이다. 많은 영령들이 가족의 품으로 돌아갈 수 있도록 최선을 다했다는 뿌듯한 마음보다도 왠지 가슴이 뻥 뚫린 듯 허전하였다. 저녁 늦게까지 혹시나 하는 마음에 추가로 확인하여야 할 시신들에 대해 검체를 채취하였다. 바로 출발할 수 없어 대구에서 하루 더 잠을 자고 다음 날 아침 다시 기지창으로 갔다.

냉동 창고 옆에 분향소가 마련되어 있었다. 서울로 떠나기 전 우리는 분향소를 들러 돌아가신 영혼들을 위하여 고개를 숙여 명복을 빌었다. 만감이 교차하는 순간이었다.

"이제 부디 좋은 곳에 가셔서 편안히 쉬소서."

한 치의 오차가 없도록 하기 위하여, 그리고 단 한 분이라도 시신의 일부라도 더 가족의 품으로 모실 수 있도록 혼신의 힘을 다했다. 그때까지도 돌아가신 분들의 이름이 머릿속을 맴돌았다. 신원 확인이 끝나지도 않았는데 "최종 사망자가 몇 명이냐?" "오늘은 어디까지 진척됐느냐?" "유전자분석은 가능하겠는가?"는 등의 질문들이 귓전을 맴돌고 있을 뿐 집중되었던 시선들도 다른 사회의 이슈들로 분산되면서 남은 것은 만신창이가 된 몸과 허탈한 가슴뿐이었다. 누구 하나 "고맙다, 수고했다."는 말도 없이 우리는 우리대로 자조 섞인 목소리로 "제발, 제발 이러한 사건이 다시는 일어나지 말아야지!"를 수없이 되 내었다.

* 사고 전동차의 외부 모습

* 시신 수습 전의 전동차 내부 모습

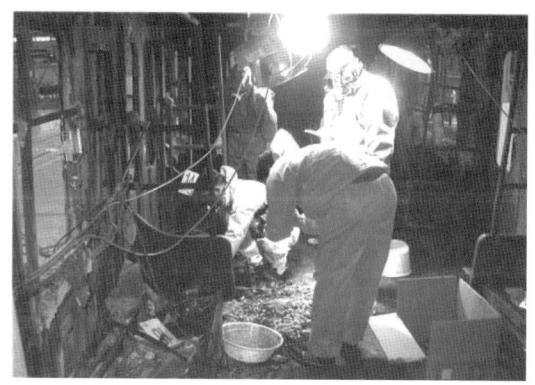

* 유품 수습 장면(전동차 내)

* 유품 수습 장면(전동차 밖)

* 시신 수습 현장

* 시신 및 유품 수습 후 전동차 내부 모습

* 채취된 시료 이송 작업

부디 편안한 곳에서 못다 한 꿈 이루소서!
삼가 고인의 명복을 빕니다.

DNA 데이터베이스

DNA 데이터베이스란?

DNA 데이터베이스는 범죄 현장, 구속피의자 및 수형자에서 채취된 시료에서 유전자형을 확보한 후 데이터베이스화하여 관리하는 것을 말한다.

DNA 데이터베이스를 과학수사에 처음 도입한 나라는 영국이다. 영국은 1994년 관련법을 제정하였으며 1995년 4월 DNA 데이터베이스를 시작하였고 지금까지 범죄 수사에 적극적으로 활용하고 있다. 미국의 경우는 영국보다는 늦게 시작하였다. 처음에는 각 주별로 다른 시스템으로 시작하였지만 1998년 모든 주에서 통일된 시스템을 가지고 운영에 들어갔다. 두 나라 이외에도 현재 세계적으로 50개국 이상이 DNA 데이터베이스를 운영하고 있다. 나라마다 이를 관장하는 법률과 DB의 형태 또는 입력 대상자가 다르지만 기본적인 내용과 목적은 중대한 범죄를 저지른 사람 또는 범죄 현장에서 채취된 증거물의 DNA 정보를 데이터베이스화하여 범인을 신속하게 검거하고 범죄를 예방하고자 하는 것이다.

DNA 데이터베이스의 기본 원리

DNA 데이터베이스가 가능한 것은 한 사람의 모든 생물학적 시료 즉, 혈액, 모발, 정액, 머리카락 등의 유전자형이 같고 이러한 유전자는 죽을 때까지 변하지 않고 같은 형을 유지하기 때문이다. 이 때문에 한 사람이 여러 곳에서 범행을 하고 각각 다른 종류의 증거물이 범죄 현장에서 발견되더라도 같은 사람임을 증명할 수 있으며 또한, 시차를 두고 저지른 범죄라도 시간에 관계없이 같은 유전자형인지를 비교할 수 있는 것이다.

두 건의 절도사건을 생각해 보자. 어떤 범인이 젊었을 때 절도를 하다 손을 다쳐 범행 현장에 혈흔을 남겼으나 검거되지 않았다. 그리고 몇 년이 지난 후 같은 범인이 또 다른 절도를 하다가 검거되었고 그 현장에서는 담배꽁초가 발견되었다. 먼저 사건의 혈흔에서는 이미 유전자분석을 하여 데이터베이스에 보관되어 있었으며 새로운 절도사건의 현장에서 수거된 담배꽁초에서 유전자형이 검출되어 다른 사건과의 동일성 여부를 검색한 결과 이전 사건과 같다는 것을 알 수 있었다. 또한 바로 의뢰된 용의자의 구강채취 면봉에서 유전자분석을 하여 그 결과를 위의 사건들과 비교한 결과 유전자형이 일치하는 것으로 나타났다. 이들 두 사건에서 채취된 증거물은 시간과 종류가 다르지만 같은 사람이라는 것을 증명할 수 있었다. 한사람에서 유래된 증거물은 모두 같은 유전자형을 갖고 그 유전자형은 죽을 때까지 변하지 않기 때문이다. 물론 유전자형이 데이터베이스에 입력되어 있었기 때문에 이전 사건과의 관련성도 밝힐 수 있었던 것이다.

어떤 자료가 입력되는 것일까?

사람의 유전자는 약 30억 쌍의 정보를 갖는다. 이들 유전자 정보는 대부분 사람마다 같다. 하지만 유전자 중 극히 일부분에서 사람마다 다른 부분이 존재한다. 이 부분이 1985년 영국의 알렉 제프리즈에 의해 처음으로 확인되었으며 지문과 같이 사람마다 다르다고 하여 처음에는 이것을 "DNA 핑거프린팅"이라고 하였다. 지금은 단연쇄반복(Short Tandem Repeat, STR) 부위가 개인을 식별하기 위해서 사용되고 있다. 이 부분은 4~5개의 염기가 반복되는 부위로 사람마다 반복되는 횟수가 다르기 때문에 현재 범죄수사에서 개인을 식별하는 목적으로 사용되고 있다. 이러한 부분을 여러 부분 분석하여 조합을 하게 되면 같은 유전자형 조합이 나올 확률이 점점 떨어진다. 데이터베이스에는 이러한 유전자형을 여러 개 분석하여 이들의 조합을 데이터베이스에 입력한다. 미국의 경우 13개의 유전자 부위를 분석하여 입력하고 있으며, 우리나라도 공식적으로는 미국과 같이 13개 좌위를 입력하고 있다.

최근에는 이를 20개 좌위까지 늘려 입력하고 있다.

DNA 데이터베이스의 운영은?

우리나라는 1990년대 초반에 도입을 위한 법률제정 등 활발한 움직임이 있었지만 부처간 이견으로 무산된 바 있다. 이후 계속 노력하여 관련법이 2009년 말에서야 국회를 통과하였다. 국회를 통과한 『디엔에이 신원 확인 정보의 이용 및 보호에 관한 법률』에 따르면 유전자감식정보는 수형자·피의자·범행 현장 등에 대한 유전자감식정보로 구분하여 관리한다고 밝히고 있다. 즉, 범행 현장에서 채취된 각종 증거물에서 검출된 범인의 것으로 추정되는 유전자형과 구속된 피의자 및 수형자의 유전자형을 데이터베이스화하고 있다.

범행 현장 증거물 및 구속피의자 데이터베이스는 국립과학수사연구원에서 관리하고 있으며 수형자의 데이터베이스는 대검찰청에서 관리하고 있다. 구속피의자 및 수형자의 경우 입력 대상자의 정보가 코드화되어 의뢰되기 때문에 전혀 누구인지를 알 수가 없다. 즉, 유전자정보와 신상정보가 분리되어 관리되고 있기 때문에 누구의 유전자형인지를 알 수 없는 것이다. 이것은 입법 과정에서 유전자정보를 국가가 관리하고 유전자 정보와 신상정보가 같이 운영되는 것은 인권침해 및 정보 남용의 소지가 있다는 인권단체의 주장에 따른 것이었다.

DB의 입력 대상 범죄는 살인, 강도, 방화, 절도 관련 범죄(단순절도 제외), 강간·추행, 약취·유인, 체포·감금(단순 체포·감금 제외), 상습폭력, 조직폭력, 마약, 청소년 대상 성폭력 범죄 등이다. 수형자는 이미 형이 확정되어 수감 중인 사람이며 교정시설의 장이 수형자로부터 채취할 수 있도록 하고 있으며, 구속 피의자는 검사 또는 사법경찰관에 의해 특정 범죄로 구속영장이 발부된 피의자를 말한다. 또한 현장 증거물은 범행 현장, 피해자와 범죄의 실행과 관련된 사람의 신체나 물건에서 발견된 유전자감식시료를 말한다.

채취된 시료에 대한 유전자형의 입력은 철저한 품질관리 하에 이루어진다. 시료의 채취, 유전자분석 및 입력하는 동안 발생할 수 있는 오류 또는 실수를 사전에 예방하기 위하여 철저한 품질 관리 시스템을 갖춘 실험실에서만 실시하게 된다. 검증과정에서 이중, 삼중으로 재확인하기 때문에 범죄자가 아닌 사람이 억울한 누명을 쓸 가능성은 전혀 없다.

DNA 데이터베이스 시행의 효과

DNA 데이터베이스는 범죄의 예방적 차원에서 매우 중요한 장치 중의 하나이다. 범죄자들이 자신의 유전자형이 보관되어 있다고 생각하면 당연히 추가적인 범행을 자제하기 때문에 범죄가 획기적으로 줄어든다. 실제로 이를 시행한 영국 등의 경우 현저하게 범죄가 감소했다는 보고가 있다. 또한 정확하게 범인을 확인할 수 있기 때문에 무고한 수사 대상자를 조기에 배제할 수 있어 인권을 신장할 수 있고 불필요한 수사력 낭비를 막을 수 있다. 또한 미국의 무죄증명 프로젝트와 같이 기존에 형이 확정된 수형자 중에서도 억울하게 유죄 판결을 받은 사람들을 구제할 수도 있다. 이미 미국에서는 수십 건의 사건에서 무죄를 증명하여 풀려난 사례가 있다.

DNA 데이터베이스의 시행으로 범죄로 인한 엄청난 사회적 비용을 획기적으로 절감할 수 있으며, 모든 국민들이 보다 편안하게 생업에 종사할 수 있을 것이다. 이것이 진정한 국민을 위한 길이고 진정한 인권을 위한 장치라고 생각한다.

[언론에 보도된 내용들]

경찰 "DNA 대조로 미제 사건 5백여 건 해결"

"유전자(DNA) 분석으로 6년 전 성폭력 등 사건 피의자 검거"
2005. 7. 31. 포항에서 발생한 성폭력 등(주거침입강간) 피의자 권OO(40세)를 발생 6년 후인 지난 8. 18일 구미경찰서 강력 6팀에서 검거

입술 깨물린 성폭행범 현장 혈흔 추적 1년 만에 검거
성폭행을 당하려는 순간 피해자가 기해자의 입술을 깨물어 미수에 그치고 달아났지만 당시 흘린 피로 인해 들통이 났다.

서부경찰, '담배꽁초DNA'로 4년 전 절도범 검거
A 씨는 지난 2007년 10월 광주 서구 모 가구전 후문을 뜯고 들어가 사무실 안에 있던 컴퓨터, 노트북 등 800만 원 상당의 물건을 훔쳤다. 이 사건은 미제 사건으로 남았지만 A 씨가 지난 3월 29일 구속되면서 유전자를 채취, 감정 의뢰한 결과 담배꽁초 유전자와 동일하다는 분석 결과가 나오며 결국 꼬리가 잡혔다.

'뛰는' 범인 위에 '첨단' 경찰
DNA 분석기법 활용 성폭행·방화 등 미제사건 잇따라 해결

DNA 검사로 5년 만에 붙잡힌 초등생 유괴범

부산 굴정동 토막살해 사건

사건 발생

산불 감시 공공근로자가 근무를 위해 산을 오르다 이상한 물체를 발견하고 그곳으로 다가갔다. 그곳에는 무엇인가 담겨 있는 쓰레기봉투가 여러 개 버려져 있었다. 이상히 여겨 가까이 다가가서 살펴보았다. 봉투 안에는 끔찍하게 살해된 토막 난 시신이 나뉘어 담겨 있었다. 그는 곧바로 경찰에 신고하였다.

시신은 일곱 토막으로 잘린 채 50ℓ 들이 쓰레기봉투 5개에 담겨 버려져 있었다. 시신이 토막이 난 상태였고 훼손이 심하여 처음에는 신원을 밝히는데 매우 어려움이 있었다. 하지만 주변의 실종자를 중심으로 탐문 수사를 진행한 결과 시신이 주점 종업원으로 일하고 던 김OO(46세, 여) 씨인 것으로 밝혀졌다. 토막이 난 시신이라서 신원을 확인하는 데 어려움이 있을 것으로 예상되었지만 다행히 피해자의 신원이 며칠 만에 확인되었다. 따라서 피해자의 주변 인물을 대상으로 수사가 활발하게 진행되었다.

피해자의 주변 인물을 수사하던 중 피해자와 교제를 하고 있었던 남성이 있었다는 사실을 밝힐 수 있었다. 하지만 그는 그 사건 이후 집을 나간 후 돌아오지 않고 있었다. 수사관들은 그를 유력한 용의자로 보고 그가 전세로 살고 있는 집 주위에 며칠씩이나 잠복을 하며 기다렸지만 허탕이었다. 그는 그 이후로 한 번도 그곳에 나타나지 않았다.

범죄 현장 감정

해당 관서에서는 이 사건을 중요한 사건으로 판단하여 처음부터 우리 연구원에 사건 현장에 대한 정밀 감정을 요청해왔다. 당시 부산과학수사연구소 유전자분석실에서 경상남북도, 대구, 울산 및 부산을 담당하는 감정인이 고작 2명이었기 때문에 사실 현장에 나가 감정을 한다는 것이 어려운 상황이었다. 하지만 엽기적인 살인 사건으로 조기에 사건을 해결하지 않으면 안 될 상황이었다. 사건 현장에서 사건을 해결하기 위한 단서를 신속하게 확보해야 하므로 현장에 대한 정밀한 감식을 하기로 하였다.

루미놀 시약과 실험복, 마스크 등 현장 감정에 필요한 것들을 챙겨 사건 현장으로 갔다. 도착한 범죄 현장은 1층으로 혼자 살기에 적당한 작은 방 하나가 있는 조용한 주택가였다. 방 안에는 침대 하나가 좁게 놓여 있었고 앞에는 TV가 있었다. 방의 앞쪽으로는 다락이 있었고 방 옆에 있는 계단을 통해 올라갈 수 있었다. 방의 입구에는 조그만 부엌이 하나 딸려 있었는데 사람 한 명이 겨우 지날 수 있을 정도로 좁았다.

부엌은 끔찍한 살인사건 현장이라고 생각하기에는 너무 깨끗하였고 아무런 흔적도 보이지 않았다. 방 안도 매우 깨끗한 상태였으며 침구 등이 잘 정돈되어 있었다. 모두 눈으로는 이렇다 할 증거를 발견하기 힘들었다. 따라서 사건과 관련된 혈흔의 흔적을 찾아내기 위해 혈흔검출 시험인 루미놀 시험을 실시하기로 하였다. 문을 모두 닫아 실내를 어둡게 한 뒤 루미놀 시약을 의심나는 곳에 분사하기 시작했다.

루미놀 실험 결과 부엌의 여러 곳에서 어지럽게 비산된 혈흔을 검출할 수 있었다. 하수구 입구, 모서리 등에서 시멘트에 흡수된 일부 혈흔이 검출되었으며 벽면 등에서는 사체를 훼손하면서 튄 것으로 판단되는 혈흔들이 선명하게 드러났다. 하지만 혈흔의 양은 많지가 않았다.

　부엌에 대한 감식을 마치고 방 안으로 들어갔다. 침실이 있는 방 안에도 혈흔이 거의 없었다. 하지만 루미놀을 분사하자 방문 입구 등에서 약한 혈흔 반응이 나타났고 다락으로 가는 계단 여러 곳에 묻힌 혈흔이 발견되었다. 그리고 침대 주위 등에서 매우 소량의 혈흔이 검출되었다. 혈흔의 분포와 형태로 보아 방에서 목을 졸라 살해를 시도하다가 실패하고 피해자와 가해자를 밀치며 다락으로 도망가자 쫓아가서 재차 목을 졸라 살해를 한 후 부엌에서 사체를 훼손한 것으로 추정할 수 있었다.

　끔찍한 사건이 일어난 현장이라고는 믿어지지 않을 정도로 깨끗한 상태였다. 범행 후 범인은 사건을 은폐하기 위하여 살해 현장인 자신의 집을 깨끗하게 청소를 하고 부엌 바닥 및 옆면도 물청소를 한 것으로 보였다. 하지만 루미놀 시험은 극소량의 혈흔만 있어도 혈흔의 존재를 증명할 수 있는 실험으로 위와 같이 잘 보이지 않거나 극소량의 혈흔을 찾는 데 사용된다. 루미놀 시험 결과 그곳이 피해자가 살해된 장소임을 간접적으로 증명할 수 있었다.

　아래는 사건 현장에서 혈흔이 발견된 곳이다.

> **부엌**
> 1. 수도를 중심으로 한 수도 전면 부위, 수도 좌측면 문 및 문 옆 벽, 싱크대 안 및 측면, 방문 앞 우측 벽, 방문 앞 계단 등에 비산된 혈흔이 발견됨.
> 2. 수도 앞 벽면에서는 흐른 형태의 혈흔이 발견되며 장판 밑 및 하수구 구멍 주위는 약하게 혈흔이 검출됨.
>
> **방**
> 1. 침대 앞 장판 틈새에서 스며든 혈흔이 검출됨.
> 2. 방 내부는 다락문 입구 쪽에서 비산혈흔이 검출되나 장판 위, 침대 이불 및 침대 등에서는 혈흔이 검출되지 않았음.
> 3. 다락 입구 좌우측 벽 및 다락문 안쪽 등에서 비산된 혈흔이 검출됨.
> 4. 다락 계단 및 다락 위 왼쪽 벽 및 장판에서 혈흔이 검출되며, 다락 위 왼쪽 벽의 혈흔에서 닦은 흔적이 관찰됨.

현장에서 채취한 혈흔과 침대 등에 놓여있던 휴지, 가위 등 증거물을 수집하고 수사관들이 의뢰한 감정물들을 챙겨서 연구원으로 복귀하였다. 채취한 감정물에 대해서 유전자분석을 실시하였다. 분석 결과 대부분 피해자 김OO와 같은 유전자형이 검출되어 피해자가 그곳에서 살해된 것으로 추정할 수 있었다. 그가 김OO를 살해한 범인임이 확실해진 것이었다.

하지만 범인은 사건 직후 행방이 묘연한 상황으로 추가적인 범행이 있을 수 있기 때문에 그를 검거하는 것이 급선무였다. 용의자는 그 후 전국에 지명 수배되었으며 발신지 추적 등 여러 가지

정황으로 미루어 그가 서울에 잠입한 것으로 판단되었다. 수사관들이 그가 위치한 곳으로 추정되는 곳으로 급파되어 그의 뒤를 쫓았다.

용의자는 수사관들의 추적을 받던 중 서울 인근에서 자살한 채 발견되었다. 사건 발생 후 계속 트럭을 몰고 다니며 도피 생활을 한 지 열흘 만이었다. 그 후 트럭과 트럭에서 발견된 쇠톱 등의 증거물이 서울의 국립과학수사연구원에 의뢰되었다. 실험 결과 트럭에서 채취된 혈흔, 톱에서 채취된 조직 등에서 피해자와 같은 유전자형이 검출되었다. 범인은 피해자를 살해한 후 집에서 위의 도구를 사용하여 절단한 후 자신의 트럭을 이용하여 피해자를 유기한 것이었다.

사건은 범인의 자살로 끝났지만, 또 한 번 쾌락의 끝이 어떤 것인지를 우리에게 보여주고 있었다. 그의 소지품 중에는 변태적 성행위를 녹화한 테이프가 다수 포함되어 있었다고 한다.

쾌락만을 쫓았던 한 젊은 사람이 결국 그 쾌락의 덫에 걸려 한 사람의 생명을 앗아가고 자기의 생명마저 포기하는 지경까지 간 사건이었다.

* 당시 보도되었던 신문 내용

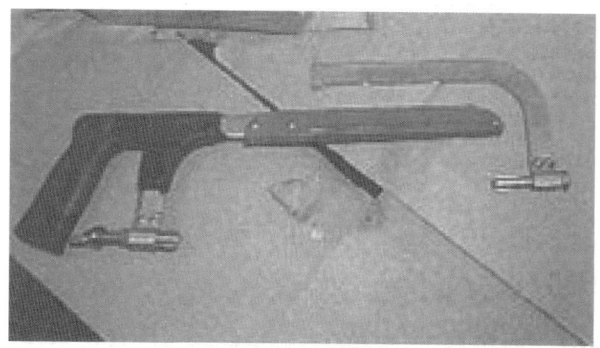

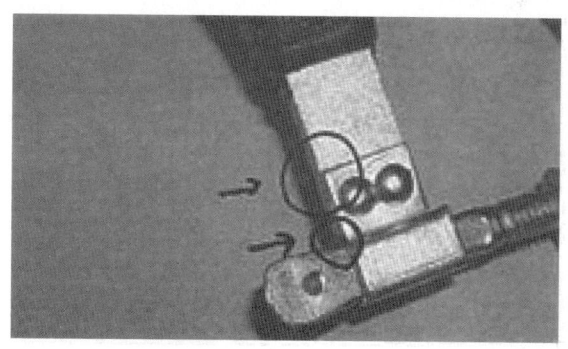

* 자살 현장에서 발견된 트럭 및 피해자의 혈흔과 조직이 검출된 곳

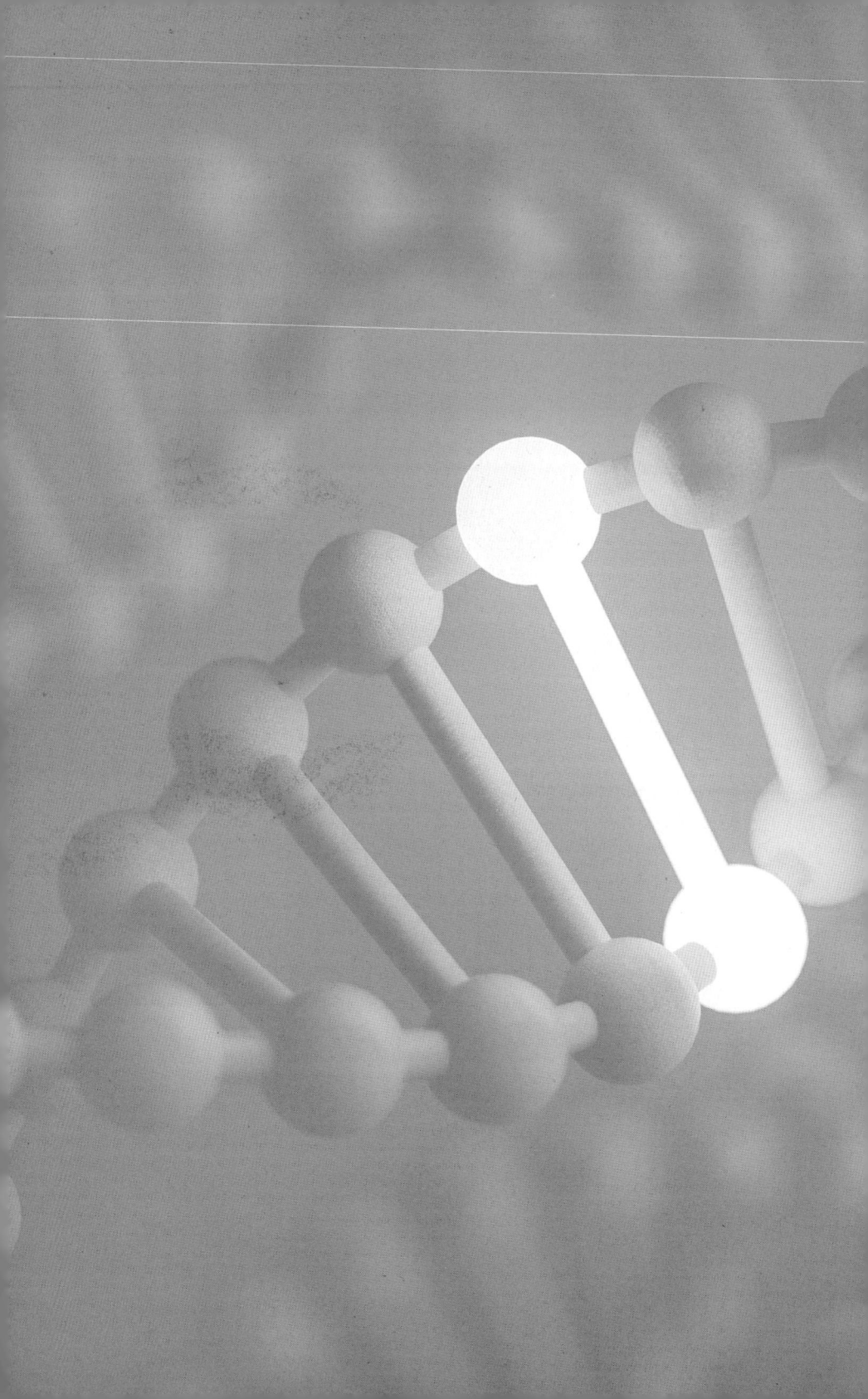

CHAPTER 3

가족을 찾는 머리 없는 토막 변사체

토막 변사체의 발견

2006년 8월 말이었다. 서울의 성동구에 있는 물재생 센터에서 환경미화원이 쓰레기가 담겨 있는 비닐봉지들을 차량에 옮기고 있었다. 하나둘 옮기던 중 물컹한 무거운 봉지 하나를 발견하였다. 들려고 했지만 혼자 들기에는 너무 무겁고 물컹거려 들 수가 없었다. 할 수 없이 동료의 도움을 요청하여 같이 옮기던 중 비닐봉지가 찢어졌다. 찢어지면서 바닥에 떨어진 것은 다름 아닌 사람의 몸통이었다. 환경미화원 두 명은 기절할 듯이 소리를 지르며 뒤로 물러섰다. 분명히 사람의 몸통이 맞았다. 팔, 다리 그리고 머리가 없는 여성의 시체였다. 이들은 바로 인근 경찰서에 이 사실을 신고하였다.

변사자는 누구일까?

시신은 얼굴 부분이 없었기 때문에 누구인지를 알 수 없었고 뚜렷한 신체적 특징도 발견되지 않아 어떤 사람인지를 특정할 수 없었다. 국립과학수사연구원에 부검이 의뢰되었지만, 누구인지를 알 수 있는 단서를 얻지 못했다. 변사자의 신원이 밝혀져야 수사가 본격적으로 진행될 수 있는데 전혀 시신과 관련된 정보가 없었기 때문에 초동 수사부터 어려움을 겪고 있었다. 따라서 신원 확인을 위해 필요한 나머지 부분의 시신 특히 머리 부분을 찾

는데 총력을 기울였다. 시신이 발견된 곳을 중심으로 인근을 샅샅이 수색하였지만 별 성과를 얻지 못하고 시간만 계속 흘러갔다. 신원 확인과는 별도로 시신이 담겨 있던 봉투가 어디서 구입됐는지 확인하는 수사가 진행되었다. 봉투는 남대문 시장에서 구입된 것으로 확인되었으나 그것만으로는 범인의 윤곽조차 잡을 수가 없었다.

변사자는 누구일까?

많은 수사관들이 이 사건에 매달렸지만 수사는 계속 헛바퀴를 돌고 있었다. 현장에서 발견된 시신과 관련된 비닐봉투, 탐문 수사 등으로는 시신의 신원을 알아내거나 범인을 좁히는 것에 한계가 있었다. 수사팀은 우선 시신의 신원을 밝히는데 집중하기로 하였다. 가장 중요한 것이 변사자가 누구인지였기 때문이다. 하지만 변사자가 여자라는 것 이외에는 신체적 특징을 알 수 없는 상태였기 때문에 유전자분석을 통한 신원 확인에 기대를 걸 수밖에 없었다.

부검 당시 시신에서 채취한 조직 등에서 유전자분석을 실시하였다. 시신이 많이 부패한 경우에는 유전자형 확보가 어려워 분석에 좀 더 신경을 써야 한다. 이 경우도 부패가 많이 진행되어 냄새도 심했을 뿐만 아니라 부패 세균 등으로 인하여 첫 번째 실험에서 부분적인 유전자형만 확보할 수 있었다. 따라서 다양한 다른 DNA 분리 방법을 사용하였고 여러 번의 시도 끝에 가까스로 전체 유전자형을 확보하는데 성공하였다.

하지만 신원 확인은 그때부터였다. 신원을 확인하기 위해서는 추정되는 가족 즉, 비교할 수 있는 가족이 있어야 한다. 신체적 특징이 없었기 때문에 관련된 가족을 찾는 것도 쉽지가 않았다. 수사관들은 추정되는 가족을 찾기 위하여 성동구 일원 그리고 서울시 전체에서 가출한 사람 또는 행방불명된 사람을 대상으로 밑바닥을 훑듯이 전면적인 수사를 진행할 수밖에 없었다.

미제로 남은 사건

수사가 진행되면서 많은 실종자의 가족들이 의뢰되었다. 수십 명의 가족이 의뢰되었는데도 전혀 일치하는 가족이 나타나지 않았다. 수사진들이 다방면으로 수사의 범위를 넓혀갔지만, 변사자의 신원조차 확인할 수 없었다. 계속되는 많은 노력에도 불구하고 나머지 시신도 발견되지 않았다.

신원이 확인되면 그 사람의 주변을 중심으로 수사를 진행하면 쉽게 풀릴 수도 있는 사건인데 전혀 신원이 나오질 않으니 답답하기만 했다. 의심이 가는 가족을 확보하기 위해 수사를 확대하며 관련 가족을 찾았고 추가로 200가족 이상이 계속 의뢰되었지만 일치하는 가족이 나타나지 않았다. 모두들 지쳐가고 우리도 다른 사건들에 밀려 점점 관심의 대상에서 멀어지고 있었다. 한참의 세월이 흘렀는데도 수사의 진행 상황은 사건의 초기와 같았다. 그렇게 몇 개월이 지나고 아무런 성과도 없이 이 끔찍한 사건은 미해결 사건으로 남게 되었다. 가끔 해당 경찰서에서 다른 사건을 의뢰하러 연구원에 오면 이 사건의 진행 사항을 물어보곤 했다.

"그 사건 아세요. 신원은 나왔어요?"

"네, 잘 아는데요. 아직 신원이 안 나왔어요. 나머지 시신도 아직 못 찾았어요."

이런 말이 전부였다. 그렇게 이 엄청난 사건은 세월 속에 묻히고 말았다.

변사자의 신원이 밝혀지다

하지만 영원히 묻힐 것 같았던 이 사건도 사건이 일어난 지 2년 후인 2008년 8월 성동구에 사는 한 여성이 자신의 딸을 찾아달라고 신고를 함으로써 해결의 실마리를 찾기 시작했다. 자신의 딸이 남편과 다투고 난 후 집으로 돌아오지 않고 있다고 신고한 것이다.

당시 유전자감식센터에서는 [실종아동 등의 보호 및 지원에 관한 법률]에 따라 실종 아동 등과 실종 아동 가족 등에 대한 데이터베이스를 해오고 있었다. 실종자가 아동은 아니었지만 아마 실종자에 관한 모든 것을 관장하는 것으로 생각하고 의뢰한 듯하였다. 다행히 그때 국립과학수사연구원 유전자감식센테에서는 신원이 확인되지 않은 변사체에 대한 데이터베이스를 하고 있었기 때문에 의뢰인이 찾고자 하는 실종자에 대해 검색을 할 수 있었다. 하지만 그렇게 큰 기대를 하지는 않았다. 신원불상자 데이터베이스가 연구원에 의뢰된 사람들만을 대상으로 하고 있었기 때문이다. 즉, 실종자들 중에서 단지 일부분만 유전자형이 보관되어 왔기 때문이었다.

여러 다른 시료들과 함께 의뢰된 사람(어머니로 추정)의 시료를 분석하였다. 그리고 항상 하는 것처럼 신원불상자의 데이터베이스에서 가족관계가 성립되는 사람이 있는지 확인하였다. 분석 결과 그 중 한 명이 성동구 토막살인사건의 피해자와 가족관계가 성립하는 여성이 나타났다. 바로 남편과 싸우고 나가서 들어오지 않는 딸을 애타게 찾고 있던 그 여성분이었다. 너무나 뜻밖의 결과에 놀라지 않을 수 없었다. 변사자의 신원이 확인되는 순간이었다. 그가 애타게 찾고 있던 딸은 이미 2년 전에 싸늘한 주검이 되어 있었던 것이었다. 그것도 토막이 난 채 몸통만 발견되었던 것이었다.

나는 바로 이 사실을 어머니의 구강채취물이 의뢰되었던 중랑경찰서와 사건이 발생했던 성동경찰서에 같이 통보하였다. 신원이 확인됨에 따라 수사는 다시 활기를 띠기 시작하였고 수사관들도 가장 유력한 용의자로 남편을 지목하였다. 남편은 이미 지방을 전전하며 막노동을 하고 있었다. 그 후 언론을 통해서 용의자의 검거 사실을 알 수 있었는데 실제로 자세한 얘기를 들은 것은 경찰수사연수원의 실종자 전담팀 강의를 갔었을 때였다. 마침 그 사건을 다루었던 수사관 한 명이 교육생으로 와서 이 사건의 그다음 이야기를 들을 수 있었다.

뜻밖의 범인

지방의 이곳저곳의 공사판을 옮겨 다니던 남편을 붙잡아 범행 일체를 자백받아냈다 한다. 그는 그 모든 사실을 비밀로 하고 싶었을 것이다. 범행 사실이 탄로 나는 것이 두려워 도저히 사람으로서는 상상도 할 수 없는 끔찍한 일을 저지르고 만 것이다. 과학의 힘 앞에서 그의 도피 생활도 끝이 나고 그는 그가 지은 죄 값을 치르게 되었다. 과학은 그 모두를 용서하지 않았다. 결국, 진실은 드러나고 마는 것.

어머니는 딸을 찾아서 얼마나 헤맸을까? 진작 그러한 시스템이 있었다면 좀 더 빨리 시신이라도 찾을 수 있었을 것이고 사건도 좀 더 빨리 해결될 수 있었을 것이다. 국가는 이러한 국민의 슬픔을 덜어줄 의무가 있다. 국민이 불안하고 국민이 슬프면 아무리 정치를 잘한들 무슨 소용이 있나! 좀 더 국민 가까이 가는 정책이 무엇인지 말해주고 있지 않은가?

신원불상자 데이터베이스

우리나라에서는 바다, 강 또는 산 등에서 변사사건이 많이 발생한다. 대개 변사체의 경우 "불상"으로 국과수에 의뢰되고, 부검을 실시하여 사건과 관련이 있는지 여부를 밝힌다. 많은 시신이 여러 가지 정보를 통하여 신원이 확인되지만, 일부 시신은 신원 확인이 안 된 채 가매장된다.

유전자감식센터에서는 이렇게 신원확인이 되지 않은 변사자들의 유전자형을 데이터베이스화하여 관리하여 왔다. [신원불상자 데이터베이스]이다. 변사자를 찾는 가족이 의뢰되면 이들 데이터베이스와 비교하여 가족관계가 성립되는 변사자를 찾아 신원을 확인해주고 있다. 즉, 연구원으로 의뢰되는 신원이 확인되지 않은 변사자에서 유전자를 분석한 다음 이를 데이터베이스화하고 실종자의 가족과 비교함으로써 신원이 확인되지 않은 변사자의 신원을 확인해주는 시스템이다. 그동안 이 데이터베이스 덕분에 많은 분들이 늦게나마 가족의 품으로 돌아갈 수 있었으며 해결되지 않았던 몇몇 강력 사건들이 이를 통하여 해결의 실마리를 얻을 수 있었다.

서래마을 영아살해 유기사건

사건의 발생

2006년 7월 23일, 서울 방배동 서래마을의 한 외국인 집에 있는 냉동고에서 영아 시신 2구가 언 채로 발견되어 신고한 엽기적인 사건이 발생했다. 집주인 J 씨는 휴가를 갔다 와서 배달된 생선을 넣기 위하여 냉동고를 열어보니 비닐 봉투에 영아가 싸여 있는 것을 발견하였으며 이를 친구를 통해 신고했다고 진술했다. 그는 자신도 모르는 사이에 누군가 자신의 집에 영아들을 갖다 놓은 것 같다고 하였다.

언론들은 "외국인 집에서 영아 시신 2구 발견"이라는 제목으로 앞을 다투어 보도를 하기 시작했다. 처음 나는 영아유기 사건은 종종 있는 사건이고 수많은 사건을 경험했기 때문에 이번 사건도 쉽게 해결할 수 있을 것으로 생각했다. 실제로 이런 사건의 경우 부모로 추정되는 사람만 있다면 영아에서 검출된 유전자형과 비교하여 쉽게 부모를 확인할 수 있는 단순한 사건인 것이다. 처음에는 이 사건을 처리하는데 몇 개월이라는 긴 세월이 필요할 것이라고는 전혀 예측하지 못했었다.

초기 상황

숨진 영아의 사망원인 등을 밝히기 위해 국립과학수사연구원에 영아의 시신 2구에 대한 부검이 의뢰되었다.

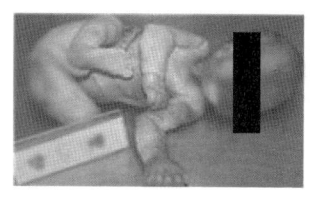 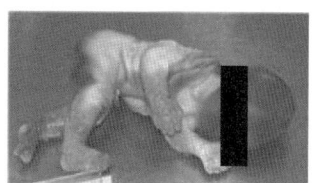

* 발견된 영아의 시신

　초기의 중요한 이슈는 "영아가 출산을 하다 사망한 것인가 아니면 출산 후 살해된 것인가"였다. 이 경우 영아의 폐포에 공기가 차 있는지 여부로 판단한다. 부검 결과 두 영아의 폐포에 공기가 차 있었던 것으로 발표되었다. 즉, 두 영아는 출산 후에 누군가에 의해 살해됐을 가능성이 매우 크다는 것이다.

　그다음 의문은 "누가, 왜 두 명이나 되는 영아를 살해하여 집 안 냉장고에 보관했을까"하는 것이었다. 그리고 영아 2명의 부모가 누가인가가 초미의 관심사였다. "영아는 집 안에서 출산된 것일까 외부에서 출산된 것일까?", "두 명의 영아는 같은 시기에 출산한 쌍둥이인가 아니면 다른 시기에 낳은 것인가?", "왜 살해를 해서 집 안에 있는 냉동고에 보관하고 있었을까?", "이를 집주인은 몰랐을까?", "가정주부도 있었다는데 그러한 사실을 몰랐었을까?" 등 의문은 꼬리에 꼬리를 물고 일어났다. 이에 언론들은 추측성 기사를 쓰며 궁금증을 부추겼고 사건은 사회적인 큰 이슈가 되어버렸다. 많은 사람들이 도대체 그렇게 끔찍한 짓을 누가 왜 했는지 궁금해했다. 사실 우리들도 그때만 해도 일부 사실을 제외하고 내용을 전혀 알 수 없었으며 수사가 진행되면서 하나하나 알 수 있었다.

영아의 아버지가 밝혀지다

나는 유전자분석에 필요한 시료를 채취하기 위해 부검실로 내려갔다. 처음에는 냉동된 상태였기 때문에 한참 시간이 흐른 후에야 부검이 진행될 수 있었다. 영아들의 상태는 한 명은 부패가 많이 진행되었고 한 명은 거의 부패가 진행되지 않은 것으로 보였다. 따라서 둘은 동시에 낳은 것이 아니라 다른 시기에 낳았을 것으로 추정할 수 있었다. 하지만 시신이 보관된 상태에 따라 부패의 정도가 다를 수 있기 때문에 다른 시기에 낳았다고 확신할 수도 없는 상황이었다. 처음에 언론에서는 두 명이 같이 발견되었기 때문에 쌍둥이가 아닌가 하는 보도도 있었다. 유전학적으로 이를 알 수 있냐는 질문도 받았다. 하지만 유전학적으로는 같은 부모에서 낳은 자식인지는 알 수 있어도 같은 시기에 낳았는지 다른 시기에 낳았는지를 알 수가 없다.

처음 이 사건과 관련하여 우선 영아가 집에서 출산된 것인지, 아니면 밖에서 출산되어 집으로 옮겨진 것인지가 중요하였다. 왜냐하면 결과에 따라 수사의 방향이 전혀 다를 수 있기 때문이다. 물론 수사는 모든 가능성을 놓고 진행되었다. 따라서 초기에는 영아가 발견된 집에서 증거를 찾으려고 노력하였다. 집에서 채취된 혈흔으로 추정되는 것들과 집안을 드나들었던 사람들을 파악하기 위하여 집 안에서 수거된 모발 등도 같이 의뢰되었다. 그리고 신고자인 집주인 J 씨의 구강상피세포도 채취되어 같이 의뢰

되었다. 비록 J 씨가 신고를 하였지만 그를 조사하는 과정에서 그의 행동에 이상한 점이 있음을 발견하고 어느 정도 용의 선상에 올려놓았던 것 같다. 수사관의 직감이라는 것은 대단한 것 같다. 물론 직감에 의한 수사가 옳다는 것은 아니지만 수많은 사건을 다루면서 체득한 경험은 누구도 무시를 못 하는 것이다.

사회적 이슈가 된 사건이어서 증거물을 의뢰받자마자 신속하게 분석에 들어갔다. 분석 결과를 얻는 데는 많은 시간이 걸리지 않았다. 우선 집주인인 J 씨와 영아와의 사이에 부자 관계가 성립되는가가 중요하였다. 냉동고에서 발견된 두 영아와 J 씨의 유전자분석 결과를 비교하여 친자 관계가 성립되는지를 분석한 결과 두 영아 모두 J 씨의 유전자형을 받은 것으로 나타났다. 즉, 두 사망한 영아의 아버지는 신고를 한 집주인인 바로 J 씨였던 것이었다. 신고자가 J 씨 본인이고, 집주인이었다는 점 때문에 혹시나 하는 마음에 다른 있을 수 있는 가능성을 검토하였다. 하지만 우연히 부자 관계가 성립될 수 있는 가능성은 전혀 없었다. 실험 과정도 다시 검토한 결과 모두 이상이 없음을 확인하였다.

그 외에 집에서 수거된 여러 가지 증거물들에서도 분석 결과를 얻을 수 있었는데 특별한 결과를 얻지는 못했다. 즉, 사건하고는 관련이 없는 결과들이었다.

두 영아의 모가 누구인지를 알아보기 위해 미토콘드리아 DNA 분석을 실시하였다. 분석 결과 동일한 유전자형을 얻을 수 있었다. 즉, 두 영아는 같은 어머니가 낳은 자식들이라는 것이다(같은 어머니에서 태어난 자식들은 모두 미토콘드리아 DNA형이 같다.

따라서 친형제들과 같은 모계의 자손들은 모두 같은 미토콘드리아 DNA 형을 갖는다). J 씨와 두 죽은 영아 사이에 부자 관계가 성립되며 두 영아의 어머니도 같은 사람이라는 분석 결과를 해당 경찰서로 통보하였다. 불과 3일 만에 모든 것이 확인되었고 사건이 일단락되는가 싶었다. 하지만 대장정은 그때부터가 시작이었다.

그렇다면… 어머니는?

연구원의 분석 결과가 나가자 언론에서도 일제히 "숨진 두 영아의 아버지는 J 씨 그러면 모(母)는 누구일까?"를 보도하였다. 관심의 초점이 과연 아이를 낳은 "여성은 누구일까"로 바뀌었다. 그 때부터 지루한 공방전과 어려운 검증 작업이 시작되었다.

 J 씨는 신고 후 급거 출국해 버렸다. 그리고 한국 언론에 자신이 두 영아의 아버지라는 사실이 보도된 내용을 보고 바로 반응하였다. J 씨는 국과수의 감정 결과를 믿을 수 없으며 두 영아는 자신의 자식이 아님을 강하게 주장하였다. 하지만 나는 연구원의 감정에는 전혀 이상이 없고 부자 관계가 확실함을 재차 확인하였다.

 경찰에서는 J 씨의 주변 인물들에 대한 조사와 가정부인 필리핀 여성 등 모든 가능성을 열어두고 수사를 진행하였다. 집의 열쇠를 가지고 있었던 사람이 가정부밖에 없어 그녀를 유력한 용의자로 보고 구강세포를 채취하여 의뢰하였다. 그리고 J 씨의 주변인물에 대한 수사도 계속되어 그의 집을 드나들었던 사람들에 대해 광범위한 조사도 진행되었다. 조사 결과 J 씨의 여성 관계가 복잡

했으며 백인 여성 등 또 다른 여성이 드나들었다는 정황을 포착했다고 보도하였다. 따라서 수사는 더욱더 확대되었다. 언론에서도 예민하게 반응하며 수사 선상에 오른 백인 여성, 가정부 그리고 또 다른 여성 등에 대한 여러 가지 가능성을 보도하며 경찰 수사를 앞서갔다. 그리고 가정부에 대한 감정 결과에 촉각을 세웠다. 가정부에 대한 유전자분석도 신속하게 진행되어 결과를 확인할 수 있었다. 분석 결과 두 영아와의 사이에 친자 관계가 성립되지 않는 것으로 나타났다. 가장 가능성 있는 것으로 보았었는데 전혀 아닌 것으로 결과가 나옴에 따라 수사는 더욱 미궁으로 빠지는 듯하였다.

이때까지만 해도 J 씨의 부인인 B 씨에 대해서 의심할 수 없었다. 주위 사람들에 대한 조사 결과 J 씨의 부인이 임신한 것을 본 적이 없다고 모두 진술했으며 그에게는 이미 두 자식이 있었다. 그리고 가정부조차도 그녀가 임신한 것을 본 적이 없다고 말했기 때문에 신빙성을 더해주었다. 따라서 가정부를 의심하게 되었지만, 그가 아니라는 것이 확인되면서 수사가 어려움에 빠졌고 수사 대상을 더 확대할 수밖에 없었다.

한편 연구원에서는 나름대로 어머니의 유전자형을 확보하기 위해서 노력을 하였다. 발견 당시 태아를 쌌던 수건을 주목하였다. 수건은 두 개가 있었는데 각각 숨진 영아를 쌌던 것이라 했다. 수건에서 혈흔이 발견되고 그 혈흔에서 유전자형을 검출할 수 있다면 그 유전자형은 두 영아를 낳은 사람의 것일 가능성이 크기 때문이다. 수건 중 하나는 검은색의 끈적끈적한 반고체 형태의 물질이 묻어 있었고 다른 하나는 깨끗한 상태였다. 두 영아가 시차를 두고 출산되었을 가능성이 있음을 암시하는 것이다. 그리고 영아의 상태로 보면 냉동고에만 있었던 것이 아님을 알 수 있었다. 즉, 출산 후 살해되어 바로 냉동고에 옮겨져 계속 보관되었다면 그 정도로 부패할 수 없었을 것이다. 수건의 혈흔에서 유전자 분석을 실시하였다. 하지만 혈흔이 너무 부패하여 유전자형을 검출하는데 실패하였다.

 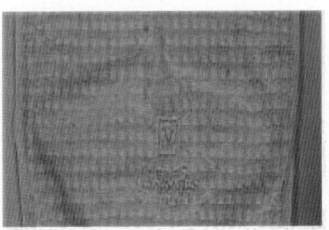

"다른 방법은 없을까?" 생각했다. 다른 영아유기 사건들에서 영아 대신 탯줄이 의뢰되는 경우가 종종 있는데 영아의 유전자형이 아닌 모의 유전자형만 검출된 적이 있어 혹시 이번 사건에서도 탯줄에서 모의 유전자형을 구할 수 있지 않을까 하는 생각했다. 따라서 담당 수사관에게 두 영아의 탯줄을 의뢰해 줄 것을 요구했다. 이에 바로 두 영아의 탯줄이 의뢰되었고 이들에서 유전자 분석을 실시하였는데 모두 먼저 분석한 영아 2명의 유전자형만 검출되었다. 두 영아의 모의 유전자형을 구하는데 실패한 것이다.

결정적 증거

이미 영아 2명과 J 씨와 부자 관계가 성립된다는 것을 밝혀냈지만 본인이 그 사실을 전면 부정하고 있던 상태였고 부인과 아들 둘이 프랑스로 가버려 부인인 B 씨와 영아와의 친자 관계를 밝힐 방법이 없었다. 그러던 중 그들의 주거지에서 가족들이 사용하던 칫솔, 빗 등 생활용품들이 의뢰되었다. 가족들이 사용하던 물건들에서 유전자형이 검출되면 그것과 친자 관계를 검사하면 모가 누구인지 알 수 있지 않을까 하는 기대에서 의뢰한 듯하다. 하지만 가족이 사용하였다고 해도 확실하게 B 씨의 유전자형이라고 말하기에는 무리가 있다. 만약 B 씨가 사용하였던 것으로 보이는 생활용품의 유전자형과 영아들 사이에 모자 관계가 성립되어도 그것이 반드시 B 씨의 유전자형이라고 단정할 수는 없다는 것이다. 그 칫솔을 다른 사람이 썼을 가능성도 배제할 수 없기 때문이다. 만약 이들 증거물에서 B 씨를 모로 확정하지 못한다면 이 엽기적인 사건은 국제적으로 많은 의혹만 남긴 채 미제로 남을 수도 있는 상황이었다. 어떻게 확실하게 증명할 수 있을까?

사실 프랑스 변호사가 주장했듯이 집안에서 수거한 물건에서 유전자형을 구해서 그것과의 동일성 여부로 B 씨가 모라는 것을 확정했다면 어느 정도 가능성을 인정할 수는 있지만 이에는 일반 사람들도 쉽게 반박할 수 있는 허점이 있다. 즉, 집 안에 있었다고 모두 가족이 사용했다고 볼 수 없으며 그곳에서 여성의 유전자형이 검출됐다고 그것이 B 씨 유전자형이라고 단정할 수 없기 때문이다.

증거물로 칫솔 4점, 빗 2점, 귀이개 2점 등이 의뢰되었다. 이들에서 어떻게 채취할 것인가가 문제였다. 처음에는 많은 기대를 하기 힘들었다. 즉, 위에서 언급한 바와 같이 물건에서 유전자형이 검출되어도 모를 확정을 할 수 없는 상황이었기 때문이었다. 그래서 결국 나중에 프랑스에 있는 B 씨의 시료가 오면 그때 쉽게 해결될 것이라고 생각했다. 하지만 그가 구강채취를 거부하면 매우 힘든 상황이 될 수도 있다. 따라서 최대한 증거물을 자세하게 나누어 실험을 하기로 했다. 즉, 칫솔의 경우 가장 최근에 사용한 사람의 세포가 남아 있을 가능성이 있는 손잡이, 오랫동안 사용한 사람의 구강상피세포가 침착되어 있을 칫솔모의 밑 부분, 최근에 실제 사용한 사람의 구강상피세포가 묻어있을 칫솔모, 또한 칫솔의 중앙 부분의 손을 받쳐주는 홈 부분은 실제로 오랫동안 사용한 사람의 손의 세포가 침착되어 있을 것으로 추정되어 그 부분 등 여러 개의 부위로 나누어 실험을 실시하였다. 빗은 여성용 빗 2점이었다. 빗에 붙어 있는 모발을 채취하였으며 주 사용자의 세포가 묻어있을 것으로 추정되는 손잡이, 빗의 모 그리고 침착된 부분인 밑 부분을 모두 채취하였다. 귀이개도 마찬가지로 죽은 세포의 덩어리인 귓밥 등이 귀이개의 끝에 묻어 있기 때문에 이를 닦아서 실험에 사용하였다. 이러한 분할 채취는 수많은 경험이 없었다면 생각할 수 없었을 것이다.

영아의 어머니가 밝혀지다

채취한 시료를 분석하여 많은 유전자 분석 데이터를 얻었다. 시료에서 얻은 결과를 요약하면 다음과 같았다.

1. 칫솔(A) 및 빗(B)에서 검출된 STR 유전자형은 J 씨의 유전자

형과 일치함.

2. 빗(A) 및 귀이개에서 여성의 유전자형이 검출됨.

3. 칫솔(B)에서 STR 유전자형 및 Y-STR 유전자형이 검출됨.

4. 칫솔(B)에서 검출된 유전자형은 J 씨와 부자 관계가 인정되며 빗(A) 및 귀이개에서 검출된 유전자형과 모자 관계가 인정됨.

5. 영아1 및 영아2와 칫솔(B)에서 검출된 유전자형과 친형제 관계가 인정됨.

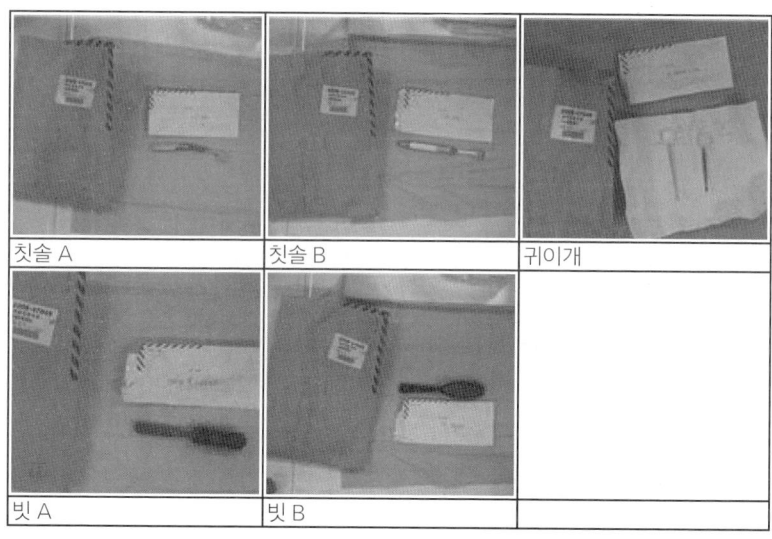

수백 개의 검출된 유전자형을 놓고 서로의 상관관계를 검토하였다. 처음 알고 있는 것들부터 확인해나갔다. 여성의 유전자형이 두 종류가 검출이 되었는데 한 여성의 유전자형은 두 영아와 모자 관계가 성립되었다. 그리고 검출된 여성의 유전자형과 J 씨와 영아와의 관계에서도 모두 가족 관계가 인정되었다. 빗(A) 및 귀이개에서 검출된 여성 유전자형의 주인공이 살해 유기된 두 아이의 어머니이라는 것이다. 하지만 그 상황에서도 그것이 누구의 것인지는 확인할 수 없었다. 검출된 또 다른 한 명의 여성 유전자형은 두 영아와 가족 관계가 성립되지 않았다. 따라서 제3의 여성의 유전자형이 검출된 것으로 보였다.

남성의 유전자형은 처음 J 씨의 유전자형과 일치하는 것만 검출되었다. 2차 세부 실험에서 칫솔(B)의 홈에서 J 씨와는 다른 남성의 유전자형을 검출할 수 있었다. 이 남성의 유전자형이 이 사건을 해결하는데 결정적인 역할을 하였다.

"또 한 명의 남성 유전자형은 누구의 것일까?"
"그 칫솔을 사용한 사람은 누구일까?"

사실 아무것도 없는 상황에서 추적해나가는 것이 쉽지는 않았다.

"제3의 남성일까?"

여러 가지 가능성을 배제하지 않고 검출된 유전자형들과 일일이 대조하였다. 같은 유전자형이 있는지 또는 가족 관계가 성립되는 유전자형은 있는지. 몇 시간 동안 여러 가지 데이터를 대조하여 분석하던 중 J 씨와 두 영아와 모자 관계가 성립되었던 여성의 유전자형(빗(A) 및 귀이개에서 검출된 여성 유전자형)과 새로 검출된 남성의 유전자형 사이에 모자 관계가 성립된다는 것을 알 수 있었다. 이를 해석하면, 칫솔을 사용했던 남성이 J 씨와 B 씨 사이에 낳은 자식이라는 것이다. 그렇다면 살아있는 자식은 두 명의 생존한 자식 중 한 명의 유전자형이 검출된 것이다. 즉, 그 칫솔은 두 자식 중 한 명이 사용했던 것이다. 그 생존한 자식하고 두 영아하고 친형제 관계가 성립됨으로 결국 두 유기된 영아를 낳은 부모는 바로 J 씨와 B 씨라는 것이다. 새로 검출된 남성의 유전자형이 바로 생존해 있는 자식 중 한 명의 것이라는 것을 밝힘으로서 모든 것이 해결될 수 있었다.

 명확한 결론을 얻을 수 있었지만, 혹시 다른 경우의 수가 있을 수 있기 때문에 가능한 모든 상황을 가정하고 검토하였다. 희박하지만 가능성이 있을 수 있는 상황을 검토하였지만 다른 경우의 수는 없었다. 따라서 B 씨가 두 영아의 어머니임을 확신하고 최종 결과를 통보하기로 하였다. 이때 일부 언론에서는 두 영아의 어머니는 OOO라는 잘못된 추측성 기사를 내보냄으로써 깜짝 놀라게 하기도 했다. 사실과 전혀 다르기 때문이었다. 더 이상 결과 통보를 미룰 수가 없었다. 확신을 한 상태이기 때문에 결과를 통보하였다.

 결과가 통보되자 언론에서는 "두 영아의 어머니는 B 씨"라는 제목으로 뜻밖의 결과를 앞 다투어 보도하였다. 하지만 프랑스에 머물고 있던 J 씨는 아내가 임신한 적도 없으며, 집에서 쓰던 물건과 비교해서 얻은 결과는 믿을 수 없다고 변호사를 통하여 반박하였다. 오히려 실명을 사용한 사람들을 명예훼손으로 고소를 하겠다고 하기도 했다. 그리고 이러한 것은 누가 자신을 음해하려고 자신 몰래 영아를 자기의 집에 갖다 놓은 것이라 했다. 일부 언론에서는 "국과수 감정 정말 맞나?" 하는 식으로 국과수의 감정에 의문을 내비쳤다. 나는 확신을 하고 있었던 터라 언론의 보도에 매우 불쾌함을 느낄 수밖에 없었다. 하지만 다른 언론에서는 "과학수사의 개가" 등의 제목으로 연구소 특집을 보도하기도 했다. 연구소에 이 사실과 실험과정을 취재하기 위해 많은 기자들이 왔다. 감정을 하면서 일일이 응대한다는 것이 쉽지만은 않았다.

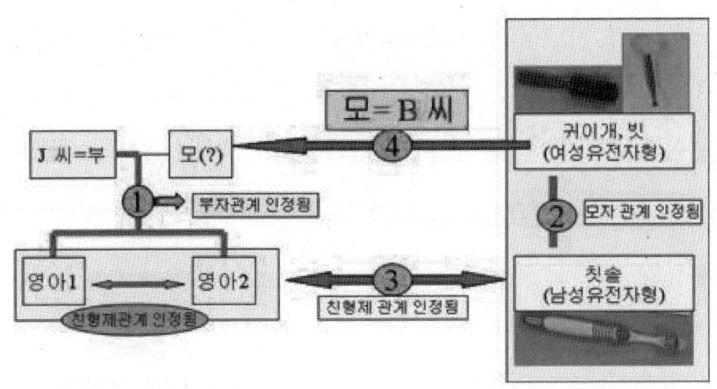

영아의 부모 확인 과정

추가로 모를 확인하다

결과가 나간 후 얼마 안 있어 B 씨가 병원에서 자궁 적출 수술을 받으면서 조직 검사를 했는데 조직 검사를 했던 파라핀 블록[3]이 남아 있다고 하여 그것을 의뢰하겠다는 연락이 왔다. 여기서

---

3 파라핀 블록: 세포조직을 현미경으로 관찰할 수 있도록 조직을 투명화한 뒤 조직 사이 빈 공간을 파라핀 용액으로 채운 중간 단계의 시료.

유전자형이 확인되면 더욱 확신을 할 수 있을 것으로 기대하였다.

파라핀 블록에서의 유전자형 검출은 매우 어렵다. 조직에 여러 가지 시약을 처리하고 조직 내부로 파라핀이 침투해 있기 때문에 이 파라핀과 시약들을 제거하고 실험을 진행해야 했다. 일부의 유전자형이라도 나오면 더욱더 확신을 할 수 있는 상황이 되는 것인데 실험은 그렇게 쉽지만은 않았다. 약 일주일 이상 실패를 거듭하며 실험이 계속되었다. 결국, 이들에서 핵 DNA STR 유전자형(11개 좌위)을 검출할 수 있었다. 빗(A) 및 귀이개에서 검출된 여성 유전자형과 정확하게 일치하였다. 이 정도만 해도 지구상에서 같은 유전자형을 갖는 다른 사람이 없을 정도의 확률이다. 그 때서야 모든 감정을 마무리 할 수 있었다. 힘들게 끌어온 한 달간의 모든 감정을 마치는 순간이었다.

영아의 시료가 프랑스로 가다

확정적인 감정 결과가 나갔는데도 불구하고 프랑스 쪽에서는 여전히 자국민 보호라는 미명 아래 J 씨와 B 씨에 대해 범죄인 인도를 하지 않았다. 그들은 변호사를 통해서 계속 반론을 제기하며 결백을 주장하였다. 프랑스 측에서도 우리의 감정 결과를 믿지 못하겠다는 것이었다. 관할은 우리나라인데 범죄인에 대한 조사까지 거부하고 연일 프랑스 언론은 그들의 입장을 옹호하기 바빴다. 하지만 이면에는 한국에서 그런 분석을 할 수나 있느냐 하는 식으로 우리나라의 분석능력을 문제 삼는 것 같았다. 우리의 감정 결과에 대해 전혀 믿으려 하지 않으니, 참 자존심 상하는 일이었다. 십 몇 년 감정을 해오면서 어려운 사건들을 모두 겪었던 나로서는 그들의 태도를 이해할 수가 없었다. 물론 프랑스의 법과학자들이 우리의 분석내용을 보았더라면 충분히 이해했을지도 모른다.

 연일 이 사건과 관련되어 관련된 뉴스들이 보도되었다. 우리나라에서는 범죄인을 국내로 송환할 것을 요구하기도 하였고, 직접 인도하러 간다는 소식도 들렸다. 그리고 J 씨가 직접 국내로 들어와서 진상을 밝히겠다고 했지만, 이런저런 핑계를 대고 들어오지 않았다. 우리나라에서는 우리의 감정 결과를 확신한다고 다시 확인하였다. 결국 타협점을 찾았는지 영아 2명의 시료와 감정서를 프랑스로 보내기로 하였다. 프랑스 대사관의 직원들이 직접 연구소에 왔다. 그리고 그들이 보는 앞에서 영아의 시료를 채취한 다음 두 개의 봉투에 시료를 넣고 이를 완전히 봉인하여 하나는 연구소에 하나는 프랑스에 보내졌다. 그리고 방배경찰서에서는 우리가 보낸 감정서를 프랑스어로 번역하기 시작했다. 이들도 같이 프랑스로 보내졌다.

프랑스도 확인

 시료를 보내고 난 뒤 열흘 정도가 지났다. 물론 우리는 완벽한 실험을 했기 때문에 시료를 보내 놓고도 마음을 편하게 가질 수 있었다. 그들은 완전히 드러난 것을 맞춰보면 되는 것이었다. 즉, 영아 2명에서 채취한 시료와 J 씨 그리고 B 씨의 시료를 검사하여

친자 관계가 성립되는지만 보면 되는 것이었다. 이는 매우 단순한 과정이다. 우리는 직접적인 비교를 할 수 없었기 때문에 이를 간접적으로 확증하기 위해 많은 고생을 한 것이었다. 어려운 것으로 보면 약 100배 이상 힘든 작업을 우리가 한 것이었다. 그리고 그러한 과학수사의 능력과 현장을 볼 줄 아는 눈이 없었으면 도저히 해결될 수 없는 사건이었다. 그들이 직접 확인하고 싶었던 이유이기도 할 것이다. 분명히 친자 관계를 보는 것인데 모가 없는 상태에서 모의 유전자형을 끌어낸다는 것이 이해가 가지 않았을 것이다. 생존한 아들의 유전자형을 확인할 수 없었다면 "현장의 가족이 사용했던 생활용품과 비교한 것은 믿을 수 없다"고 하는 그들의 주장에 대해 궁색하게 변명을 늘어놓았어야 했을 것이다.

시료가 프랑스로 보내진 지 한참 시간이 지났다. 프랑스 측에서 공식적인 감정 결과를 발표했다는 소식이 인터넷을 타고 돌았다. 결국 우리나라에서 한 감정이 옳았다고 발표를 한 것이다. 언론에서는 "프랑스도 인정", "프랑스의 콧대를 꺾었다", "과학수사의 개가" 등의 제목으로 일제히 보도하였다. 연구소는 다시 언론의 집중적인 관심의 중심에 서게 되었다. 우리나라의 과학수사적인 역량을 세계적으로 드높이는 데 결정적인 기여를 했다는 등 칭찬 일색이었다. 실제로 주위에서도 많은 질문을 받고 격려도 받았다. 프랑스에서도 매우 중요한 사건으로 취급되어 주요 일간지의 1면 머리기사로 나갔다. 그때 우리에게는 매우 큰 사건이 있었다. 바로 북한이 핵실험을 한 것이다. 하지만 프랑스에서는 핵실험 관련 보도보다도 이 먼 타국에서 일어난 이 엽기적인 영아살해 사건을 더욱 비중 있게 다루었다니 그들에게도 이 사건이 얼마나 큰 사건이었는지 짐작이 가는 것이었다. 프랑스 측에서도 그들의 오만을 질타하기 시작했고 그들도 자신들을 다시 돌아볼 수 있는 시간을 갖게 되었을 것이다. 결국 주한 프랑스 대사가 관계 기관을 방문하여 사과를 하기도 했다.

과학수사학적 의미

국과수가 생긴 이래 또는 과학수사가 본격적으로 시행된 이래 외국의 언론까지 대대적으로 보도를 한 사건은 이 사건이 처음이었던 것 같다. 우리나라의 과학적 분석 능력을 얕보았던 그들에게 일침을 가했던 것도 탄탄한 실력을 갖춘 연구원들 때문이었다. 그리고 우리나라 과학수사의 역량도 이제는 많이 성장했음을 알 수 있었다.

이 사건은 과학수사의 중요성을 일깨우는 계기가 되었다. 물론 이 사건 이전에도 과학적인 수사를 안 한 것은 아니지만 이 사건은 특별한 의미를 갖는다. 이제는 과학적 분석 방법에 대한 전반적인 내용을 현장 실무자들도 이해해야 한다는 것이다. 즉, 눈에 보이는 증거물은 눈에 보이기 때문에 채취를 할 수 있는데 알지 못하면 이를 채취하지 못하는 것이다. 눈에 보이지 않는 증거물들과의 싸움이 시작된 것이다. 이제는 새로운 감정 기법이 개발되고 새로운 기술들이 감정에 적용되어 예전에는 상상도 할 수 없었던 것들에 대한 실험이 가능하게 되었다. 하지만 이러한 첨단 기술들도 현장에서 증거물이 채취되지 않거나 잘 못 채취되면 허사가 되고 만다. 이 사건은 사건현장을 감식하는 사람들에게 현장과 증거물의 중요성을 다시 한 번 일깨우고 좀 더 과학적인 눈을 갖게 되는 계기가 되었다고 생각한다. 또한 실험실에서 실험을 하는 연구원들에게도 무엇을 어떻게 분석해야하는가에 대한 많은 생각을 하게 했고 우리 자신에 대한 자부심을 일깨우는 계기가 되었다.

국제적 사건을 완벽하게 마무리함으로써 세계적으로 우리의 과학수사 능력을 인정받음으로써 이 분야에서 일하는 많은 분들에게 큰 힘이 될 수 있었다. 사실 우리나라의 과학수사 능력은 이미 여러 사건을 통하여 국제적인 인정을 받아왔다. 괌 KAL기 추락사건 희생자 신원 확인 및 동남아시아 지진해일 희생자의 신원 확인 때도 우리나라의 분석능력을 국제적으로 인정받은 바 있다. 하지만 이번 사건처럼 국제적으로 큰 반향을 일으킨 적은 없었던 것 같다. 세계적으로 보면 아직까지도 우리나라의 분석 능력이 잘 알려져 있지는 않지만 이 사건은 그들의 인식을 전환시키는 계기가 되었고 더 나아가 국가적 위상을 높이는데 많은 기여를 하였으며 우리가 국제적 자신감을 얻는데도 큰 역할을 하였다.

이 사건을 계기로 꾸준한 교육과 과학수사에 대한 투자, 인식의 전환이 이루어진다면 과학수사 발전에 획기적인 전기가 될 수 있을 것이다.

후기

피 말리는 1개월의 시간을 보냈다. 맨 마지막으로 확정적인 결론을 내리기까지 너무 힘든 시간을 보냈다. 나는 이 사건의 담당 실장으로 처음부터 끝까지 직접적으로 실험을 주도했다. 실원인 이동섭 박사와 여러 직원이 거의 매일 밤늦게까지 실험을 하며 좋은 결과를 도출하는데 열과 성을 다하였다. 결론적으로 우리 국가의 위상을 높이고 국민들에게 자긍심을 일깨우는 계기가 되었다는데 무한한 행복감을 느꼈다. 우리가 하는 일이 이렇게 중요하다는 것을 다시 한 번 느낄 수 있었던 사건이었다.

나는 이 사건을 두고 이렇게 말한다.

"쉽게 처리할 수 있는 것을 가장 어렵게 처리한 사건이었고, 우리나라 과학수사의 역사에 큰 획을 그은 사건이었다고."

서래마을 영아살해 유기사건 일지

2006. 7. 23. : J 씨 집 냉장고에서 영아 시신 2구 발견, 경찰 신고
2006. 7. 24. : 영아들과 J 씨 시료 국립과학수사연구소 의뢰
2006. 7. 26. : J 씨 프랑스로 출국
2006. 7. 28. : J 씨가 영아의 아버지임을 통보(국립과학수사연구소)
2006. 7. 31. : 가정부 L 씨 및 J 씨 집에서 확보한 생활용품 감정의뢰
2006. 8. 01. : 가정부 L 씨가 영아들의 산모가 아님을 통보
2006. 8. 07. : 영아들의 모는 J 씨의 아내 B씨임을 확인하여 통보
2006. 8. 17. : B 씨 자궁조직 분석 결과 숨진 두 영아의 어머니가 B씨인 것을 재차 확인하여 통보
2006. 10. 10.: 프랑스 당국 DNA 검사 결과 두 영아의 부모가 J 씨와 B 씨 부부인 것으로 최종 확인

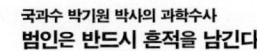

당시 신문 보도 내용

동대문 초등학생 성폭행 사건

사건 발생

2010년 6월 대낮에 30대의 남성이 동대문구의 주택가 골목길에서 놀고 있던 초등학생에게 접근하여 "너의 집에 가서 같이 놀자"며 학생의 집으로 유인하여 학생을 성폭행한 사건이 발생했다. 피해 학생의 부모는 맞벌이 부부로 모두 직장에 나가고 없는 사이에 범행이 이루어져 안타까움을 더했다. 부모 모두는 베트남 사람으로 수년 전에 한국으로 들어온 것으로 알려졌다.

언론에서는 이 대범하고 엽기적인 사건을 중요 사건으로 연일 관심 있게 보도하였다. 학생이 크게 다치지는 않았지만 학생이 이제 초등학교 1학년(7살)으로 어리고 더구나 범행이 대낮에 대담하게 이루어졌다는 점에서 매우 충격적이었다.

사건 수사

사건 수사는 집 내부 사건 현장과 집 외부에 대한 수사로 나뉘어서 진행되었다.

주변 수사

우선 용의자를 특정하기 위해 피해자의 집으로 가는 길 주변에 설치된 CCTV를 확인하였다. 불행하게도 피해자의 집으로 가는 골목에는 CCTV가 설치되어 있지 않았다. 따라서 집 외곽에 설치

된 CCTV를 분석하여 범인의 모습이 잡혔는지를 확인하였다. 범행 시간대에 그곳을 지나간 사람을 중심으로 분석을 하여 용의자를 찾았지만 화질이 좋지 않아 범인을 특정할 수 없었다. 주변 주민을 대상으로 탐문 수사도 벌였으나 범인을 목격한 사람이 나타나지 않아 범인의 윤곽조차 확인할 수 없었다.

다행히 피해자 어린이가 말하는 진술을 토대로 범인이 입고 있던 옷과 타고 온 것으로 보이는 오토바이를 확인할 수 있었다. 그리고 이를 바탕으로 범인의 몽타주도 작성하였다. 몽타주를 서울 경찰서를 중심으로 배포하고 현상금 500만 원을 내걸고 현상수배 했다. 그 후 수사에 진척이 없자 주민들의 적극적인 제보를 위해 현상금을 1,000만 원으로 상향 조정했다.

사건 현장 감식

학생이 성폭행을 당한 현장에 대한 정밀한 감식이 이루어졌다. 현장에서 발견되는 모든 물건들이 결정적인 증거가 될 수 있음으로 아주 작은 부분까지도 감식이 이루어졌다.

우선 사건 현장의 이불 그리고 주변에 떨어진 모발 등이 채취되었다. 그리고 학생이 입고 있던 옷, 팬티 등도 수거되었다.

의뢰된 증거물은 다음과 같았다.

의뢰 증거물

1) 피해자 팬티 및 질 내용물
2) 현장에서 수거된 모발 10점
3) 이불 조각 및 반바지

유전자분석 결과

증거물들이 의뢰되자 긴급사건으로 분류하여 감정을 진행하였다.

의뢰된 증거물들에 대한 유전자분석 결과

첫 번째, 피해자 질 내용물 및 팬티에서 정액이 검출되지 않았다. 또한 이불 조각 및 반바지에서도 정액이 검출되지 않았다. 결정적인 증거가 될 수 있을 것으로 기대했던 질 내용물 및 팬티 등에서도 정액이 검출되지 않은 것이다. 범행 당시 범인이 사정을 하지 않은 것으로 보였다.

두 번째, 의뢰된 모발 10점에서 유전자분석을 실시하였다. 10

점에서 여러 명의 남성 유전자형을 검출할 수 있었지만 범인의 유전자형을 특정할 수 없었다. 집에는 많은 사람들이 드나들었기 때문에 누구의 것이라고 단정할 수 없었기 때문이었다. 모발이 가족 및 자주 방문한 직장 동료들의 것일 수도 있기 때문에 관계자들의 시료를 같이 채취하여 분석을 실시하였다.

유일한 증거

분석 결과 모발에서 검출된 유전자형은 대부분 피해자 및 가족의 유전자형으로 확인하였으나 10점의 모발 중 1점의 음모에서 확인되지 않은 다른 남성의 유전자형이 검출되었다. 하지만 그것이 범인의 것이라고 단정할 수도 없었다. 그 집을 방문한 누구라도 음모를 흘릴 수 있음으로……. 하지만 그곳에 음모를 흘릴만한 주요한 사람들의 유전자형과는 일치하지 않기 때문에 좀 더 범인의 것일 가능성이 커진 것이다.

범인의 것이라고 단정할 수는 없었지만 유일한 증거가 발견되었고, 범인이 부모가 없는 사실을 알고 있었다는 점, 집으로 가는 골목에 CCTV가 없는 것을 알았다는 점 등 주변 사정을 잘 알고 있는 것으로 보아 학생이 살고 있는 주변의 사람이 범인일 가능성이 높아 주변의 성범죄 전과자, 학생이 진술한 사람과 비슷한 용모를 가진 사람들에 대한 본격적인 조사가 진행되었다.

결정적인 증거 및 범인의 검거

결정적인 증거

　동대문경찰서의 수사 인력의 대부분이 투입되어 대대적인 수사가 진행되었다. 따라서 주변에 의심되는 용의자들이 속속 연구원에 의뢰되었다. 수십 명이 계속적으로 의뢰되었다. 연구원의 유전자분석과에서는 차분하게 의뢰되는 사람들에 대해 분석을 하고 현장 모발에서 검출된 유전자형과 일치하는지 여부를 밝혀나가고 있었다. 연구원들은 계속되는 의뢰에 힘겨운 감정을 해나가고 있었다. 경찰은 추가적인 현장에 대한 수사와 용의자들에 대한 저인망식 의뢰를 이어가고 있었다. 의뢰되는 용의자 수는 많아졌지만 며칠간의 분석에서도 일치하는 사람이 전혀 없었다. 모두가 지쳐가고 있었다. 현장에서 발견된 음모가 진짜 범인의 것이 맞는지에 대한 회의조차 들었다.

　그렇게 실험이 진행되고 있던 중 담당 수사관에게서 한 통의 전화가 왔다. 급하게 양OO 씨에 대해 모든 것에 앞서 먼저 급하게 감정을 했으면 한다는 것이었다. 우리는 급하게 이미 의뢰된 양OO 씨에 대해 먼저 분석에 들어갔다. 분석 결과는 놀라웠다. 뜻밖에도 현장의 모발 중 가족 또는 관련자 누구하고도 일치하지 않았던 한 점의 음모에서 검출된 유전자형이 그와 일치하였던 것이었다. 범인을 확증할 수 있는 결정적인 결과였다.

범인의 검거

신속한 범인 검거를 위해 바로 이 결과를 동대문경찰서 담당자에게 통보하였다. 결과를 통보받은 경찰은 양OO 씨를 범인으로 특정하고 검거에 나섰다. 범인이 있는 곳을 찾던 중 범인이 이미 제주도로 잠적했다는 첩보를 받고 제주서부경찰서에 공조수사를 요구하였고 제주서부경찰서 수사관이 공항 CCTV 검색 중 붕대를 감고 있는 양OO 씨를 발견하고 인근의 병원을 뒤진 끝에 범인을 검거하였다.

범인은 피해자의 집에서 500미터 정도 떨어진 곳 사는 평범한 사람이었다. 그의 구강은 분석하기 하루 전에 이미 채취되었었다. 그는 자신의 구강이 채취되어 바로 검거될 것이라는 불안감과 자책감에 자신의 팔을 그어 자해를 한 것으로 드러났다. 자해 후 청량리의 한 병원에서 상처 부위의 치료를 받고 있던 중, 부모에 의해 고향인 제주도로 건너갔다. 범인은 제주도의 모 병원으로 옮겨 계속 치료를 받고 있던 중이었다. 이로서 약 2주간의 이목이 집중됐던 사건이 해결되었다.

작은 음모 1점이었지만 범인을 검거하는데 결정적인 역할을 하였다. 유전자분석의 위력을 다시 한 번 확인한 사건이었다. 그가 검거되기 전에 벌써 유전자분석이라는 단어는 그의 마음을 압박하여 스스로 자신을 범인으로 드러내게 한 것이다.

그 넓은 사건 현장에서 자그마한 음모 한 점도 소홀히 하지 않은 경찰 수사 요원과 연구원의 신속한 감정 대응으로 범인을 실시간으로 추적하여 검거를 할 수 있었다.

그 후 동대문경찰서에서는 감사의 표시로 꽃다발을 보내왔다.

당시 해당 동대문경찰서에서 보내왔던 감사의 꽃다발

경기도 서남부 연쇄살인 사건

연쇄살인 사건 발생

2006년 12월에 경기도 군포시 산본동과 수원시 화서동에서 노래방 도우미가 실종되었다. 2007년 1월에는 화성시와 수원시에서 연속적으로 회사원, 노래방 도우미 그리고 대학생이 실종되었다. 그로부터 2년이 채 안 된 2008년 11월에 주부 김 모 씨가 실종되었으며, 같은 해 12월에는 대학생 안 모 씨가 실종되었다. 모두 경기도 서남부에서 일어난 사건들로 경기도 서남부 연쇄살인 사건으로 불린다.

경기도 서남부 연쇄살인 사건 일지

1. 2006년 12월 14일 : 군포시 산본동에서 노래방 도우미 배 모(당시 50세) 씨 실종
2. 2006년 12월 24일: 수원시 화서동에서 노래방 도우미 박 모(당시 36세) 씨 실종
3. 2007년 1월 3일: 화성시 신남동에서 회사원 박 모(당시 50세) 씨 실종
4. 2007년 1월 6일: 노래방 도우미 김 모(당시 37세) 씨 실종
5. 2007년 1월 7일: 수원시 금곡동에서 대학생 연 모(당시 19세) 씨 실종
6. 2008년 11월 19일: 수원시 당수동에서 주부 김 모(당시 46세) 씨 실종
7. 2008년 12월 19일: 군포시 건건동에서 대학생 안 모(당시 19세) 씨 실종.

수사 과정 및 감정 결과

대학생 안 모 씨 실종

경기도 서남부에서 일어난 일련의 연쇄살인 사건의 종지부를 찍은 사건이었다. 2008년 12월 19일 대학생 안 모 씨가 경기도 군포시 산본역에서 마을버스를 타고 군포보건소 정류장에서 내려 보건소에 들른 뒤 실종되었다. 범인은 사건 후 안산시 상록구 성포동 한 은행의 현금인출기에서 안 모 씨의 카드로 돈을 찾은 뒤 사라졌다. CCTV에는 범인이 돈을 인출하는 모습이 찍혔다.

범인은 안 모 씨를 차량으로 납치해 스타킹으로 목 졸라 살해한 후 안산시 성포동 야산에 암매장한 것으로 밝혀졌다.

용의자 강OO 검거

경찰은 범행 예상 이동 경로 CCTV에 에쿠스 차량이 수차례 발견된 것을 발견하고 이를 조사한 결과 운전한 사람이 소유주가 아닌 강OO이 운전한 사실을 밝혀냈다. 피해자가 실종된 당일 강OO의 행적이 이상하다고 생각하여 차량을 조사하려고 했으나 이를 눈치챈 강OO이 차량을 불태우고 집에 있던 자신의 컴퓨터도 포맷하였다. 경찰은 강OO을 유력한 용의자로 지목하고 긴급 체포하였다. 하지만 강OO은 처음 살인 혐의를 모두 부인하였다.

증거를 확보하라

용의자가 붙잡히자 경찰의 수사는 급물살을 타기 시작했다. 오

랫동안 주민을 공포로 몰아넣었던 연쇄살인 사건의 실마리를 찾은 것이다. 경찰 특별수사반이 용의자 강OO의 집으로 급파되었다. 집에서 피해자를 살해했을 가능성도 있기 때문에 집에 대한 혈흔 검사와 더불어 증거가 될 수 있는 증거물 확보에 나섰다. 하지만 시간이 많이 흐른 상태였기 때문에 쉽게 증거를 찾지 못했다. 용의자가 증거가 될 수 있는 모든 것을 없애버린 후였기 때문이었다. 실낱같은 희망을 가지고 혈흔 검사를 진행하였다. 거주지와 부엌을 중심으로 정밀하게 혈흔 검출 여부를 확인하였지만, 혈흔을 찾을 수 없었다.

결정적 증거 및 범인 확인

혈흔 검출에 실패하자 범인이 입고 있던 옷, 입었던 옷 그리고 집안에 범행에 사용되었을 만한 것들을 중심으로 증거물이 채취되었다. 그중 축사 트럭에서 발견된 점퍼도 있었다.

의뢰된 증거물에 대해서 혈흔 검출 시험을 진행했다. 모두 육안으로는 혈흔을 확인할 수 없었다. 따라서 아주 적은 양의 혈흔을 찾을 수 있는 루미놀 시험을 진행했다. 여러 증거물에 대한 실험을 했지만 모두 혈흔이 검출되지 않았다. 이미 범인이 혈흔이 묻은 옷들에 대해 세탁을 것으로 보였다. 결정적인 증거가 없는 상태였다.

끝으로 축사 트럭에서 수거된 검은색 점퍼에 대해 혈흔검출 시험을 하였다. 역시 육안으로는 혈흔을 전혀 발견할 수 없었다. 더구나 옷이 검은색이라서 전혀 혈흔을 구별할 수 없었다. 다시 루미놀 시험을 진행했다. 불을 끄고 루미놀을 뿌리는 순간 어둠 속에서 아주 작게 빛나는 형광 빛을 발견하였다. 매우 적은 양의 혈흔임을 짐작할 수 있었다. 불을 켜고 확인한 바 옷의 소매 끝부분이었다. 이 작은 양의 혈흔이 결정적인 단서가 될 수 있는 중요한 증거가 될 수 있기 때문이었다. 더구나 다른 증거물에서 혈흔이 검출되지 않았기 때문에 더욱더 그러하였다.

아주 적은 양이라 잘못 다루면 증거가 될 수 있는 혈흔이 훼손될 수 있기 때문에 매우 조심스럽게 다루어야 했다. 불을 켜서 형광 빛이 난 위치를 확인하고 조심스럽게 그 부분을 채취하였다. 흥분을 가라앉히고 바로 유전자분석에 들어갔다. 분석도 밤을 새가면서 매우 신속하게 이루어졌다.

유전자분석 결과 다행히 여성의 유전자형을 검출할 수 있었다. 하지만 이것을 비교할 수 있는 피해자가 실종된 상태였기 때문에 누구의 것인지 확인할 수 없었다. 다행히 2008년 11월 19일 희생된 김 모 씨가 사용했던 칫솔에서 검출된 유전자형이 보관되고 있었다. 이들 유전자형과 대조한 결과 모두 일치하는 것으로 확인할 수 있었다. 결국 그의 옷에 묻은 혈흔은 실종되었던 김 모 씨의 것으로 확인된 것이다. 이러한 유전자분석 결과를 바탕으로 범인을 추궁한 결과 범행을 완강하게 부인하던 범인도 결국 자신의 범행을 하나둘 자백하기 시작했다.

아주 적은 정말 모기 눈물보다 적은 양의 DNA가 범인을 증명하는 결정적인 역할을 하였다. 유전자분석이 과학수사에 도입된 것은 1985년 알렉 제프리즈가 유전자 중 사람마다 다른 부위를 발

견함으로써 시작되었다. 유전자분석은 범인을 확정하는 매우 정확한 방법으로 그동안 수없이 많은 사건들을 해결해왔다.

우리나라에서 유전자분석이 과학수사에 도입된 것은 1990년대 초반이었다. 도입 초창기만 해도 분석이 성공적으로 이루어지려면 많은 양의 DNA와 DNA가 분해되어 있지 않아야 성공적으로 유전자형을 구할 수 있었다. 하지만 지금은 위의 사건과 같이 모기 눈물보다도 적은 양의 DNA만 있어도 범인을 특정할 수 있는 유전자형을 검출할 수 있다. 현장에는 반드시 범인을 입증할 수 있는 증거물이 남는다. 잘 훈련된 수사요원은 이러한 아주 극소량의 증거물도 찾을 수 있다. 미제 사건은 이러한 과학적 기술과 잘 훈련된 수사요원 앞에서 존재할 수 없다.

추가 범행

범인은 경기 서남부 일대에서 일어난 나머지 사건들도 자신이 저질렀음을 자백했다. 그의 자백에 따라 2009년도 1월 30일 인근 골프장에서 그동안 발견되지 않았던 시신들을 모두 발견하였다.

> **'모기 눈물'보다 적은 양의 DNA가 희대의 살인범 잡았다**
>
> 강호순 점퍼 혈흔서 1나노그램 유전자 채취
> 국과수 "피해자 것 일치"… 결정적 증거로
> "모기 눈물보다도 적은 분량이었다."
> DNA가 '악마의 가면' 벗겼다

두 변사 사건의 연관성

제천에서

2000년 2월에 제천에서 하반신이 없는 시신이 발견되었다. 신원을 알 수 없게 하기 위해 시신을 훼손한 듯했다. 수사를 위해서는 이 사람이 어떤 사람인지를 아는 것이 중요했다. 모든 수사는 그 사람이 누구인지를 밝히는 것에서부터 시작되니까. 그리고 나머지 시신을 찾는 것도 중요하였다.

시신은 연구원에 의뢰되어 부검이 실시되었고 신원 확인을 위해서 법의학적, 법치의학적 그리고 유전학적 분석이 진행되었다. 그리고 변사자의 신원을 확인하기 위해 주변의 실종자 및 가출신고자를 중심으로 탐문 수사가 진행됐다. 가출 신고 후 그때까지 집으로 돌아오지 않은 사람을 중심으로 가족이 설명하는 가출한 사람의 성별, 신체적 특징, 가출한 시기, 입었던 옷 등을 대조하며 확인해나갔다. 다른 한편으로는 나머지 하반신의 시신을 찾기 위해 시신이 발견된 주변을 중심으로 대대적인 수색작업을 벌였다.

수사를 진행하던 중 같은 해 4월에 변사자로 추정되는 사람의 아버지의 구강채취물이 신원 확인을 위해 의뢰되었다. 자신의 딸이 그해 2월에 집을 나간 후 아직도 돌아오지 않고 있다는 것이었다. 하지만 유전자분석 결과 친자 관계가 성립되지 않았다. 그 후 지속적으로 수사가 진행되었지만, 시신의 신원조차 확인되지 않았고 나머지 시신도 찾지 못한 채 미제 사건으로 남고 말았다.

충주호에서

2000년 7월 중순 무더운 여름의 밤이었다. 충주호에는 낚시꾼들이 낚시를 즐기고 있었다. 친구 사이인 세 남성도 그곳에서 텐트를 치고 낚시를 즐기고 있었다. 고기도 잘 잡히지 않고 지루함을 달래기 위해 셋은 사가지고 온 술을 나누어 마시기 시작했다. 자정이 넘어가고 그들은 취하기 시작했다. 시간이 더 흐르자 한 명이 텐트에 들어가 잠을 청했다. 그리고 새벽 2시가 넘어가자 나머지 한 명도 잠이 들었다.

그리고 마지막 한 사람은 잠도 안 오고 하여 계속 낚시를 할 생각으로 미끼(징거미)를 잡으려고 물가를 다니던 중 물가에서 시커먼 이상한 물체를 발견했다. 무엇인지 확인하려고 플래시를 그곳으로 비쳤다. 유심히 살피던 중 사람의 형체를 발견하고 소스라치게 놀랐다. 그곳을 빠져나와 잠이 들어있던 친구들을 깨운 후 그 사실을 경찰에 신고를 했다.

검은색 봉투에 들어있던 것은 상반신이 없는 시신이었다. 시신은 허리와 양 무릎이 부분이 잘린 채 발견되었다. 국립과학수사연구원에 시신이 보내졌고 부검이 실시되었다. 변사자의 나이는 약 40대 정도의 여성인 것으로 추정되었다.

동일한 시신?

두 시신이 발견된 장소와 의뢰된 경찰서는 달랐지만 이미 토막시신이 발견되어 수사가 진행됐던 사건이었기 때문에 제천에서 발견된 사체와 동일한 사체인지가 중요했다. 부검 결과 두 시신이 한 사람의 시신일 것으로 추정되었지만 더 확실한 확인이 필요하였다.

이 시신에 대해서도 유전자분석이 실시되었다. 제천에서 발견된 시신에서는 이미 유전자형이 확보되어 있었기 때문에 이번 시신에서 분석한 후 동일한 유전자형이 검출되는지 비교하면 되었다.

분석 결과 제천에서 발견된 시신과 유전자형이 같았다. 즉, 두 시신은 같은 사람인 것으로 밝혀진 것이다.

범인은 시신을 두 개의 봉투에 넣어 유기한 것으로 보였다. 두 시신은 물길을 타고 서로 다른 곳에 다다른 것으로 추정되었다.

두 시신이 같은 사람인 것으로 밝혀졌지만 시신의 신원을 확인하는 것이 급선무였다. 그동안의 계속된 수사에서도 전혀 신원을 확인할만한 단서를 마련하지 못하고 있던 상태였다. 전국의 가출 신고자를 상대로 한 수사에서도 뚜렷한 단서를 잡지 못하고 있었다.

진정서 접수

영원히 해결되지 않을 것 같았던 이 사건도 한 사람의 제보로 막을 내리게 되었다. 2000년 11월 말에 평택경찰서에서 한 통의 진정서가 접수되면서였다. 내용은 이미 2000년 1월에 심한 부부싸움 끝에 가출한 것으로 평택경찰서에 신고되었던 사건과 관련된 것이었다. 당시, 어머니가 가출 신고를 했는데 내용은 심한 부부싸움 끝에 가출하여 귀가하지 않는다는 것이었다. 하지만 진정

서의 내용은 달랐다. 가출한 것으로 신고되었던 가출인은 가출한 것이 아니라 누군가 전기충격기로 기절 시켜 사체를 토막 낸 후 검은색 비닐봉지에 담아서 충주호에 버렸다는 내용이었다.

내용이 매우 구체적이었다. 이미 가출로 마무리되었던 사건이었지만 다시 수사를 시작했다.

평택경찰서 수사진이 사실 여부를 확인하기 위해 충주호에서 발견된 변사체를 중심으로 조사를 진행했다. 그리고 이미 오래전에 토막 시신이 발견된 사실을 발견하였다. 그리고 그 시신이 가출한 사람이 맞는지 확인하기 위해 유전자분석을 실시하기로 하였다. 가출인의 어머니, 오빠 그리고 여동생의 구강채취물이 채취되어 국과수에 의뢰되었다.

변사자의 신원이 밝혀지고, 범인이 잡히다

의뢰된 가출인의 어머니, 오빠 그리고 여동생의 구강채취물에 대해 유전자분석을 실시하였다. 분석 결과 충주경찰서와 제천경찰서에서 발견되어 신원이 확인되지 않고 있던 시신과 친자관계가 성립되는 것이었다. 드디어 신원이 밝혀진 것이었다.

신원이 밝혀지자 수사는 활기를 띠기 시작했다. 우선 가족을 상대로 조사를 진행하였다. 이미 가출신고서의 내용과 같이 심한 부부싸움을 한 후 돌아오지 않은 점으로 미루어 남편을 유력한 용의자로 보고 조사를 진행하였다. 결국 그를 아내를 토막 살해한 혐의로 긴급체포하였다.

하지만 남편을 조사하던 중 돌발 상황이 발생했다. 경찰에서 조사를 받던 중 그가 경찰청 화장실 내에서 쓰러진 것이었다. 인근 병원으로 신속히 옮겼으나 사망하고 말았다. 병원에 의하면 그의 사망원인은 쇼크사라고 밝혔다.

피의자는 부부싸움 중 홧김에 아내를 살해하고 시체를 토막 내어 충주호에 버린 것으로 밝혀졌다.

신고된 경찰서, 시신이 발견된 장소, 발견한 사람과 의뢰한 경찰서가 다 달랐지만, 수사 공조와 과학적 분석이 끔찍한 사건을 해결하는데 큰 역할을 하였다.

유두와 몸에서 검출된 남성의 유전자형이 다른 이유는?

사건 발생

2009년 7월 인천 서구 지하 1층 커피숍 내에서 커피숍을 운영하고 있던 주인인 50대 초반의 김OO 씨가 사망한 상태로 발견되었다. 피해자는 이 커피숍을 이용하던 사람에 의해 발견되었으며 얼굴이 천장을 향한 상태였다. 사건이 일어난 시간은 대낮인 오후 3시 정도인 것으로 보였다. 피해자에 대한 부검을 실시한 결과 목이 졸려 사망한 것으로 밝혀졌다.

사건 현장 및 증거물 채취

이 사건의 경우 사건이 일어난 장소가 커피숍으로 많은 사람이 드나드는 곳이기 때문에 사건과 관련된 증거물을 찾는 것이 매우 어렵다. 범인 이외에도 많은 사람들이 그곳에 모발, 타액, 세포 등 자신의 신체 유류물을 흘리고 갔기 때문에 사건과 관련이 없는 것들은 증거물에서 배제해야 한다. 따라서 이번 사건의 경우 사건 현장에서의 증거물 채취가 더욱더 조심스럽게 진행되었다. 그리고 커피숍 주인이 많은 사람들과 접촉했을 것으로 생각되었기 때문에 증거물 채취가 매우 세부적으로 진행되었다. 보통 성범죄의 경우 질 내용물이 기본적으로 채취되고 항문 내액, 음모 등 다양한 증거물이 채취된다. 사건에 따라 필요한 경우 신체의 부분을 세부적으로 나누어서 채취하기도 한다. 이번 사건도 아래와 같이 매우 세부적으로 증거물이 채취되었다.

채취되었던 주요 증거물들은 다음과 같았다.

사건 현장에서 채취된 증거물

1. 사건 현장에 있던 물컵의 안쪽 및 바깥쪽 닦은 면봉
2. 이쑤시개
3. 담배꽁초
4. 피해자 브래지어

피해자와 관련하여 채취된 증거물

1. 입 주변을 닦은 면봉
2. 좌우 손에서 깎은 손톱
3. 팬티 수거 음모
4. 질액채취물
5. 목 및 턱 주변 닦은 면봉
6. 유두 닦은 면봉
7. 사타구니 주변 닦은 면봉
8. 좌우 손바닥 닦은 면봉
9. 좌측 어깨 부분을 닦은 면봉 등

위의 증거물들이 국립과학수사연구원에 긴급사건으로 의뢰되었다.

피해자에서 두 명의 남성 유전자형이 검출되다

증거물이 너무 세부적으로 채취되었다고도 생각했지만, 사건의 중요성과 사건의 내용 등을 감안하여 이들 모두에 대해 유전자분석을 실시하였다.

증거물들에 대한 실험이 모두 끝나고 각 증거물별 데이터를 분석한 후 결과를 비교하였다.

최종적으로 데이터를 확인한 결과 매우 당혹스러움을 감출 수가 없었다. 피해자의 신체 부위에서 세부적으로 채취한 증거물에서 서로 다른 2명의 남성 유전자형이 검출되었기 때문이었다. 신체의 윗부분과 아랫부분에서 다른 남성의 유전자형이 검출된 것이었다.

남성 1이 검출된 부분

유두를 닦은 면봉, 좌측 어깨 부분을 닦은 면봉, 사건 현장 물컵의 안쪽 및 바깥쪽 닦은 면봉, 담배꽁초, 피해자 브래지어

남성 2가 검출된 부분

좌수 우수 손톱, 질액채취물, 사타구니 주변 닦은 면봉, 담배꽁초

분석 결과는 상식적으로는 이해가 가지 않았다.

결과만으로는 분명히 두 명이 윤간을 했다는 것이다.

윤간을 했다면 왜 질 내용물에서는 한 사람의 남성만 검출되었을까?

그렇다면 한 사람은 사정을 하지 않은 것일까?

이 경우라면 사타구니 등에서도 두 사람의 유전자형이 혼합되어 나와야 하는데 그렇지도 않았다.

여러 가지 추측을 해보았지만, 피해자 신체의 윗부분인 유두와 어깨에서 검출된 유전자형과 그리고 신체의 아래 부분인 사타구니 및 질 내용물에서 검출된 유전자형이 다른 것이 이해가 가지 않았다.

담배꽁초에서도 두 명의 남성 유전자형이 검출된 것으로 보아 분명 두 명의 남성이 그곳에 있었다는 것은 분명하였다.

한 명의 범인? 그리고 다른 한 명은?

수사는 커피숍을 자주 드나들던 사람들과 피해자 주변 인물들을 대상으로 진행되었다. 당일 커피숍을 방문했던 사람들이 모두 용의 선상에 올랐다. 특히, 사건이 발생한 시간대인 3시를 전후에 커피숍을 방문한 두 명을 유력한 용의자로 보고 수사망을 좁혀 나갔다. 이들 모두의 구강채취물이 채취되어 국립과학수사연구원에 의뢰되었다.

분석 결과 그중 한 명인 황OO가 피해자의 유두 및 어깨에서 검출되었던 남성의 유전자형과 일치하였다. 분명히 두 명의 범인 중 한 명인 것으로 보였다. 수사관이 급파되어 집에서 태연하게 TV를 보고 있던 그를 체포하였다. 그리고 그날 그의 행적에 대해서 집중적으로 조사를 했다. 하지만, 그는 자신의 범행을 완강히

부인했다. 자신은 단지 그곳에 들러서 커피를 마시고 나왔을 뿐 피해자를 살해한 적이 없다고 진술했다.

그의 행적에 대한 정밀한 수사가 진행되었다. 조사 결과 그는 실제로 커피숍을 나와 다른 곳을 들른 것으로 밝혀졌다. 비록 알리바이는 성립되는 듯했지만 피해자가 죽은 정확한 시간을 알 수 없기 때문에 그를 계속 조사하기로 했다. 다른 한 명을 붙잡아야 정확한 정황을 알 수 있을 것 같았다.

두 명의 남성 중 누가 정말 범인일까?

사건이 일어난 시간대에 방문했던 다른 한 명의 유력한 용의자는 사건 발생 직후 가출하여 행방이 묘연한 상태였다. 따라서 용의자의 구강을 채취할 수 없어 현장 증거물에서 검출된 유전자형과 비교할 수 없었다. 그렇다고 포기할 수는 없었다. 용의자의 집에서 칫솔 4점을 수거하여 의뢰하였다. 하지만 이들 칫솔에서 검출된 유전자형은 모두 범죄 현장에서 검출된 유전자형과 일치하지 않았다. 그렇다면, 혹시 용의자가 사용한 칫솔이 없고 가족 것만 있다면 이들과 현장에서 검출된 유전자형과의 가족관계를 확인하면 간접적으로 증명할 수 있지 않을까! 즉, 간접적으로 용의자와의 관련성을 증명을 하자는 것이었다. 가족과의 관련성을 확인하기 위해 현장에서 검출된 것과 가족관계가 있는지 검토하였다. 검토 결과 칫솔 한 점에서 검출된 유전자형과 좌수, 우수 손톱, 질액채취물, 사타구니 주변 닦은 면봉에서 검출된 유전자형 사이에 친자 관계가 인정됨을 알 수 있었다. 즉, 칫솔을 사용한 사람은 용의자로 지목된 김OO의 아들이라는 것을 알 수 있는 결과였다. 결국 손톱 및 질 내용물 등에서 검출된 남성은 아들의 아버지 즉, 김OO인 것으로 확인된 셈이었다. 범인이 확인됨에 따라 즉시, 이 사실을 담당 수사관에게 통보하였다. 결국 그는 체포되었고 자신의 범행에 대해 모두 자백했다.

그럼 두 사람 모두 범인일까? 먼저 잡힌 사람은 자신의 범행을 모두 부인하고 있지 않은가?

사건의 전말

"두 사람은 같은 시간에 범행 현장에 있었을까?"

"두 사람은 서로 모르는 사이였다. 어떻게 그런 것이 가능할 수 있을까?"

이해할 수 없었던 부분들이 김OO가 잡힘에 따라 모두 풀리기 시작했다.

과연 그들은 왜 그곳에 있었을까?

사건의 전말은 다음과 같았다.

사건 당일 황OO가 먼저 커피숍에 들어왔다고 한다. 그가 사망한 변사자와 스킨십을 하던 중 커피숍 문을 열고 김OO가 들어온 것이었다. 김OO가 들어오자 행위를 중단하고 나중에 다시 오겠다고 말하고 그가 먼저 커피숍을 나섰다고 한다. 그 후 범인인 김OO가 다시 피해자와 스킨십을 하다가 욕정을 못 이겨 강제로 성관계를 하였고 이 과정에서 반항하는 피해자를 목 졸라 살해했다고 하였다.

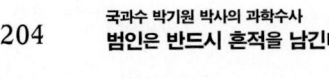

이 사건의 진실을 확실하게 밝힐 수 있었던 것은 피해자의 몸에서 세밀하게 증거물을 채취해서 가능했던 것이었다. 보통 강간 사건의 경우 피해자에 대한 증거물 채취를 이 정도까지 정밀하게 하지는 않는다. 이 사건의 경우 결과에 따라서는 매우 혼란을 줄 수 있었던 사건이었다. 하지만 세밀한 증거물 채취로 미궁에 빠질 수도 있었던 사건을 속 시원하게 신속하게 해결할 수 있었다.

한 여성이 두 번 강간당한 사건

절도사건 용의자

수원시 팔달구 한 주택에 피의자 두 명이 침입했다. 두 사람은 피해자의 지갑 속에 있던 체크카드를 절취하여 30만 원 상당의 물품을 구매하는 등 훔친 카드를 부정으로 사용하다 검거되었다. 해당 경찰서인 수원남부경찰서에서 두 명의 피의자들이 혹시 이 사건 이전에 다른 사건을 저지르지는 않았는지 확인하기 위해 연구원에 DNA 데이터베이스 검색을 의뢰하였다.

드러난 과거 사건

두 명의 시료가 채취되어 연구원에 도착했고 신속하게 감정이 진행되었다. 그리고 현장 증거물 DNA 데이터베이스(현장 증거물에서 검출된 유전자형 중 아직 해결되지 않은 사건의 유전자형을 관리하는 데이터베이스)에서 같은 유전자형이 검출되는 사건이 있는지 검색을 하였다.

검색 결과 두 명 중 이OO 씨는 미제사건 중 일치하는 사건이 없었으나 다른 한 명인 배OO는 미제사건 2건의 현장에서 검출된 유전자형과 일치하는 것으로 드러났다. 즉, 이번 사건 전에 또 다른 범행을 했으나 잡히지 않았던 것이었다. 두 사건은 모두 강간사건이었다. 한 사건은 일 년 전에 수원중부경찰서에서 의뢰되었던 사건이었고 또 다른 사건은 두 달 전에 화성서부경찰서에서 의뢰되었던 사건이었다.

　DNA 데이터베이스 검색 결과 일치하는 경우 지난 사건의 일반적인 정보 즉, 의뢰된 경찰서, 의뢰 일자, 감정물, DNA 번호, 피해자, 사건 유형 등의 정보들이 같이 검색 결과에 기재된다. 이 검색 결과를 바탕으로 사건을 확인하기 위해 일치하는 사건의 감정서, 의뢰서 등을 꼼꼼하게 재확인한다. 이렇게 하여 확인한 후 정확하게 정보가 맞는 경우 그 결과를 감정서로 작성하게 되는 것이다.

피해자가 같다?

　두 사건의 감정서와 의뢰서를 찾아서 확인한 결과 모두 검색 결과의 내용과 일치하였다. 그리고 사건 개요를 읽어보니 의뢰된 증거물도 경찰서도 달랐지만, 범행 시간대, 범행 수법 등이 비슷하였다. 검토 작업을 계속하던 중 너무나 의아한 점을 발견하였다. 시기도 다르고 의뢰된 경찰서도 다른데 피해자의 이름이 같다는 것을 발견한 것이었다. 여러 가지 생각을 하였다.

　"의뢰된 경찰서도 다르고 사건이 발생한 시기도 다른데 어떻게 피해자가 같을 수 있을까?"

　"혹시, 다른 사람인데 우연히 이름이 같은 것은 아닐까?"

　여러 가능성을 생각해보았다. 하지만 도저히 이해가 가지 않았다.

　"이런 이름을 가진 사람이 쉽게 범죄의 표적이 되는 것일까? 이름을 잘 지어야 할 것 같아!"

이런 엉뚱한 생각도 하였다.

세상에 이런 일이!

사건 개요를 차분히 읽어 내려갔다. 그런데 더욱 의아한 것은 분명히 범행 장소도 같았다.

"그렇다면 동명이인이 같은 집에 산다?"

하지만 말도 안 되는 소리였다. 어떻게 같은 이름을 가진 사람이 같은 집에 살고 있단 말인가? 하지만, 그때까지는 그렇게밖에 설명이 되지 않았다.

"그럼 어떻게 된 것일까?"

도저히 답이 나오지 않았다. 확인하지 않고 감정서를 쓴다는 것은 용납이 되지 않았다. 그리고 사건 자체가 궁금하기도 하였다. 결국 당시 사건을 담당했던 수사관들을 찾아내어 사실 여부를 확인하기 위해 전화를 하였다.

담당 경찰의 설명은 귀를 의심하게 했다. 분명히 두 사건의 피해자가 같은 사람이고 자신의 집에서 두 번 같은 사람한테 강간당한 사건이라고 설명했다. 그도 너무나 희한한 사건이라 똑똑히 기억하고 있다고 했다.

"세상에 이런 일이 또 있단 말인가!"

같은 범인이 동일한 사람을 시차를 두고 두 번씩이나 강간을 한 것이다. 사실을 확인하고 나니 너무나 어이없어 깊은 한숨까지 나왔다.

이 사건은 단순한 카드 절취 및 부정 사용한 사건이었지만 유전자은행의 덕분에 영원히 미제로 남을 수 있었던 두 개의 강간 사건의 범인을 확인할 수 있었다. 더구나 꼼꼼한 검색 결과 검증 과정에서 한 여성이 같은 남성에게 두 번씩이나 강간당한 아주 희한한 사건을 접하게 되었던 것이었다.

경찰의 조사 결과 범인은 특정 개인에 대한 성적 감정을 잊지 못하고 범행 장소를 기억해두었다가 다시 그곳에 침입하여 범행을 한 것으로 드러났다.

개구리는 어떻게 분유에 들어갔을까?

사건 발생

신고자(목포시 아파트 9층 거주)는 2013년 8월 초 집들이할 때 모 회사의 분유를 선물로 받은 후 2013년 8월 중순 제품을 개봉하였고, 2013년 8월 19일 분유통 속에 개구리가 있음을 발견하고 소비자신고센터에 신고하였다.

증거물 의뢰

증거물이 의뢰된 것은 한 자치단체였다. 모 회사의 조제분유에 개구리가 들어있다는 신고가 접수되어 개구리가 분유를 만드는 공정 과정에서 들어간 것 같다는 주장에 따라 개구리가 공정 과정에서 들어갔는지 아니면 나중에 분유를 개봉한 후에 들어간 것인지를 밝혀달라고 의뢰하였다. 증거물로는 바짝 마른 작은 개구리 사체와 남은 분유의 일부가 의뢰되었다.

감정 계획을 짜다

과연 이러한 작은 개구리와 분유만으로 어떻게 분유를 만드는 과정에서 들어갔는지 아닌지를 밝힐 수 있을까?

어떤 방법으로 이것을 증명할 수 있는 것인가를 계획하는 것이 중요하였다. 증거물은 딱 한 마리의 개구리 사체와 먹다 남은 분유 일부였다.

가능한 모든 실험 방법을 동원하여 증명해보기로 하였다. 고의성이 있는지 여부를 밝히는 것도 중요하였다. 물론 공정과정에서 들어간 것인지 또는 분유를 개봉한 후 들어간 것인지를 밝히는 것은 불가능해 보이기도 했다. 왜냐하면 두 경우 모두 정확하게 증명할 수 있는 방법이 없기 때문이다. 살아있는 개구리가 들어간 것인지 죽은 채로 들어간 것인지가 중요한 판단 기준이 될 수 있겠지만 두 경우 모두 공정 과정이든 개봉 후이든 가능할 수 있기 때문이었다. 하여튼 일단 사회적 이슈 사건이었고 수사에 도움을 줄 수 있는 결과를 도출하고자 연구원의 여러 분야 전문가들을 소집하여 회의를 진행하여 우리가 할 수 있는 실험을 진행하기로 하였다.

각 전문 분야별 감정 진행 사항은 다음과 같았다.

아마도 국립과학수사연구원 창립 이래 사건을 해결하기 위해 개구리를 해부한 경우는 처음인 듯싶었다. 각 분야별 전문가들이 분석을 한 후 모두 모여서 토론을 거쳐 결론을 내리기로 하였다.

▢ 유전자 분석

- 마른 개구리를 유전자분석하여 어떤 종류의 개구리인지 밝힘.
- 개구리를 고의로 분유통에 넣었는지 확인하기 위하여 개구리 표면에서 사람의 유전자 검출 여부 감정.
- 개구리 내장 안에서 취식물 검출 여부.

▢ 법의학

- 개구리를 죽여서 넣었는지 확인하기 위해 개구리의 골절 여부 및 부검: 사체의 CT 및 X-Ray 촬영, 개구리 내부 장기 해부.

▢ 약독물

- 개구리가 산채로 분유통에 들어간 경우 분유를 먹었는지 확인하기 위한 개구리 내장 안 이물질 검사.

▢ 화학분석

- 내장 안에서 분유 성분 외에 기타 특이한 화학물질이 검출되는지.

감정 결과

각 분야별 분석 결과가 속속 나오기 시작했다. 명확한 결론을 내리는 것이 매우 어려웠지만, 원인을 밝히기 위해 모두 최선을 다해 각 분야별 실험을 진행했다.

우선 개구리에 대한 유전자 분석 결과 청개구리(학명: Hyla japonica)인 것으로 밝혀졌다. 사람이 개구리를 고의로 분유통에 넣었는지를 확인하기 위한 실험으로 실시했던 사람의 유전자형 검출 여부에서는 검출에 실패했다.

개구리의 해부 및 골절 여부 확인 작업은 매우 고도의 기술이 필요했다. 개구리의 골절 여부는 개구리 자체가 너무 적어 CT 및 X-Ray 상에서 판단하기에 불가능하다는 의견이었다. 장기에 대한 실체현미경적 해부에서 위장에 있던 작은 곤충을 발견할 수 있었다. 아직 소화가 되지 않고 형체가 그대로 있는 것으로 보아 죽기 바로 전까지 먹이 활동을 한 것으로 생각되었다.

다른 분야에서도 매우 정밀한 작업을 진행하였지만 특기할 만한 결과를 얻지 못하였다.

모든 결과를 종합하여 개구리 종류 그리고 장 내부의 곤충을 확인하는 등 일부의 결론을 내리기는 하였지만 궁극적인 결론을 내리기에는 무리가 있어 보였다.

매우 어렵고 처음 하는 감정이었지만 사건을 해결하기 위해 국과수 모든 직원들이 아주 작은 부분까지 최선을 다했던 사건이었다. 사건의 진실을 밝히기 위해 작은 가능성까지도 열어놓고 최선을 다하는 것이 국과수인들의 한결같은 마음가짐일 것이다.

개가 잡은 범인

사건 발생

의정부 OO아파트 10층에 도둑이 들었다. 집주인은 마침 생활용품들을 사러 아파트 단지 내 상가에 잠깐 나간 사이였다. 그가 물건을 사 들고 집에 도착한 것은 집에서 출발한 후 약 40분이 지난 후였다.

집으로 돌아온 주인이 본인만 아는 곳에 놓아두었던 열쇠를 찾았으나 열쇠가 없었으며, 현관문은 이미 열려 있는 상태였다. 누군가 집에 들어왔었구나 하는 것을 직감적으로 느낄 수 있었다. 문을 열고 들어가자 집에서 기르고 있던 반려견이 낑낑대며 주인을 맞았다. 반려견을 달래며 집 안쪽을 살폈다. 거실에 방석, 집기 등이 일부 흐트러진 것을 빼고는 다른 변화는 없어 보였다. 다른 곳도 확인하였지만 그대로였다. 확인한 결과 집에서 없어진 것은 없었.

개가 절뚝거리며 주인 주위를 맴돌았다. 주인이 반려견을 쓰다듬으며 말했다.

"너무 놀랐지! 우리 이쁜이!"

주인이 반려견을 안고 여기저기 살피려 하니까 낑낑거리며 아파했다. 털을 제치고 표피를 살펴보니 여기저기 상처가 있었다. 잇몸 부위도 빨갛게 부어 있었다.

범인이 침입하자 범인을 공격하다가 다친 듯하였다. 주인은 별다른 금전적 피해는 없었지만 바로 경찰에 신고를 하였다.

현장 감식 및 수사

수사관이 아파트 현장에 도착하여 범인을 특정할 수 있는 증거를 찾기 위해 노력하였다. 하지만 범인에 대한 단서가 될 만한 증거물이 전혀 없었다. 단지 거실 바닥과 마루에서 희미한 신발 자국과 일부 모발을 채취할 수 있었다.

수사관이 피해자로부터 사고가 난 후의 상황에 대한 설명을 들었다. 유난히도 경계를 하며 수사관을 노려보고 으르렁 대는 반려견에 대한 얘기도 들을 수 있었다.

단서가 없어 무엇인가라도 찾으려고 했던 수사관의 머리에는 직관적으로 "아 그것" 하며 절로 탄식이 흘러나왔다.

"반려동물의 털도 증거물이 될 수 있다."는 사실 때문이었다.

수사관은 주인의 도움을 받아 개의 상태를 살폈다. 그리고 가져온 면봉(구강채취키트)을 사용하여 상처가 난 부분에서 약간의 반려견의 혈흔을 채취하였고 털의 일부도 조심스럽게 채취하였다.

사건 당시 옆집에는 사람이 있었던 것으로 보였다. 옆집 사람의 진술에 의하면 당시 옆집의 반려견이 심하게 짖었고 깨갱거리는 소리까지 들었다 했다. 하지만 낯선 사람이 방문하여 그런 줄 알고 신경을 안 썼다고 했다.

현장에 대한 감식이 끝나고 바로 목격자 탐문과 방범용 CCTV에 범인의 모습이 찍혔는지 확인하기 시작하였다. 아파트 입구의 CCTV에 그 시간대에 아파트로 들어간 사람으로 범인으로 의심되는 사람의 모습이 찍혔지만, 범인이 카메라를 의식했는지 모자를 눌러쓰고 있어 얼굴을 확인할 수 없었다.

결정적 제보

현장에서 채취된 증거물들이 연구원에 의뢰되었다.

현장에서 발견된 모발을 분석한 결과 모두 피해자 가족들의 유전자형과 일치하였다. 그리고 신발 흔적에 대한 분석 결과 운동화 종류인 것으로 밝혀졌지만 범인이 누구인지를 특정할 수는 없었다. 반려견에서 채취한 증거물에 대한 분석도 진행했다. 혹시 범인의 옷에 개의 털이 묻었거나 개의 세포가 떨어져 있는 경우 이들을 분석하여 비교를 할 수 있기 때문이었다.

수사관은 범인이 아파트의 사정을 너무 잘 아는 것으로 보아 인근의 아파트에 사는 것으로 판단하였다. 따라서 CCTV에 찍힌 범인의 모습을 인근 아파트에 게시하고 신고가 들어오기를 기다렸다.

사건이 일어나고 일주일이 지났다. 작은 사건이었지만 범인을 잡기 위한 노력이 계속되었다. 일주일째 되던 날 전화 한 통화가 왔다. 전단에 찍힌 모습의 사람을 자신이 사는 동에서 본 적이 있다는 제보였다. 옷차림, 키, 머리 모양 등이 너무 비슷하다는 것이었다. 그 동은 피해자가 사는 동의 바로 앞 동이었다.

잠복하여 그를 검거하기로 하고 잠복을 시작했다. 하지만 용의자는 나타나지 않았다. 잠복한 지 하루 만에 제보자가 지목한 사람을 검거할 수 있었다.

하지만 범인은 자신의 범죄를 완강히 부정하고 있었다. 그는 이미 옷을 바꾸어 입고 있었다. 그는 전단 속의 사람이 자신이 아니라고 했다. 가장 잘 잡힌 상을 선택하여 보았지만 그를 범인으로 특정하기에는 불가능하였다. 하지만 제보자는 그가 분명히 맞는다고 했다.

그의 집에 대한 압수수색이 진행되었다. 하지만 화면 속의 옷은 발견되지 않았다. 신발장에 있던 신발을 수거하였다.

결정적 증거

수거된 신발이 연구원에 의뢰되었다.

"절도 사건과 범인이 신었던 신발?"

보통 범죄 현장에서 범인의 것으로 추정되는 신발이 수거되어 의뢰되는 경우가 많다. 여기서 유전자분석을 한 후 나중에 용의자가 잡히면 그의 유전자형과 비교하여 범인임을 확인하는 경우가 대부분인데 이번에는 신었던 사람은 확실한데 현장의 무엇인가가 범인의 신발에 묻었는지를 증명해야 하는 것이었다.

신발은 매우 깨끗해 보였다. 아무런 흔적도 발견되지 않았다. 난감했다.

[집에서 기르던 개가 범인을 공격했다? 그러면 개의 무엇인가가 신발에 남아있지 않을까? 개의 털 그리고…….]

고민을 하다가 개와 실랑이를 하다가 혹시 개의 세포가 신발에 묻었을 가능성이 있기 때문에 신발의 앞부분과 나머지 부분을 나누어서 채취하기로 했다. 신발의 홈 또는 신발 바닥 등도 개의 털이 묻어있을 가능성이 크기 때문에 유심히 살폈다.

우선 두 개의 신발 모두 앞부분을 면봉을 사용하여 채취하고 나머지 부분도 두세 부분으로 나누어 채취했다. 채취 후 신발의 안쪽 등 전체적으로 확대경을 사용하여 세밀하게 관찰하였다. 관찰결과 신발의 흰색에 묻혀 잘 보이지 않았던 수 점의 털을 수거할 수 있었다. 직감적으로 용의자가 범행 당시 신었던 신발이고 그 털은 반려견의 털인 것으로 생각할 수 있었다. 채취한 증거물에 대해 바로 분석에 들어갔다. 모발 및 생물학적 증거물을 채취한 후 신발은 족흔의 동일성 여부를 실험하는 곳으로 보냈다.

개가 잡은 범인

유전자분석 결과와 족흔에 대한 동일성 여부 결과가 나왔다.

족흔에 대한 동일성 여부 분석 결과 흐리고 일부만 남아 있었기 때문에 동일성 여부를 판단할 수 없었다. 유전자 분석 결과는 오른쪽 신발의 앞부분에서 채취한 면봉에서 유일하게 유전자형을 확보할 수 있었다. 털 그리고 신발의 다른 면에서 채취한 증거물에서는 유전자형을 검출하는데 실패하였다. 하지만 하나라도 성공하였기 때문에 이것과 피해자 집에서 기르던 반려견에서 채취한 증거물에서 분석한 결과와 비교하면 동일한지를 확인할 수 있는 것이었다.

동일성 여부를 확인한 결과 미리 분석해 두었던 용의자의 신발 앞부분에서 검출된 유전자형과 집에서 기르던 반려견의 유전자형이 일치하였다. 즉, 범인은 당시 그 신발을 신고 있었고 개가 달려들자 개를 발로 찬 것으로 추정할 수 있었다.

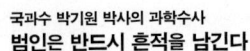

그는 진술에서 피해자가 밖에 어디 잠깐 나갈 때 열쇠를 넣어두는 곳을 평소에 확인하여 놓았고 그곳에서 쉽게 열쇠를 취득하여 문을 열고 들어갔다 한다. 하지만, 개가 달려들어 바짓가랑이를 물고 안 놓는 바람에 개를 발로 걷어차서 떼어낸 후 간신히 도망을 했다고 했다. 범행 후 옷을 갈아입었고 입었던 옷은 인근의 하천에 버렸다고 했다.

범죄를 해결하기 위한 노력은 여러 분야에서 계속되었다. 법과학 그 중 DNA 분석 분야는 이제 양적인 팽창을 거쳐 질적 발전이 엄청난 속도로 진행되고 있다. 사람뿐만 아니라 동식물, 곰팡이, 이끼류 심지어 미생물 그리고 바이러스까지 범죄를 해결하는데 응용되고 있다. 이 사건은 절도 미수라는 아주 단순한 사건이었지만 새로운 분석 기술이 적용되어 범인을 검거할 수 있었다.

범죄 수사 이용되는 동물의 털

범죄 수사에서의 동물

우리나라에서도 많은 집에서 반려동물로 개 또는 고양이 등을 기르고 있다. 미국의 경우 반려동물의 수는 거의 일억 마리에 이르고 있는 것으로 알려졌다. 이들은 사람과 같이 생활하면서 많은 털을 주거지에 흘리게 되는데 아무리 깨끗이 청소를 해도 어딘가에는 남아있기 때문에 범인이 아무리 주의를 해도 자기도 모르게 자신을 몸에 묻게 된다. 이러한 반려동물의 털이 가끔 범죄 수사에서 중요한 증거를 제공할 수 있다.

범죄 수사에서 동물 DNA 분석의 적용은 대략 다음의 3가지 부류로 나눌 수 있다.

1. 범죄의 증명
2. 반려동물의 도난
3. 동물에 의한 사람의 피해 등을 증명

무엇을 분석하는가?

- 동물 털의 형태학적 관찰

동물의 털도 사람의 모발과 같이 다양한 형태학적 특징을 갖는다. 모소피무늬, 수질, 모첨부, 색깔, 길이 등 다양한 형태학적 특징을 관찰하면 동일한 종인지 여부를 판단할 수 있다.

그림. 고양이와 개털의 현미경 사진

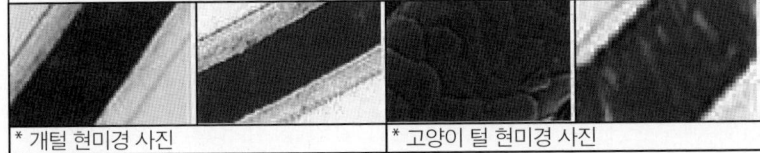

* 개털 현미경 사진   * 고양이 털 현미경 사진

동물의 개체식별

- 동물 털에서 STR 분석

사람에서 범인을 확증하는 것과 마찬가지로 동물에서도 동물 개체마다 다른 부위의 유전자가 존재하여 동물의 개체도 식별할 수 있다. 이를 분석하며 개 중에서도 어떤 개, 고양이 중에서도 어떤 고양이] 이렇게 특정한 동물을 확인할 수 있다. 즉, 동물의 유전자형을 분석한 결과 동일하다면 확실하게 그 동물이라고 판단할 수 있는 것이다.

황금 같은 대변

사건 발생

한적하고 조용한 시골의 한 동네에서 모녀가 살해되는 사건이 일어났다. 도심에서 약간 떨어져 있는 곳으로 단독주택들이 두세 채 씩 띄엄띄엄 떨어져 있었다. 이른 아침에 이웃집 주민이 집에 찾아갔지만, 문이 열려 있었고 인기척이 없어 집으로 들어가 보았는데 모녀가 숨져 있는 것을 발견하고 경찰에 신고하였다.

사건 수사

어머니 A 씨는 현관 앞에서 그리고 딸 B 씨는 마당에서 발견되었다. 피해자들은 예리한 칼에 복부 및 옆구리가 찔려 많은 피를 흘린 상태였다. 경찰의 조사 결과 두 모녀는 전날 저녁까지 집에 있었던 것으로 밝혀졌다. 그 전날까지 동네 사람들과 같이 저녁을 하며 술을 마셨으며 약 10시 정도 모두 헤어진 것으로 밝혀졌다. 따라서 사망한 시간은 이들이 헤어지고 나서부터 아침 사이인 것으로 추정하였다.

취식물 검사 결과 저녁을 먹은 후 약 2시간 정도 지난 것으로 판단하였다. 이를 바탕으로 추정된 사망 시간은 12시 정도인 것으로 보였다.

피해자 주변의 인물에 대한 수사가 이루어졌다. 하지만 모녀는 특별하게 원한을 살만하거나 피해를 준 사람이 없었던 것으로 보였다. 한적한 시골인 데다 모녀가 특별한 원한을 살만한 사람이 없었기 때문에 수사가 막막할 수밖에 없었다.

사건 현장 감식
집 내부 및 외부에 대한 정밀한 감식이 진행됐다.

집 내부
집 내부 사건 현장에서 용의자를 추정할 만한 증거물을 찾기 위해 정밀한 감식이 진행되었다. 하지만 혈흔, 모발 등 몇 개의 증거물을 채취한 것 이외에는 특별히 범인을 추정할 만한 증거를 찾지 못했다. 범인이 사용한 흉기도 찾을 수 없었다. 범행 후 흉기를 다른 곳에 버린 것으로 추정되었다.

현장에 대한 혈흔 형태 분석 결과 어머니 A 씨가 사망한 현관에서는 다량의 혈흔이 발견되었고 피 묻은 손자국, 비산흔 등이 벽, 신발장 등에 있었으며 방 안쪽으로 쓸림흔 등을 관찰할 수 있었다. 즉, 혈흔 형태 분석 결과, 현관에서 흉기에 가격을 당한 후 혼신의 힘을 다해 방 안쪽으로 움직이려 한 것으로 보였다. 그리고 현관에서 딸이 발견된 마당까지는 방향성을 갖는 낙하 혈흔이 관찰되었다. 즉, 어머니가 사망한 곳에서 같이 흉기에 찔린 후 도망하기 위해 마당으로 뛰어가다가 과다 출혈로 쓰러져 그 자리에서 사망한 것으로 보였다.

따라서 집 내부에서는 혹시 범인도 피를 흘렸을 것으로 보여 피해자들이 흘린 것으로 보이는 혈흔 이외에 몇 점의 특이한 혈흔을 채취하였다.

집 외부

집 외부에서는 범인과 관련된 특별한 증거물을 채취할 수 없었다. 집 외부가 워낙 넓고 범인의 동선조차도 알 수 없었기 때문에 사건과 관련된 증거물을 찾는다는 것은 매우 어려워 보였다.

범행에 쓰인 흉기를 찾기 위해 집 주변의 샅샅이 뒤지기 시작했다. 하지만 좀처럼 흉기를 찾을 수 없었고 사건도 미궁에 빠지는 듯하였다.

이와 함께 주변에 대한 목격자 탐문도 진행되었다. 하지만 모두 범인을 목격한 사람이 없었다. 신고를 한 이웃집 주민도 가까이 살지만 밤사이 별다른 일이 없었다고 했다. 따라서 자신도 전혀 이 사실을 모르고 있었다고 했다.

더러운 대변

며칠째 현장 주변에 대한 수사가 진행되었지만, 수사는 답보 상태를 걷고 있었다. 주변에서 범행에 쓰인 흉기조차 찾지를 못하고 있는 상황이었다. 현장 주변에 대한 광범위한 수색이 계속되었다. 수색을 하던 중 수사관이 이웃집과 피해자 집 사이 숲속에서 며칠 되지 않은 것으로 보이는 한 덩어리의 대변을 발견하였다.

수사관은 혹시 범인과 관련성이 있지 않을까 생각하며 주변을 살폈다. 대변 옆에는 밑을 닦은 것으로 보이는 생활정보지도 발견되었다. 그곳은 외부인이 와서 특별히 변을 볼 수 있을 만한 곳이 아니었다. 분명히 범인과 관련성이 있을 것으로 생각했다.

그동안 채취된 증거물이 가까운 대전과학수사연구소에 의뢰되어 긴급으로 분석되었지만, 범인을 단정할 만한 증거를 찾는데 실패하였다.

황금 같은 대변

이제 유일한 증거가 될 수 있는 대변에 대한 분석에 기대를 걸 수밖에 없었다. 대변에서도 범인을 특정할 수 있는 혈액형 및 유전자형을 검출할 수 있기 때문이었다. 가장 더러운 것이었지만 사건을 해결할 수 있는 아주 소중한 황금 같은 증거물이 될 수 있을 것이다.

대변 증거물 채취

대변 증거물의 경우 채취가 매우 중요하다. 유전자분석이 가능한 세포가 대변의 표면에 주로 묻어있기 때문이다. 따라서 표면만 조심해서 채취해야 한다. 이를 위해 대변의 원형을 그대로 유지하면서 실험실까지 운송하는 것이 매우 중요하다.

분석은 지방연구소에서도 가능하지만, 정확성을 위해서 본원에서 분석하는 것이 좋을 것 같았다. 만약 실험을 하다가 실패를 하면 사건은 영원히 미궁에 빠질 수 있기 때문에 본원에서 실험을 실시하기로 했다.

　수사관이 연구원의 의견에 따라 채취를 위해 아이스박스와 드라이아이스를 구입했다. 아이스박스에 드라이아이스를 깔고 그 위에 반듯한 골판지를 깔았다. 변을 원형 그대로 채취하기 위해 얇은 철판을 대변이 있는 땅 밑으로 넣어서 그대로 채취하였다. 채취 후 그대로 아이스박스에 조심스럽게 넣었다.

　하지만 운송을 해야 하는 문제점이 발생했다. 드라이아이스로 부패는 진행되지 않겠지만 원형을 그대로 유지해야 하기 때문이다. 원형이 훼손되면 실험에 영향을 미쳐 실험을 망치는 경우가 있기 때문이었다. 따라서 매우 조심스럽게 대변의 운송 작전이 진행되었다.

　작전은 성공적으로 수행되었다. 실험실에 도착한 변의 상태는 현장에서 채취한 그대로였다. 수사관은 행여 대변에 손상이 갈 수도 있기 때문에 무릎에 변을 놓고 소중하게 연구원까지 이동하였다 한다. 냄새도 나고 움직일 수 없어 고생을 했지만 사건을 해결하기 위해서는 어쩔 수 없었다.

대변에서 증거물 채취하기

　드디어 소중한 증거물이 훼손되는 일이 없이 연구원의 실험실까지 원형 그대로 옮길 수 있었다. 이제 채취다. 어떻게 표면 부분만 정확하게 긁어 채취를 할 수 있을까? 워낙 변이 무르기 때문에 면봉을 사용하여 채취하는 과정에서 대변이 많이 묻을 수가 있다.

"그러면 어떻게 채취를 해야 할까?"

고민 고민을 하다가 하나의 아이디어를 찾아냈다.

[대변을 냉동고에 넣어 얼리는 것은 어떨까!]

대변을 얼리게 되면 딱딱해져 세포가 묻어 있는 표면만 살짝 채취할 수 있을 것으로 생각했다. 세포는 얼어도 유전자분석에 영향을 주지 않는다. 조심스럽게 의뢰된 아이스박스를 그대로 초저온 냉동고(-70℃)로 옮겼다. 그리고 하룻밤을 그곳에 놔두었다.

다음날이 되었다. 생각대로 꽁꽁 얼어 완벽하게 딱딱한 고체 덩어리가 됐다. 채취를 위해 대변을 쉽게 다룰 수 있었다. 면봉을 사용하여 대변의 표면을 조심스럽게 채취했다. 그리고 유전자분석을 실시하였다.

결과는 대성공이었다. 성공률이 매우 낮은 대변에서 유전자형을 검출할 수 있었던 것이었다.

범인의 검거

이제 변에서 검출된 유전자형과 용의자를 비교하면 되는 일이었다.

밑을 닦은 생활정보지를 바탕으로 범인이 주변 인물일 것으로 추정하고 주변에 대한 조사를 더욱 정밀하게 진행하였다. 우선 처음부터 시작하기로 했다. 이 사건을 신고한 사람에 대한 조사부터 진행하였다. 그의 얘기를 다시 들으러 집을 방문했을 때 밑을 닦은 정보지와 같은 상호의 정보지가 한구석에 쌓여 있는 것이 수사관의 눈에 띄었다.

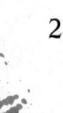

"어, 저거! 사건 현장에서 발견된 정보지와 같은 정보지네!"

그는 내심 매우 놀라면서 차분하게 당시의 상황에 관해 물었다.

그는 처음과는 다르게 자신을 의심하는 것 같은 모습에 매우 당황해 했다. 수사관의 머릿속이 매우 복잡하게 돌아갔다. 전혀 관련성이 없는 듯했던 사람이었지만 이제는 무엇인가를 생각하게 했다. 조심스럽게 이제는 약간의 관련성을 두고 질문을 계속했다.

하지만 그는 계속 전혀 모르는 일임을 강조했다.

수사관은 직감적으로 신고자가 범인일 가능성을 열어놓고 있었다.

그에 대한 조사를 마치고 눈치를 못 채도록 다른 사람들에 대한 조사를 진행하였다. 하지만 그에 대한 감시를 멈출 수 없었다.

그는 수사관이 나가자 바로 집을 나섰다. 수사관이 조심스럽게 미행을 시작했다. 그리고 나머지 수사관이 정보지에 대한 조사를 진행했다.

조사 결과 현장에서 발견된 밑 닦은 정보지의 일부인 것으로 확인했다. 찢어진 면을 맞춰보았더니 정확하게 일치한 것이었다.

이 사실을 미행하는 수사관에게 전달하였다.

얘기를 들은 시간 신고자는 시내로 나가 인근으로 가는 시외버스를 타려고 하는 순간이었다. 수사관이 조금 더 조사할 것이 있다고 했더니 그가 도망을 치기 시작했다.

도망하는 그를 잡아 면봉으로 구강채취물을 채취하였다. 대변의 유전자형과 비교하기 위해서 이다. 긴급하게 연구원에 분석이 의뢰되었다.

신속하게 분석이 진행되어 하루도 안 되어 분석 결과가 통보되었다. 일치한다는 것이었다.

사건 현장에서 가끔 대변이 발견되어 증거물로 의뢰되는 경우가 종종 있다. 범인들은 범죄 전에 극도로 긴장하기 때문에 변의 욕구를 느낀다고 한다. 따라서 사건 현장 주변의 이러한 대변 하나도 사건을 해결하는데 결정적인 역할을 하기도 한다.

그는 연구원의 감정 결과를 설명하자 자신의 범행을 순순히 자백하기 시작했다.

사건의 전말

그는 평소 피해자가 자신을 험담하고 다닌다고 생각하였다. 마침 그날도 동네 사람들이 피해자 집에서 저녁을 하며 술을 한잔하고 있었는데 피해자와 이런 문제로 약간의 말다툼을 한 것으로 밝혀졌다. 범인이 이 문제로 피해자에게 따지자 피해자가 오히려 자신에게 면박을 주었다고 했다. 그는 자리를 떠난 후에도 울분을 삭이지 못하고 집에서 소주 한 병을 더 먹은 후 자신의 집에 있던 흉기를 가지고 재차 피해자 집을 방문하여 마침 집에 있던 피해자를 살해한 것이었다.

범인은 모녀를 살해한 후 집으로 돌아와 입고 있던 옷 등을 모두 세탁을 한 후 평소와 같이 행동을 하였다. 그리고 다음 날 "집을 방문했더니 모녀가 숨져있었다"고 태연하게 경찰에 신고를 하였던 것이었다. 경찰은 너무나 자연스럽고 피해자와의 관련성이 전혀 없었기 때문에 그를 의심하지 못했던 것이었다.

대변에서 유전자분석

대변은 직장을 거쳐 나오기 때문에 대변의 표면에는 장의 세포가 많이 묻어 있다. 바로 이들 세포에서 유전자분석이 가능한 것이다. 하지만 대변은 섭취한 음식물의 마지막 산물로 여러 가지 물질들이 혼합되어 있어 분석에 어려움을 준다. 따라서 대변의 채취는 분석에 영향을 주는 물질들이 최소로 들어가도록 해야 한다. 즉, 세포가 있는 표면만 조심해서 채취를 해야 성공확률이 높은 것이다.

대변 채취 장면

유병언 신원 확인

세월호 침몰사고 그리고 그 이후

  세월호 침몰사고가 일어나고 우리는 희생자의 신원 확인을 위해 휴식 없이 매일 최선을 다해오고 있었다. 대부분의 희생자가 가족의 품으로 돌아갔지만 10명의 희생자가 가족의 품으로 돌아가지 못하고 있는 상황이었다. 언제 수습될지 모르는 희생자의 신원 확인을 위해 법의학 팀이 현장에 파견 중이었고 유전자분석팀도 24시간 항시 대기 체제를 유지하고 있었다. 그리고 세월호 침몰사고의 책임자로 유병언 전 세모그룹 회장을 검거하기 위해 검경이 총력을 기울이고 있는 상황이었고 은신처로 추정되는 곳에서 채취한 증거물이 계속 의뢰되고 있었다.

  힘든 세월을 보내고 있던 중 2014년 7월 21일 월요일 저녁 검색실 직원으로부터 신원불상 변사자에 대한 데이터베이스 검색 중 유병언의 유전자형하고 일치하는 변사자가 있다는 보고를 받았다. 처음에는 유병언이 시신으로 발견되었다는 사실이 믿기지가 않았다. 다시 한 번 확인을 하기 위해 불상변사자에서 나온 데이터를 재확인하고 여러 가지 사항들을 꼼꼼히 체크하였다. 모든 데이터를 확인하고 유병언이 확실함을 확인했다. 보고 라인에 따라 보고가 되었고 연구원도 긴박하게 돌아갔다.

순천에서 발견된 불상변사자

의뢰서를 보니 불상변사자 시신은 2014년 6월 12일 09시 06분에 밭 주인이 발견하여 신고한 것으로 기록되어 있었다. 2014년 6월 13일 순천의 한 병원에서 그 지역 촉탁의에 의해 부검이 진행되었고 채취된 증거물은 6월 16일 광주연구소를 거쳐 6월 18일 16시 54분 본원의 법유전자과에 접수되었던 것이다.

분석 시료로 대퇴골과 치아가 의뢰되었다. 신원불상 변사자의 경우 시간을 다투는 경우가 아니기 때문에 유전자분석이 가장 어렵지만 DNA가 안정적으로 보존될 수 있는 치아 또는 대퇴골 등을 의뢰하는 경우가 많다. 특히, 지방에서 불상변사체가 발견되는 경우 조직 등을 채취하면 의뢰 도중 부패가 많이 진행될 수도 있고 유전자 분석 결과가 안 나오는 경우 다시 채취해야 하기 때문에 감정 기간이 많이 걸리더라도 보통 검출 확률이 가장 높은 뼈 또는 치아를 의뢰한다.

뼈와 치아와 같은 경조직에서의 유전자분석은 일반적인 혈흔, 조직 등 다른 시료보다 많은 시간이 소요된다. 부패가 가장 늦게 진행되는 대신 매우 단단한 구조를 하고 있기 때문에 유전자분석을 위해서는 시료를 무르게 해야 한다. 즉, 뼈 또는 치아에서 칼슘을 빼내는 작업을 해야 한다. 여기에 걸리는 시간이 보통 2-3주 이상 소요되며 상태에 따라 한 달 이상 걸리는 경우도 많다. 그만큼 검출하기 힘들고 실험 과정도 매우 어렵다. 이렇게 해도 한 번에 성공하리라는 보장이 없어 재시험하는 경우가 많다. 따라서 수년 전까지만 해도 뼈에서의 감정기일은 보통 두 달 정도 소요되었다. 하지만 현재는 기술의 발전으로 뼈의 감정기일을 30일로 산정하고 있다. 외국의 경우와 비교해도 매우 빠른 감정기일이다.

일부에서는 분석에 왜 많은 시간이 걸렸는지에 대한 얘기도 있었지만 실제로는 휴일을 빼고 24일 만에 감정을 마쳐서 매우 정상적으로 이루어졌고 감정기일보다 오히려 빨리 감정을 마친 경우였다.

유병언 확인

유병언 추정 유전자형은 금수원의 그가 머물렀던 곳에서 수거되었던 빗, 면도기 등과 순천 별장에서 수거되었던 체액반 등의 증거물 그리고 구속된 형의 유전자형을 분석하여 추정할 수 있었다. 즉, 구속된 유병언 형의 Y-STR 유전자형이 순천 별장에서 수거되었던 증거물 중 체액반에서 검출된 것과 일치하였으며, 체액반에서 검출된 유전자형은 금수원 내에 유병언이 머물렀던 곳에서 수거된 빗에서 검출된 유전자형과 일치하여 유병언의 유전자형을 추정할 수 있었다(상염색체의 경우 부모로부터 하나씩 받지만 Y-STR 유전자형은 부계유전 됨으로 같은 아버지의 아들인 경우 모두 같다).

Y-STR 유전자형이 같다는 것은 현장에서 검출된 유전자형이 유병언의 형과 형제 관계라는 것을 증명하는 것이다. 이미 형은 생존해 있는 것이 확인되었고 다른 동생은 미국에 생존해 있음이 확인되었기 때문에 빗 및 체액반에서 검출된 유전자형은 나머지 한 명인 유병언의 유전자형임을 확인할 수 있었다.

이 추정된 유전자형을 불상변사자와 비교한 결과 불상변사자가 유병언임을 확인할 수 있었던 것이다. 이외에도 다양한 분자유전자학적 해석 결과 최종적으로 불상변사자가 유병언임을 확인하였다.

재확인

사건이 매우 중대한 사항이라 연구원의 법의학자가 긴급하게 순천 현장으로 급파되었다. 변사체에 대한 정확한 신원 확인 및 사인의 규명이 필요했기 때문에 연구원 차원에서의 재부검을 위해 시신을 서울연구소 옮겼다(원주 본원에는 부검실이 없었다).

법의 및 유전자분석팀이 구성되고 나도 밤늦게 긴급하게 서울연구소로 향했다. 이른 아침에 부검을 위한 법의학팀이 모두 모였고 유전자분석팀도 유전자분석에 적합한 시료를 채취하기 위해 부검실로 내려갔다. 시신의 상태는 최초 부검 때보다는 매우 부패가 진행되었지만 조직과 연골 등이 남아 있어 유전자분석이 불가능할 것으로 보이지는 않았다. 이 정도면 분석을 하는데 큰 무리는 없어 보였다. 이런 경우 근막, 흉골, 무릎 연골 부위 등을 채취하게 되면 유전자형을 검출할 확률이 높다. 따라서 유전자분석 성공 가능성이 높은 부위를 위주로 시신의 여러 곳을 채취하였다. 아침 10시 정도에 채취를 완료하였고 채취한 시료는 바로 실험에 들어갔다. 그리고 저녁 즈음에 분석 결과를 얻을 수 있었다. 결과는 불상변사자, 금수원 수거 빗 및 순천 별장 수거 체액반에서 검출된 유전자형과 모두 일치하여 다시 한 번 발견된 시신이 유병언임을 확인하였다. 법의학 및 법치의학적 결과에서도 유병언의 신체 특징과 정확하게 일치하였다.

　이 모든 결과를 종합한 결과에서 시신이 유병언임을 재차 확인할 수 있었다.

　최초 불상변사자가 유병언임을 의심이라도 했으면 이렇게 하루도 안 되어 모든 것을 확인하고 끝낼 수 있었는데 하는 아쉬움이 진하게 남는 순간이었다.

　그 후 유병언의 아들인 유O균 씨가 은신처에서 붙잡혀 그의 유전자형과 마지막으로 비교하였다. 상염색체, Y-STR 유전자형을 비교한 결과 상염색체(STR)에서 부자 관계가 인정되었으며, Y-STR 유전자형도 정확하게 일치하였다. 순천에서 발견된 시신이 유병언임을 확인, 재확인 또다시 확인한 셈이었다.

의혹에 대한 설명

　연구원에서는 이렇게 이중 삼중으로 유병언의 신원을 확인하였고 극히 이례적으로 감정에 대한 결과를 브리핑하였지만, 일부에서는 계속 의혹을 제기했다.

　"유병언이 아니다." "시신을 바꿔치기했다." "이복동생은 아닌가?"

　등등 지극히 주관적이고 비과학적인 근거로 소설 같은 많은 의혹을 만들어 냈다.

　시신이 유병언이 아닐 수 있는 확률은 제로다. 유전자분석 및 법의학적 분석 등 모든 결과가 우연히 일치한다는 것은 불가능하

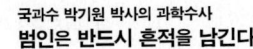

기 때문이다.

시신을 바꿔치기했을 수도 있다는 주장에 대해서도 최초의 시신에서 검출된 유전자형과 국과수에서 부검 당시 채취한 시료에서의 유전자형이 모두 같았는데 어떻게 다른 사람이라는 것인지 무엇을 근거로 그런 주장을 하는지 이해가 가지 않았다. 이복동생일 수도 있지 않느냐는 주장도 전문적 지식이 없는 사람들이 주장한 듯했다. 설사 이복동생이 있다고 하더라도 유병언과는 다른 유전자형을 갖는다. 전혀 이치에 맞지 않는 주장들이었다.

다시 얘기하지만 유전자분석 및 법의학적, 법치의학적 분석 결과 순천에서 발견된 시신이 유병언이라는 것은 의심의 여지가 없다. 즉, 유병언이 아닐 수 있는 확률은 제로라는 것이다.

이번 사건을 보면서

감정은 객관적 사실 그 이상도 그 이하도 아니다. 오로지 분석 결과에 따라 설명할 따름이다. 과학자는 변하지 않는 객관적 분석 결과로 모든 것을 말한다. 증거물에 대한 감정은 사건에 대한 고도의 판단 행위의 기본이 되기 때문에 감정인은 목숨처럼 과학적 분석 결과를 소중하게 생각한다. 그것이 변질되는 순간 모든 것이 끝나기 때문이다.

이번의 경우 구체적인 과학적 분석 결과를 제시하며 설명까지 했음에도 근거도 없는 비합리적 의구심들이 마치 사실처럼 유포되었고 여론을 주도해나가는 듯했다. 이런 것들이 과연 조금이라도 과학적 사실에 근거한 주장이었는지 잘 살펴볼 일이다.

합리적 의심은 과학을 발전시킬 수 있지만, 지극히 주관적인 판단에 의한 의심은 오히려 혼란만 가중시킬 뿐이다. 아무리 언론의 자유가 있다고 하더라도 객관적인 사실에 의한 책임감 있는 의혹 제기 및 주장이 필요하다. 자기가 한 말에 대한 책임이 필요하다.

세월호 희생자 신원 확인

2014년 4월 16일 오전!

아침 간부회의를 진행 중이었다. 직원으로부터 긴급 연락을 받고 TV 뉴스를 켜는 순간 [세월호 침몰 중]이라는 긴급 뉴스가 떴다. 인터넷에서도 긴급하게 이 사실을 알렸다. 처음에는 침몰 중이니 배의 특성상 그렇게 빨리 가라앉지 않고 대부분은 구조될 것이라는 희망을 가졌다. 하지만 계속되는 속보를 보니 배가 가라앉으면서 돌이킬 수 없는 상황으로 가고 있었다.

이미 삼풍백화점 붕괴 사고, 대구 지하철 방화 참사 사건, 중국민항기 김해 추락사건 등 수없이 많은 사건을 경험한 우리로서는 문제의 심각성을 느끼기 시작했다. 법의학, 유전자분석, 법안전 등 각 분야별로 만약의 상황에 대비해 긴급하게 움직이기 시작했다. 앞으로 일어날 여러 상황에 대한 긴급 대응 계획을 수립하고 각 분야별 예비 점검에 들어갔다. 준비를 하고 있어야 바로 대응할 수 있기 때문이었다.

사건 현장이 사람의 접근이 어려운 바다였고, 실험실(원주 본원)에서 매우 멀리 떨어져 있어 이러한 특별한 상황에 맞는 대책을 세워야 했다. 검안을 위해서는 현장에 각종 장비를 현장으로 옮겨야 하고, 지방연구소 특성상 대량 재난에 대한 감정을 수행하는데 필요한 체계가 갖춰져 있지 않기 때문에 긴급하게 장비의 운영, 감정 인력의 배치 등에 대한 준비를 해야 한다. 어느 것 하나 쉬운 것이 없었다.

처음에는 생존해 있을 가능성에 무게를 두고 구조가 진행되었기 때문에 희생자의 신원 확인에 대한 계획을 말하기도 어려운 상황이었다. 에어포켓의 가능성이 있어 생존해있을 수 있는 분들이 있을 것이라는 것 때문이었다. 하지만 생존자는 나오지 않았고 희생자 시신만 계속 수습되었다. 점점 우려한 일들이 현실화되고 있었다.

나는 이 사건을 진행성 사고라고 규정하였다. 대구 지하철 사고, 비행기 추락사고 등 대개의 사건이 짧은 시간에 일어나고 다음은 사건 전체를 수습하는 과정을 거쳤지만, 세월호 침몰사고는 매우 드물게도 구조와 희생자의 시신 수습이 동시에 진행되었기 때문이었다.

희생자의 시신이 계속 수습되면서 수습된 시신에 대한 신원 확인이 필요했다. 하지만 왠지 모르게 신원 확인은 해양경찰청의 담당자들에 의해 진행되고 있었다. 신체적 특징, 입은 옷과 부착물 등을 중심으로 확인한 후 가족에게 확인한 후 인도하는 방식이었다. 하지만 사건이 일어난 후 며칠 동안 시신이 계속 물속에 있었기 때문에 신체에 변화가 오게 되어 인지식별에 의한 개인식별은 잘 못 판단할 가능성이 많다. 이러한 예는 이 사건 이전에 몇 건의 사건을 통해서 경험한 바가 있다. 유가족이 자신의 가족이 맞다고 하여 시신을 인도했지만 다른 사람으로 밝혀진 경우 등 다양한 실수를 범하는 경우가 있었다. 따라서 반드시 전문가들이 개인식별의 처음부터 끝까지 담당을 해야만 한다. 그래야 체계적이고 신속하게 신원을 확인할 수 있는 것이다.

신원 확인은 법의, 유전자 분석 등 여러 전문 분야별로 분석을 거친 후 이들의 데이터를 종합하여 최종적으로 판단하게 된다. 국과수에서는 여러 불행한 사건들에 대한 신원 확인 및 사고의 원인을 밝히는데 중심적인 역할을 해왔다. 따라서 그동안 이러한 대량 재난 사고에 대한 원인 규명 및 희생자의 신원 확인에 수많은 노하우와 각 상황별 프로그램을 가지고 있었으며 많은 사건을 성공적으로 처리한 유능한 전문가들이 있다.

현장에는 벌써 연구원의 법의 전문가들이 파견되어 있었다. 하지만 왠지 모르게 전문가들의 참여가 지연되었다. 그런 가운데 해양경찰청 담당자들의 인지식별에 의한 신원 확인은 계속되었고 결국 며칠 되지도 않아 일어나지 말아야 할 일이 일어나고 말았다. 이미 가족에게 인도한 시신 중 일부가 잘못 인도된 것으로 확인되었다. 인지식별에 의한 신원 확인이 얼마나 위험한지를 극명하게 보여주는 결과였다. 따라서 장례를 치르려고 준비를 하던 중 시신을 다시 팽목항으로 운구하였다. 이들에 대해 유전자분석을 실시하여 확인한 결과 다른 사람으로 확인되어 그 가족에게 인도가 되었다. 그렇게 잘못 인도된 시신이 3명씩이나 되었다. 어떤 시신은 잘못 인도된 것이 확인되었음에도 자신의 가족이 맞음을 계속 주장하여 해당 가족의 구강을 재채취하여 다시 실험하기도 했다. 결국 다른 분으로 확인되어 다른 가족에게 인도되었다. 주장하시던 가족이 찾던 시신은 그보다 한참 후에 수습되어 확인 후 그 가족에게 인도되었다.

그때야 전문가들이 참여하는 신원 확인의 필요성이 대두되어 국과수 신원 확인 팀이 개입하게 되었다. 말하기도 창피한 일이다. 신속하게 미리 준비되었던 계획대로 현장과 실험실에 추가로 신원 확인팀이 급파되었다. 또한, 긴급하게 검시를 위한 여러 가지 장비와 대구 지하철 희생자 신원 확인 때 사용했던 냉동 컨테이너도 긴급하게 현장으로 옮겼다.

유전자분석팀은 사건 현장에서 가장 가까운 광주연구소에 유전자분석팀을 꾸리고 24시간 신속 감정 체계를 구축하였다. 희생자의 신원 확인을 가능한 한 빨리 진행하기 위해서였다.

해양경찰에서 채취한 가족들의 시료는 양이 많아서 원주 본원에서 분석을 실시하였다. 하지만 신원 확인 시스템에 맞는 절차를 거쳐 진행되지 않아 많은 애로를 겪었다. 신원 확인 절차의 설명, 가족관계 조사 및 가능한 가족의 시료 채취, 희생자의 생전 신체적 특징 조사 등 먼저 진행되어야 할 사항들이 모두 빠져있었기 때문이었다. 하지만 그런 것을 탓할 시간이 없었다. 그동안 잘못 됐던 사항들을 밤을 새워가며 바로잡아 나갔다.

국과수에서 신원 확인이 진행되고 팽목항 현장, 광주연구소, 본원, 지방연구소 간의 체계적인 시스템이 가동되었다. 본원의 컨트롤 타워에서는 실험실 및 현장 그리고 행정 등 빈틈이 없도록 모든 사항을 꼼꼼하게 지휘하였다. 24시간 모든 주체가 유기적인 관계를 항상 유지하고 서로의 정보를 실시간으로 공유하며 한시라도 빠르게 그리고 완벽하게 희생자의 시원을 확인하기 위해 긴장된 시간을 보냈다.

처음, 유가족분들의 문의가 많았다. 현장에서 유가족분들에게 신원 확인 과정에 대한 설명회가 없었기 때문이다. 최대한 친절하게 설명을 해드리며 신원 확인 과정을 목이 아프도록 설명을 하였다. 하지만 가족분들은 어떤 설명을 해도 신뢰를 하지 않으셨다. 아무런 안내도 없이 진행된 신원 확인 과정을 이해할 수 없었고 여러 사람이 모두 다른 답변을 해서 이미 혼란이 가중되었던 상태였기 때문이었다. 한 번 신뢰를 잃으면 이렇게 무서운 결과를 가져옴을 다시 한 번 느끼게 했다. 처음부터 설명회를 갖고 진행 절차를 상세하게 설명하고 가족분들의 이해를 구했다면 이런 일이 없었을 것이라는 생각에 화가 나기도 했다.

현장에서도 24시간 운영체계를 유지하며 바로바로 검안을 실시하였다. 그리고 유전자분석도 24시간 2교대로 운영하여 채취된 시료가 들어오면 언제든지 분석을 바로 진행할 수 있도록 했다. 이를 위해 본원 및 각 지방연구소에서 인원을 차출하여 광주연구소로 급파하였다. 현장에서 검안을 통해 시료가 채취되면 자동차로 전남 장성에 있는 광주연구소로 이송하였다.

처음에는 팽목항 현장에서 검안을 한 후 시료를 채취하여 자동차로 광주연구소까지 보냈다. 하지만 좀 더 신속한 신원 확인을 위해 광주연구소로 가는 시간 2시간도 단축하려고 헬기로 시료를 공수하기 시작하였다. 헬기로 공수가 가능해지면서 가족에게 인도된 이후 분석 결과가 나오기까지의 시간이 더욱 단축될 수 있었다.

최선을 다해서 빨리 진행했음에도 검안 시간, 이송 시간 등의 절차를 이해할 수 없는 유가족분들이 유전자분석이 늦다는 등의 불만을 표출하였다. 하지만 유전자분석은 도착 후 12시간 이내에 모든 분석을 마치고 있었다. 유례를 찾아볼 수 없는 정도로 빨리 진행되고 있었던 것이다. 이렇게 노력하는 모습에 유가족분들도 점점 이해를 하셨고 우리도 가능한 한 빨리 결과를 통보하기 위해 최선을 다했다.

너무나도 빠른 시간 내에 정신없이 진행되는 신원 확인 단계라 극도의 긴장 상태에서 모든 것이 진행되었다. 단, 하나라도 실수를 하면 국과수에 대한 신뢰마저 깨질 수 있기 때문이었다. 따라서 전 직원이 분석에 투입되어 데이터를 이중 삼중으로 체크하고 아주 세밀한 부분까지 점검하였다. 그렇게 희생자가 계속 확인되고 확정된 희생자 수가 늘어가면서 더욱더 가슴을 아프게 하였다.

세월호 관련 사진

오줌 투척 사건

사건의 발생

경기도 구리시의 OO아파트 10층에 평범한 한 가족이 살고 있었다. 그런데 어느 때부터인지 작은 방 창문 쪽에서 계속 이상한 냄새가 났다. 냄새는 갈수록 심해져서 악취로 변하였다. 처음에는 원인을 몰라 시간이 지나면 냄새가 없어지겠지 하는 마음으로 그냥 지나갔다. 하지만 냄새가 계속되고 심해지자 창문을 유심히 살폈다. 자세히 살피니 창문틀에 이상한 액체가 고여 있었고 일부는 말라서 변색이 되어 있었다. 열심히 청소를 하였지만 냄새가 가시질 않았다. 청소 업체를 시켜 새시의 내부까지 청소를 겨우 마쳤다. 하지만 그것이 끝이 아니었다. 며칠 지나서 예전과 같은 냄새는 다시 나기 시작했다. 다시 창문을 살폈더니 깨끗이 청소된 곳에 다시 마른 액체 자국이 남아 있었고 비닐봉지가 새시 틈에 걸려 있었다. 다시 오물이 새시의 홈 부분 등으로 스며든 것 같았고 부패가 진행되어 악취가 났다. 가족들은 누군가 그곳에 계획적으로 오물을 던지는 것으로 생각하였다. 이제는 참을 수 없다는 생각에 바로 경찰에 신고를 하였다.

"과연 누가 왜 그 집에 오물을 투척한 것일까?"

사건 수사

신고를 받고 현장에 출동한 경찰이 창문을 살폈다. 창문은 오염

물질로 얼룩이 져 있었고 창문틀에도 마른 얼룩이 있었으며 일부는 액체 상태로 고여 있었다. 청소가 끝난 후에도 다시 수차례 투척이 되고 마르고 한 것으로 보였다.

주변에 대한 조사 결과 바로 뒷동의 아파트는 피해자의 동과 멀리 떨어져 있어 오물을 담아 창문을 향해 던질 수 없었다. 결국 오물을 투척한 사람은 같은 동의 위층에 사는 사람 누군가 던진 것으로 판단되었다. 아니면 누군가 옥상으로 올라가 일부러 그곳으로 던졌다는 것이다. 15층의 아파트이니 충분히 가능성도 있어보였다.

같은 아파트에 사는 사람 중 누군가 계획적으로 저지른 것으로 판단하고 던진 오물이 누구의 것인지를 확인하기 위해 현장에 있는 오염 물질을 채취하였다. 먼저 창틀에 걸려 있던 봉지를 조심스럽게 수거하였다. 그 속에는 약간의 액체가 담겨있었다.

피해자 가족들에 대한 면담도 이루어졌다. 가족들의 말에 의하면 특별하게 주변 사람들과 원한을 가진 사람들이 없었던 것으로 보였다. 하지만 의심이 가는 사람으로 최근에 갈등을 빚고 있었던 바로 위층에 사는 사람을 지목했다. 위층 집에는 어머니와 3명의 딸이 살고 있었.

현장에서 채취한 소변 증거물과 동일성 여부를 확인하기 위해 어머니와 딸의 구강채취를 요구했으나 모두 거부당했다. 자신들은 전혀 이 사건과는 관련이 없다고 딱 잡아떼었다. 오랜 시간 설득 끝에 겨우 어머니의 구강을 채취할 수 있었다.

유전자분석을 위한 증거물 채취

창문과 창문틀에서 채취한 증거물과 어머니의 구강을 채취한 면봉이 의뢰되었다.

해괴한 사건을 접한 우리들은 참 세상에 별난 사건도 다 있구나 하면서 채취한 증거물을 살폈다. 소변의 경우는 유전자 분석의 성공률이 낮다. 특히 부패된 경우는 더욱더 그러하다. 이 경우 면봉으로 채취되었고 매우 소량이어서 성공의 확률이 낮아 보였다.

하지만 모든 사건의 모든 감정물에 최선을 다하는 것이 감정인의 소명이다.

먼저 이물질이 소변인지를 확인하기 위해 소변 검출 시험을 실시하였다. 시험 결과 소변 반응 양성으로 나타났다. 예상한 대로 이물질은 소변으로 판단되었다. 누군가 소변을 봉지에 담아 투척한 것이었다.

유전자분석을 위해 면봉으로 창틀의 액체를 채취하였다. 여러 개의 면봉으로 채취하여 의뢰되었는데 유전자 분석의 성공률을 높이기 위해 가능한 많은 양을 한꺼번에 실험에 사용하였다. 비닐 봉투에 남아있던 아주 적은 양의 액체는 조심해서 덜어내었고 그 속에 있는 이물질을 제거하였으며 섞여 있는 세포만을 채취하기 위하여 필터를 사용하여 걸렀다. 필터에는 소변에 있는 세포가 걸러지게 된다. 아주 적은 양이기 때문에 세포가 묻어있는 필터를 그대로 실험에 사용하였다.

유전자분석 결과

유전자분석 결과 비닐봉지의 소변에서는 여성 한 명의 유전자형이 검출되었으며 창문과 창문틀에서 채취한 증거물에서는 두 명 이상의 여성 유전자형이 혼합되어 검출되었다. 창문 및 창틀 소변에서 검출된 혼합된 유전자형에는 비닐봉지 액체에서 검출된 유전자형이 포함되어 있었다. 비닐 봉투의 소변과 다른 소변이 같이 섞여 있다는 뜻이다.

"이웃집 사람의 유전자형과 일치할까?"

궁금해하며 동일성 여부를 살폈다.

미리 채취한 어머니의 유전자형과 비교한 결과 놀라지 않을 수 없었다. 봉지에서 채취한 소변의 유전자형이 이웃집 어머니의 유전자형과 정확하게 일치한 것이었다. 즉, 어머니가 소변을 본 후 봉지에 담아 던진 것이었다.

그러면 또 한 명의 유전자형은 누구의 것일까?

혼합반에 섞여 있는 나머지 유전자형의 주인공을 가리기 위해 딸 세 명의 구강채취물도 같이 채취되어 의뢰되었다. 분석 결과 창문과 창틀에서 검출된 유전자형에는 어머니 이외에 세 딸 중 한 명의 유전자형이 포함되어 있었다. 어머니와 딸이 합작을 하여 창문에 던진 것이었다.

그들은 결국 재물손괴죄로 입건되어 재판을 받았다.

갈등의 시작은?

갈등의 시작은 층간 소음에서 비롯되었다.

어느 날부터 위층에서 매우 시끄러운 소리가 들렸다. 참을 수 없는 소음에 위층을 찾아가 문을 여는 순간 깜짝 놀라지 않을 수 없었다. 그들은 그곳에서 운동 기구를 설치하고 운동을 하고 있었던 것이었다. 소리에 예민한 피해자가 자제해 줄 것을 요구했지만 오히려 위층 사람은 소리를 지르며 조용히 운동을 하는데 왜 시비냐고 소리를 질렀다. 그리고 그러한 것은 멈추지 않고 계속되었다. 다시 찾아가 도저히 못 살겠다며 조용히 해 줄 것을 요구하였지만 돌아온 것은 욕설과 면박뿐이었다. 집으로 찾아가 초인종을 눌렀지만, 나중에는 문도 열어주지 않았다. 피해자는 계속 초인종을 누르며 기다렸다. 하지만 그들은 끝내 문을 열어주지 않았고 화가 난 피해자도 계속 그곳에서 초인종을 눌러댔다. 그렇게 실랑이는 계속되었고 감정의 골은 계속 깊어만 갔다. 결국 피해자가 고소를 하였고 위층 사람도 맞고소하여 재판이 진행되고 있었던 상황이었다.

상황은 호전되지 않았고 법정 다툼이 계속되었으며 해결의 실마리는 보이지 않고 서로 앙금만 쌓아가고 있었다. 그러던 중 결국은 소변을 투척하는 일까지로 번졌던 것이었다.

법정에서 벌어진 일

감정 결과와 관련하여 의정부지방법원에서 증인출석 요구서가 왔다. 이 사건과 관련하여 증언을 해달라는 요청이었다.

소변을 투척한 사람으로 보이는 사람은 불구속 피고인으로 피고인석에 앉아있었고 피해자라고 하는 사람은 참고인으로 법정에 앉아있었다. 재판이 시작되기도 전에 이들은 서로의 눈을 흘기며 실랑이를 벌였다. 법정으로 들어서자 서로 삿대질을 하며 욕설을 하기 시작했다. 한번 달아오른 감정싸움은 재판 내내 계속되었다. 급기야 쌍욕을 해가며 법정 안의 분위기를 험악하게 만들어가고 있었다.

법정에서는 과연 소변에서 유전자분석이 가능한가와 소변에서 검출된 유전자와 피의자들의 유전자형이 확실하게 일치하는가를 확인하는 것이었다. 물론 감정 결과는 한 치의 오차도 없었으며 일치할 확률에 대해 확실함을 재차 확인해주었다.

이웃 간의 갈등이 비정상적으로 진행된 사건이었다. 한 발짝 물러서서 서로 이해를 했다면 얼마나 좋았을까! 층간 소음 문제로 많은 가정이 고통을 겪고 갈등을 빚고 있는 것 같다. 정부가 구체적인 기준까지 세우며 법적으로 해결하려고 노력을 하고 있지만 근본적으로 서로를 이해하고 배려하는 마음이 매우 아쉽다.

소변으로 범인을 확인할 수 있다고

소변 확인실험

소변 확인실험은 요로 상피세포의 관찰과 요소, 요산을 검사하는 화학적 검사 방법이 있다. 요로 상피세포의 관찰은 의심되는 액체를 원심침전하여 침전된 세포를 현미경으로 관찰하여 판단한다. 요소, 요산의 검사는 소변에 있는 요소 결정체를 검출하는 시험으로 알코올로 추출한 후 초산을 가하여 요소 결정체가 형성되는지를 관찰한다. 또한 사람의 소변인지를 확인하기 위하여 항사람 소변 단백 혈청으로 면역겔확산법을 실시하여 확인한다.

소변에서 유전자분석

소변에는 요로 상피세포가 소량 같이 떨어져 나오기 때문에 이를 농축하여 실험을 하면 유전자형을 검출할 수 있다. 범죄 현장에서 수거되는 소변은 다양한데 소변이 액체이기 때문에 잘 보존되어 있지 않은 경우가 대부분으로 소변인지조차 알 수 없는 경우가 많다. 병, 비닐봉지 등에 담겨져 있는 경우도 있으며 심지어는 종이에 묻은 소변을 의뢰하는 경우도 있다. 땅에 스며든 소변, 종이에 묻은 소변 등 극히 적거나 오염된 경우는 유전자형이 검출되지 않을 확률이 높다.

소변 증거물 채취

소변은 액체로 대개는 흘러버리기 때문에 채취하기가 어렵다. 병이나 용기에 담겨져 있는 경우 다른 물질이 오염되지 않도록 조심해서 소변을 채취한다. 현장의 벽 등 물체에 묻은 경우 다른 물질이 오염되지 않도록 닦아낸다.

제주도 어린이 성폭행 사건

사건 발생

2013년 여름 새벽에 제주도 도심지에 있는 주택에 침입하여 자고 있던 11살짜리 초등학생을 성폭행하고 달아난 사건이 발생했다. 이 사건으로 어린이는 음부가 찢어지는 심각한 상처를 입었으며 하혈까지 하였다.

제주특별자치도 경찰청에서는 이 사건을 어린이를 상대로 한 매우 악질적인 사건으로 규정하고 제주경찰청장이 직접 나서 수사를 지휘하였으며 제주도경찰청 산하 경찰서의 수사관 대부분을 동원하여 범인을 잡는데 총력을 기울였다.

수사 초기에 피해자의 부모는 어린이가 받은 충격과 수사가 진행되면서 뜻하지 않게 받을 여러 가지 상처를 고려하여 비공개로 진행해줄 것을 요구하였다. 따라서 처음 며칠은 철저하게 비공개로 수사가 진행되었다.

사건 현장 감식

사건의 중대성으로 범죄가 일어난 현장에 대한 철저하고도 정밀한 감식이 진행되었다. 범죄가 일어난 침대 및 방 내부에 범인이 흘리고 갔을 것으로 추정되는 음모, 모발 등에 대한 채취가 진행되었고 범인의 정액을 검출하기 위해 피해자가 입고 있었던 팬티, 러닝 셔츠, 바지 등과 피해자의 몸을 닦은 물티슈와 질 내용물을 채취한 면봉 그리고 침대 패드 조각 등이 채취되었다.

사건 현장 감식 결과 채취된 중요한 증거물들은 다음과 같았다.

의뢰 증거물

1) 피해자가 입고 있던 의류(팬티, 러닝 셔츠, 바지 등).
2) 피해자의 음부와 엉덩이를 닦은 물티슈.
3) 피해자의 음부와 엉덩이를 닦은 물티슈에서 채취한 음모 9점.
4) 피해자 질 내용물, 손톱.

이 중에서 어떠한 증거물이 사건을 해결하는데 결정적인 역할을 하였을까?

현장 증거물 유전자분석 결과

증거물들은 제주도의 사건을 신속하게 처리하기 위해 2014년에 만들어진 제주 DNA 스마트랩으로 의뢰되었다. 이 증거물들은 긴급사건으로 분류되어 하루 만에 감정을 마무리할 수 있었다.

유일한 증거

불행하게도 분석 결과는 현장에서 채취된 대부분의 증거물에서 피해자 및 피해자 가족의 유전자형으로 확인하는 선에서 만족해야 했다.

범인의 정액이 있을 것으로 생각되었던 피해자가 입고 있던 의류와 피해자 몸을 닦은 물티슈, 질 내용물 등에서는 정액이 검출되지 않았다.

 마지막으로 피해자의 음부와 엉덩이를 닦은 물티슈에서 채취한 음모 9점이 있었다. 범인의 음모가 섞여 있을 가능성이 있었기 때문에 9개의 음모를 하나하나 모두 분석하였다. 어떤 것이 범인의 것일지 모르는 일이기 때문이었다.

 음모 9점에 대한 분석 결과가 나왔다. 여러 명의 유전자형이 검출되어 어느 것이 범인의 것인지를 알 수가 없었다. 따라서 가족 및 집을 드나들었던 사람들에 대한 유전자분석을 하여 일치하는 것을 배제해나가야 한다. 이들에 대한 유전자분석을 하여 모두 배제하였고 오로지 하나의 음모 유전자형만 남았다. 이것은 누구의 음모일까? 범인?

 하지만, 유전자형이 나왔다고 범인을 잡은 것은 아니다. 이 유전자형과 비교할 대상자가 있어야 한다. 즉, 용의자가 있어야 이들과 비교를 하고 일치한다면 범인임을 확인해야 한다.

의뢰되는 용의자들

 범인을 잡기 위한 노력은 안타까울 정도였다. 제주도 내의 모든 수사 경찰들이 수사에 나서 의심이 가는 용의자들의 구강을 채취하기 시작했다. 한데 채취 대상자가 1,200명이 된다고 하여 놀라지 않을 수 없었다. 범인을 특정할 수 있는 수사 결과가 없었기 때문에 채취 대상자를 넓게 잡을 수밖에 없었던 것이다. 수사를 하시는 분들의 고충은 알겠지만, 그 많은 사람들을 용의자로 지목한다는 것은 너무 수사 편의적인 생각은 아닌가 하는 생각이 들었다.

하지만 사건을 해결을 위해서는 분석에 최선을 다할 수밖에 없었다. 하루 수십 명에서 백 명이 넘게 의뢰되는 용의자들에 대한 분석을 실시하였다. 하지만 신속 감정을 위해 설치한 제주 DNA 스마트랩 직원 2명으로는 이를 감당하기에 불가능하였고, 장비도 한 번에 처리할 수 있는 개수가 정해져 있기 때문에 24시간 풀가동하여도 신속하게 처리할 수 없었다. 따라서 혐의점이 많은 용의자들은 급하게 제주도에서 처리하고 나머지 용의자들에 대해서는 본원으로 긴급 이송하여 신속하게 처리하기로 방침을 정하여 처리하였다.

제주 DNA 스마트랩

제주 DNA 스마트랩은 제주도에서 일어나는 사건에 대해 유전자분석을 신속하게 처리하기 위해 2014년 설치되었다. 근무하는 직원은 2명으로 제주도에서 일어나는 모든 강력 사건의 DNA 분석을 담당하고 있다. 스마트랩이 설치되기 전까지는 사건의 감정물을 우편 또는 수사관이 직접 의뢰해야 했다. 따라서 매우 불편했고 중요한 감정물이 부패하거나 변질되는 경우도 있었다. 스마트랩이 설치된 후 제주도에서 일어나는 사건과 관련한 증거물들을 신속하게 감정하여 많은 사건들을 해결하는데 결정적인 역할을 하고 있다.

범인의 검거

적극적이고 대대적인 수사로 쉽게 해결될 것으로 보였던 사건은 며칠이 지나도 뚜렷한 성과를 거두지 못하고 있었다. 수사는

더 이상 진척되지 않았고

　확실한 증거는 오로지 현장에서 발견된 음모에서 검출된 남성의 유전자형 하나밖에 없었다.

　제주경찰들은 오로지 이 하나만을 믿고 수없이 많은 용의자들을 채취하여 연구원으로 의뢰하였다. 그렇게 용의자들이 하루도 빠짐없이 의뢰되었고 연구원은 휴일도 없이 몇 명의 직원이 이 사건에 매달려 긴급으로 감정을 진행하였다. 하지만 거의 10일이 넘어가는데도 용의자 중에 일치하는 사람이 하나도 없었다. 이러다가 일치하는 사람이 하나도 없는 것은 아닌가 하는 회의감이 들었고 감정인들도 지쳐가기 시작했다.

　용의자 중 수백 명은 서울(본원)로 감정물을 이송하여 긴급으로 감정을 이어갔다. 그렇게 또 며칠이 지나던 중 수백 명의 용의자 중 한 명이 현장에서 수거되었던 음모에서 검출된 유전자형과 일치하는 결과가 나왔다. 너무나 뜻밖의 결과였다. 아무런 의심도 하지 않았던 사람 중에서 일치하는 결과가 나왔으니 말이다. 몇 번씩 확인을 한 후 일치 사실을 바로 제주경찰서 담당자에게 연락하였다. 수사관들이 긴급 출동하여 범인을 검거하였고 범인은 순순히 자신의 범행을 자백하였다. 이번에도 음모 한 점이 사건을 해결하는데 결정적인 역할을 한 것이었다.

　범인은 피해자 집에서 불과 50미터 떨어진 곳에서 살고 있던 이웃 주민이어서 더 큰 충격을 주었다. 더구나 범인은 자신의 정액을 남기지 않기 위해서 콘돔을 사용하였던 것으로 드러났다. 술에 취해서 아무것도 기억이 안 난다고 했던 진술과는 달리 치밀하게 범죄를 계획하였고 자신의 범죄를 은폐하기 위해 콘돔까지 사용하였던 것이었다.

이번 사건은 많은 아쉬움이 남는 사건이었다. 물론 철저한 현장 감식으로 음모 한 점에서 용의자의 유전자형을 검출하는데 성공하였고 수많은 수사 인력을 동원하여 강력 사건을 성공적으로 마무리할 수 있었기는 하지만 한편으로는 수사를 통하여 용의자를 최소화하려는 노력도 했어야 했다. 또한, 사건 수사 초기에 주변에 대한 철저한 조사가 이루어졌다면 보다 빨리 사건을 마무리할 수 있었지 않았을까 하는 생각이 들었다.

어린이 대상 범죄

예전에 잘 알고 있었던 FBI 한국 지국장과 식사를 하며 한국과 미국의 성범죄에 관한 얘기를 나누었다. 한국의 경우는 성범죄에 대하여 매우 관대하고 형량 또한 너무 낮다고 하였다. 미국의 경우 성범죄에 대해 매우 엄격하고 특히 어린이를 상대로 한 성범죄는 대부분 20년 이상의 징역형에 처한다고 했다. 우리나라의 경우는 이런 성범죄자들이 이런저런 이유로 몇 년만 살고 나오거나 피해자가 등과 합의를 했다는 이유로 용서가 되는 경우가 많다. 사회적 범죄가 어떻게 관용의 대상이 될 수 있는지 안타깝다. 우리나라도 성범죄 특히 어린이 대상의 성범죄에 대해서는 형량을 높이고 매우 엄격하게 처벌했으면 한다.

절도 사건의 범인, 알아보니 당시에는 수감 중이었다고 하는데

사건 발생

서울 강서구 OO빌라 1층 내에서 피해자가 잠든 사이에 범인은 미리 소지하고 있던 만능 열쇠 꾸러미를 이용하여 출입문을 열고 침입하였다. 당시 피해자는 집안에 잠을 자고 있었다. 출입문이 열리는 소리에 잠을 깼지만, 그는 너무 무서워 벌벌 떨며 숨을 쉴 수조차 없었지만 자는 척하며 미동도 하지 않았다. 범인은 여기저기 조심스럽게 뒤지더니 무엇인가 호주머니에 넣고 들어온 문으로 달아났다. 범인이 나간 것을 확인하고 바로 경찰에 신고를 하였다.

신고를 받은 경찰이 즉시 현장에 도착하였고 범행 장소 주변에서 달아나는 범인을 검거하려고 노력했지만 이미 범인은 주변에서 멀리 도망한 상태로 검거하는데 실패하였다.

범인의 검거

경찰의 조사 결과 범인은 현금 약 30여만 원과 귀금속을 훔쳐 달아난 것으로 밝혀졌다. 범인은 침입하자마자 정확하게 돈이 들어 있던 서랍만을 뒤진 뒤 그곳에 있던 현금과 귀금속만 훔쳐 달아났다. 범행을 하는데 단 일이 분의 시간도 걸리지 않았다. 이로 보아 집안의 사정을 잘 아는 사람의 소행으로 보였다.

범행 현장에 대한 감식을 실시하였지만 워낙 순식간에 일어난 일이라 범인을 단정할 만한 증거를 찾는데 실패하였다. 피해자 집 인근의 골목으로 가는 곳에 설치된 CCTV 영상을 확인한 결과 같은 시간대에 범인으로 추정되는 사람의 모습이 찍혔지만 안타깝게도 너무 흐려서 범인을 확인할 수 없었다. 하지만 윤곽으로 보아서는 30 정도로 보이는 남성인 것으로 보였다.

조기에 범인의 검거에 실패하자 수사의 범위를 넓혀 인근의 귀금속상을 중심으로 범인의 인상착의를 보여주며 신고해 줄 것을 부탁하였다. 하루가 채 지나가기도 전에 한 귀금속상에서 긴급 호출이 왔다. 경찰이 신속하게 출동하였으며, 그동안 귀금속상 주인은 시간을 끌며 용의자를 잡아 놓고 있었다. 경찰이 출동하여 용의자를 검거할 수 있었다. 팔려던 귀금속을 피해자에게 확인한 결과 절도 당한 것과 같은 것으로 확인되었다.

범인은 이웃집에 사는 사람이었다. 그는 범행 장소를 물색하기 위해 평소 그 집을 유심히 살펴본 것으로 드러났다. 집의 잠금장치가 허술한 것을 확인하고 그 집을 털기로 마음먹은 것으로 드러났다. 그는 마스터키를 사용하여 쉽게 문을 열 수 있었다고 했다. 피해자가 집에서 나간 것으로 확인을 하고 들어갔으나 사람이 있어 그냥 나오려다 인기척이 없어 절도를 했다고 진술했다.

다른 범죄의 검색 결과

용의자가 또 다른 범죄를 저질렀는지를 확인하기 위해 그의 구강을 채취하여 연구원에 의뢰하였다. 이를 분석하여 미해결 사건

DB에서 검색한 결과 이 사건의 범인은 2006년 12월, 2007년 1월 그리고 2009년 3월 각각 강간 및 성폭력 사건을 더 저지른 것으로 검색되었다. 절도사건 용의자인데 이전에는 계속 성범죄를 했다는 것이 좀 의아해했지만 유전자형이 정확하게 일치하였기 때문에 일치 결과를 통보하였다.

하지만 범인은 당시 수감 중이었다는데

검색 결과를 통보한 후 며칠이 지나서 해당 경찰서 관계자한테 전화가 왔다. 범인이 자신은 그러한 범죄를 저지른 적이 전혀 없다고 진술했다고 했다. 더구나 유전자형이 일치했던 2006년 12월, 2007년 1월에는 자신이 교도소에 수감 중이었다는 것이었다. 실제로 기록을 살펴본 바 그 당시 그는 교도소에 수감 중인 것으로 확인되었다.

"이게 어떻게 된 것인가?"

"수감 중이던 사람이 밖에 나가 범행을 저질렀다!"

수감 중이었던 사람이 밖에 나가 범행을 한다는 것은 불가능한 일이 아닌가.

"그럼, 실험을 하다가 혹시 실수를 한 것은 아닐까?"

이를 확인하기 위해 당시 같이 실험을 했던 용의자들을 일일이 확인하였다. 모두 이상이 없었고 실험과정도 다시 확인한 결과 오류가 전혀 없었다.

"어떻게 된 것일까?"

다시 담당자에게 전화를 하여 자초지종을 물었다.

그 때서야 담당자가 쌍둥이 형제가 있다는 것을 얘기했다. 다른 쌍둥이 형제가 저지른 범죄였다면 그러한 결과가 나올 수 있는 것이다. 일란성 쌍둥이는 유전자형이 정확하게 같기 때문이다. 확인한 결과 두 사건은 이번에 검거된 사람이 아니라 다른 쌍둥이 형제가 한 것이었고 나머지 한 건은 이번의 범인이 저지른 것으로 드러났다. 사실을 확인하고 가슴을 쓸어내렸지만, 세상에 이런 일도 있구나 하는 생각이 들었다.

이 사건을 겪으면서 "범죄는 유전적일까?"라는 생각을 다시 한 번 하게 되었다. 이 글을 읽는 독자 여러분들은 어떻게 생각하시는지요?

이와 관련하여 범죄를 저지르는 원인으로 유전적인 인자를 가지고 태어난다는 선천적 요인설과 태어난 후 환경적인 영향을 받는다는 후천적 요인설이 있다. 이탈리아의 형법학자 베카리아(C. Beecaria)는 범죄를 저지르는 것은 개인의 의지에 달려 있다고 하여 환경적 요인설을 주장했고, 이탈리아의 법의학자 체사레 롬브로소(Cesare Lomboroso)는 1876년에 발간한 〈범죄인론〉에서 범죄를 저지르는 사람은 태어날 때부터 그 인자를 가지고 태어난다고 하여 유전적 요인설을 주장하였다. 최근에는 범죄를 일으키는 유전자가 있다고 믿어 이를 증명하는 연구가 많이 진행되고 있다.

하지만 범죄가 일어나는 것은 어느 한 가지 원인에 의한 것 같지는 않다. 결론적으로 범죄는 범행을 한 개인에게 그 책임이 귀착되지만 우리가 살고 있는 사회의 책임도 일부 있다고 생각한다.

 범죄가 없는 세상은 없는 것 같다. 사람이 살고 있는 우리 사회는 다양한 갈증과 탐욕이 존재하기 때문에 수없이 많은 다양한 범죄가 일어나는 것이다. 우리 사회가 가지고 있는 이러한 원초적인 아픔들은 우리 모두가 이해하고 사랑하는 마음으로 보듬어 준다면 어느 정도 치유할 수 있을 것으로 생각된다.

 물론 범죄는 범죄를 저지르는 사람의 책임이 되겠지만 우리 모두가 좀 더 그 부분을 밝고 넓게 조명해볼 필요가 있다. 이제 우리 모두는 사회의 책임을 지고 있는 한 사람으로서 이러한 아픔을 치유하려는 노력을 같이했으면 한다.

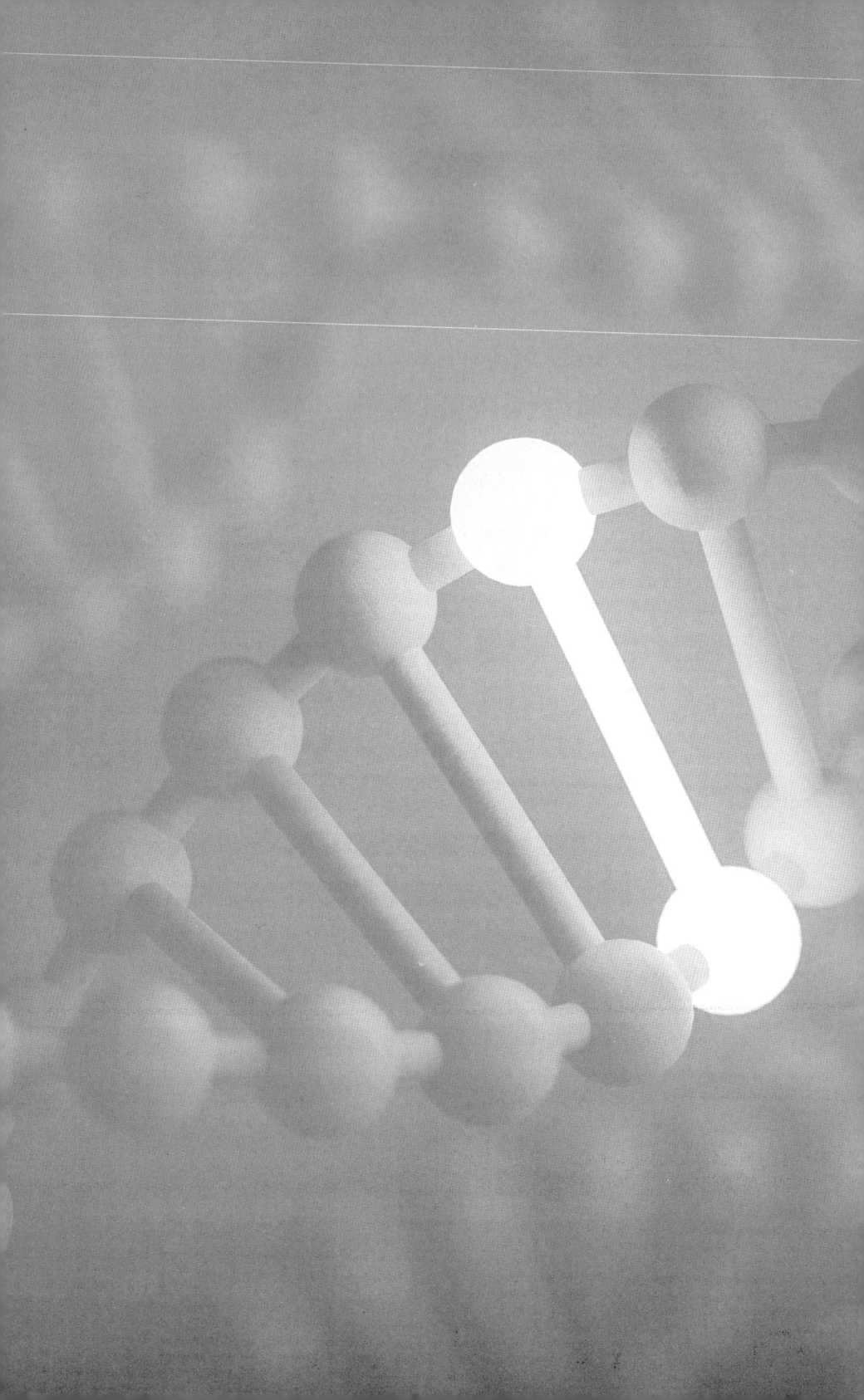

CHAPTER 4

유죄의 조건

사건 발생

함안의 한적한 농촌 마을, 몇 채의 집들이 오손도손 모여 사는 전형적인 시골 마을에서 살인 사건이 발생했다.

이른 아침에 피해자의 이웃에 살고 있던 주민 4명이 평소와 같이 그의 집을 방문하였다. 그들은 피해자의 이름을 부르며 집으로 들어섰다. 하지만 집 안에서는 아무런 인기척이 없었다. 이상하게 여기며 집안을 둘러보던 중 집의 내부에 있는 방앗간에서 주인이 피를 흘리고 누워 있는 것을 발견하였다. 그들은 이를 발견하고 너무 놀라 119에 황급히 신고를 하였다.

구급대원 두 명이 현장에 급하게 도착하였으나 이미 피해자는 피를 많이 흘리고 숨을 거둔 후였다. 머리에 둔기로 맞은 듯한 심한 상처가 있었으며 이로 인한 과다 출혈로 숨진 것으로 보였다. 사건은 여러 가지 정황으로 보아 주민들이 발견하기 한참 전에 일어난 것으로 보였다.

사건 현장 감식

신고를 받은 경찰이 급히 현장으로 달려갔다.

피해자는 얼굴을 바닥으로 향한 채 많은 피를 흘리고 숨져 있었다. 머리 주변에서는 충격으로 인해 형성된 충격비산혈흔이 관찰되었다.

그리고 범행 현장 주변에서 범행에 사용된 것으로 보이는 망치와 콘크리트 벽돌이 발견되었다. 망치는 약 35cm 크기로 철제 손잡이에 머리는 양쪽 모두 편평하였다.

수사를 하던 중 유력한 용의자로 같은 마을에 살고 있는 30대 남성을 붙잡았다. 그는 경찰이 도착하기 전에 피해자가 있던 현장에 있었으며 그곳을 배회한 것으로 보였다.

사건 수사

유력한 용의자인 김OO 씨에 대한 조사가 진행되었다. 용의자가 당시 입고 있었던 옷과 신발 등이 수거되어 부산국립과학수사연구소에 의뢰되었다. 의뢰된 옷과 신발을 육안으로 보아도 매우 깨끗해 보였다. 육안 관찰 결과 혈흔이 관찰되지 않았다. 따라서 이들 모두에 대해 매우 적은 양의 혈흔도 검출할 수 있는 루미놀 시험을 실시하였다. 하지만 루미놀 검사에서도 옷에서는 전혀 혈흔이 검출되지 않았다.

마지막으로 신발에 대해 루미놀 시험을 하였다. 신발에서는 오로지 한 점의 작은 혈흔 방울이 검출되었다. 왼쪽 신발 안쪽 면의 겉감에서 지름 약 4mm 정도의 원형 혈흔이 검출된 것이었다. 이 혈흔은 신발의 안감에서도 원형으로 발견되었다. 매우 적은 양이라서 조심스럽게 유전자분석을 실시하였다. 분석 데이터를 피해자의 유전자형과 비교한 결과 피해자와 일치하였다.

이러한 결과는 용의자가 분명히 사건 현장에 있었음을 증명하는 것이었고 더구나 혈흔의 형태는 혈액이 직각으로 신발에 충돌

했다는 것을 의미하는 것으로 범죄를 증명하는 매우 중요한 증거가 될 수 있는 것이었다. 거의 완벽한 증거가 될 수 있을 것으로 생각되었다.

하지만 용의자는 현장에서 시신에 접근하여 부직포를 들쳐보는 과정에서 묻었다고 설명하였다 한다. 들춰보는 과정에서 신발에 그러한 작은 방울이 직각으로 튈 수 있을까?

결정적일 수도 있는 이 혈흔은 어떻게 범인의 신발에 묻은 것일까? 범인이 진술했듯이 시신을 덮어 놓았던 부직포를 들추면서 생성될 수도 있는 혈흔의 형태일까? 아니면 범행 당시 형성된 것일까? 이 신발에 묻은 한 점의 혈흔이 범행을 증명하는 결정적인 증거로 인정될 수 있을까?

신발 혈흔의 증명을 위한 노력

2011년 8월 OO지법 대법정에서 첫 번째 재판이 있었다. 국민참여재판으로 진행되었으며 국민배심원 11명과 판검사, 변호인, 피고인이 모두 참여하였다.

이 재판에서의 쟁점 사항들은 다음과 같았다.

첫 번째 쟁점은 과연 "용의자가 범죄 현장에 있었는가?"이다. 주민의 진술이 있었고 검찰과 변호인 간의 공방이 있었다.

두 번째는 "혈흔형태"에 관한 쟁점 사항들이었다.
"현장에 피가 많았는데 용의자 신발에는 왜 혈흔이 한 방울밖에 없었는가?" "이 사건과 같은 사건 현장에서 이러한 혈흔 형태가 만들어질 수 있을까?"이었다.

　이를 입증하기 위하여 많은 증명 실험이 계속되었다. 즉, 비산된 혈흔 중 일부가 튀어 신발에 소량이 묻을 수 있음을 증명하기 위한 것이었다. 수차례의 실험 결과 이러한 혈흔은 충격비산혈흔(혈흔이 있는 곳에 물체를 이용하여 가격했을 경우 비산되는 혈흔), 낙하혈흔(중력에 의해 낙하된 혈흔), 호기혈흔(호흡에 의해 뿜어진 혈흔) 등에 의해 만들어 질 수 있으나 이 사건의 경우 신발에 묻은 혈흔이 충격에 의해 만들어진 것임을 증명할 수 있었다. 즉, 범행 도구를 사용하여 머리를 가격한 경우에도 이러한 형태의 혈흔이 만들어질 수 있음을 실험을 통하여 확인한 것이었다.

　세 번째는 "혈흔이 신발의 안감에서 형성될 수 있는지?"였다.
　이를 입증하기 위한 실험도 함께 진행되었다. 실험 결과 혈흔이 튀어 신발의 안감까지 스며들 수 있음을 입증할 수 있었다.

　네 번째는 "혈흔이 언제 묻었는가?" 이다.
　이는 범행과의 관련성을 입증하기 위해 중요한 사항이었으나 과학적으로 증명할 수는 없는 사항이었다. 즉, 혈흔이 범행 당시에 묻은 것인지 아침(범행이 일어나고 난 후)에 묻은 것인지를 확인할 수 있는 과학적인 방법은 없기 때문이다.
　혈흔형태분석 전문가들은 그가 범인임을 확신하고 그 혈흔 한 점이 범행 때 만들어질 수 있음을 증명하기 위해 여러 가지 실험을 계속하였으며 충분히 만들어질 수 있음을 증명하였다. 하지만 이러한 노력에도 불구하고 판결은 무죄 쪽으로 기울었다.

유죄의 조건

유죄를 증명하려는 혈흔형태학자 및 경찰들의 노력과 무죄를 주장하는 변호사 사이에 수 없는 공방이 오갔다. 일부는 유죄 쪽으로 인정이 되었고 일부는 인정되지 않았다.

용의자가 현장에 있었는가 여부에 대해서 주민들의 진술에 토대로 용의자는 사건 발생 다음 날 현장에 접근하지 않았음이 인정되었다.

그리고 신발 혈흔에 대해서는 혈흔 건조 및 신발의 형태로 보아 신발에 묻은 혈흔은 사건 당시 부착된 "충격비산혈흔"으로 인정되어 범인으로 상당히 의심된다고 하였다.

하지만, 신발의 혈흔이 그래도 언제 묻었는지 모른다. 즉, 과학적으로 완벽하게 이를 증명할 수 없었기 때문이다. 용의자가 같은 마을 주민으로 사건이 일어난 집에 자주 출입했기 때문에 이 사건과 관련이 없는 과거에 피해자의 주거지에 들어와 생겼을 수도 있으며, 원한 관계 등 뚜렷한 살해의 동기가 없다고 했다.

이런 이유로 배심원 9명 전원이 무죄 의견을 권고하여 결국 무죄가 선고되었다.

"열 명의 범인을 놓쳐도 한 사람의 무고한 범죄자를 만들면 안된다."

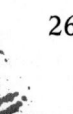

이러한 중요한 명제를 놓고, "과연 이 사건에도 적용할 수 있는 것인지?"

"법에서 요구하는 유죄의 충족 조건은 어떤 것인지?"에 대한 생각을 해 본다.

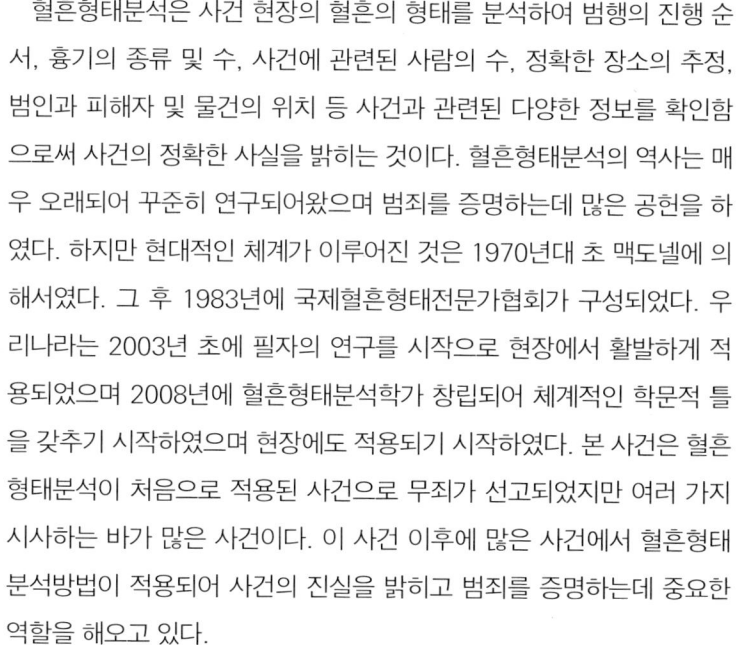

혈흔형태분석

혈흔형태분석은 사건 현장의 혈흔의 형태를 분석하여 범행의 진행 순서, 흉기의 종류 및 수, 사건에 관련된 사람의 수, 정확한 장소의 추정, 범인과 피해자 및 물건의 위치 등 사건과 관련된 다양한 정보를 확인함으로써 사건의 정확한 사실을 밝히는 것이다. 혈흔형태분석의 역사는 매우 오래되어 꾸준히 연구되어왔으며 범죄를 증명하는데 많은 공헌을 하였다. 하지만 현대적인 체계가 이루어진 것은 1970년대 초 맥도넬에 의해서였다. 그 후 1983년에 국제혈흔형태전문가협회가 구성되었다. 우리나라는 2003년 초에 필자의 연구를 시작으로 현장에서 활발하게 적용되었으며 2008년에 혈흔형태분석학가 창립되어 체계적인 학문적 틀을 갖추기 시작하였으며 현장에도 적용되기 시작하였다. 본 사건은 혈흔형태분석이 처음으로 적용된 사건으로 무죄가 선고되었지만 여러 가지 시사하는 바가 많은 사건이다. 이 사건 이후에 많은 사건에서 혈흔형태분석방법이 적용되어 사건의 진실을 밝히고 범죄를 증명하는데 중요한 역할을 해오고 있다.

〈혈흔형태의 예〉

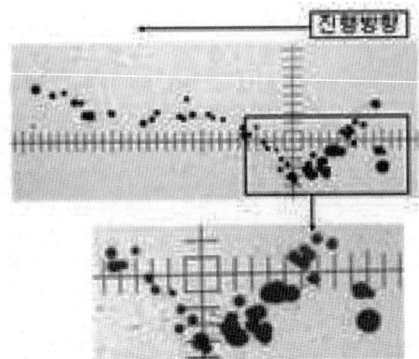

블라우스에 있는 입술 모양은 누구의 것일까?

사건 발생

서울 성동구 한 빌라의 지하 방에서 두 자매가 강간당하는 사건이 발생했다. 범인은 새벽에 약간 열려져 있던 문을 열고 침입하였다. 두 자매가 술에 취해 미처 문을 잠그지 않고 잠에 든 것으로 보였다. 문을 열고 들어간 범인은 술에 취해 자고 있던 두 자매를 물리력을 사용해 제압한 후 가지고 있던 흉기를 들이대며 소리를 지르면 죽이겠다고 위협한 후 공포에 떨고 있던 두 명의 손을 묶었다. 그 후 피해자들을 상대로 강제로 입을 맞추고 가슴을 핥는 등 추행을 하다가 번갈아 강간을 하고 도망하였다. 피해자들은 범인이 도망한 후 바로 경찰에 신고를 하였다.

사건 수사 및 현장 감식

1. 사건수사

초기 수사는 범인이 흉기를 소지하고 있었고 집안에 들어가 오랜 시간 머무르며 두 명의 피해자를 강간한 대담성으로 보아 성범죄 전과자일 가능성에 무게를 두고 진행하였다. 따라서 초기 수사는 주변의 성범죄 전과자 및 우범자를 중심으로 진행되었다.

현장에 대한 감식도 진행되었다. 범죄 현장에 대한 정밀 감식과 더불어 인근에 설치되어 있는 CCTV에 범행이 일어난 시간대에 찍힌 모든 사람들에 대한 조사가 진행되었다.

2. 현장 감식 및 증거물 채취

먼저 사건 현장에 대한 감식 및 증거물 채취가 이루어졌다. 병원에서 치료를 받고 있던 피해자들에서 질 내용물이 채취되었고 피해자의 진술에 따라 범인의 타액이 묻어 있을 것으로 추정되는 입술 및 가슴 부분도 면봉으로 채취하였다. 피해자들의 속옷, 자면서 입고 있었던 블라우스, 겉옷 등도 증거물로 수거되었다. 그리고 피해자 집에서는 피해자들의 진술을 근거로 사건 당시 범인이 흘린 정액반이 묻어 있을 것으로 추정되는 침대보, 방바닥에서는 음모 십여 점이 수거되었다.

유전자분석 결과

위에서 채취된 증거물들이 모두 연구원에 의뢰되었다. 유전자분석 결과 방에서 채취된 음모 등에서는 모두 피해자들의 유전자형이 검출되었다. 피해자 몸에서 채취한 체액반에서는 남성의 유전자형이 검출되지 않았다. 피해자가 수치심에 이미 샤워를 하고 옷을 갈아입은 상태였기 때문에 피해자의 유전자형만 검출된 것이다.

이제 범인을 입증할 가장 유력한 증거물로 침대보, 피해자 옷 등에서 정액반이 검출되는지 여부였다. 이들 증거물에 대한 정액 검사 결과 침대보, 피해자 팬티 등에서 정액 반응이 강하게 나타났다. 이 정도면 백 프로 범인의 유전자형을 확인할 수 있을 것

라고 생각했다. 나머지 증거물에서는 정액 반응 음성으로 나타났다.

하지만 유전자 분석 결과는 매우 실망적이었다. 정액이 많이 검출되었음에도 정액이 검출된 증거물 모두에서 범인의 유전자형을 확보하는데 실패를 했기 때문이었다.

"이럴 수가!"

정액 반응이 강하게 나타났기 때문에 남성의 유전자형이 검출되지 않는 것이 설명이 되지 않았다. 다시 다른 부분을 채취해서 재실험을 하였는데도 결과는 마찬가지였다. 분명히 검출되지 않는 다른 이유가 있어 보였다. 여러 가지 상황을 재검토해도 원인을 찾을 수 없었다. 한 가지 추측할 수 있는 것은 무정자증인 사람의 경우 유전자형이 검출되지 않음으로 범인이 무정자증일 가능성이 있다는 것이었다.

용의자 검거

범인의 유전자형 확보에 실패하자 다른 증거를 찾기 위해 혼신의 힘을 다했다. 무엇인가 확실한 증거가 있지 않으면 이 사건도 미궁에 빠질 수 있기 때문이었다. 인근의 CCTV들에 찍힌 사람들을 일일이 확인하여 사건과의 관련성을 확인하는데 주력하였다. 사건이 일어난 시간과 비슷한 시간에 그 지역을 지나간 사람들을 대상으로 집중적인 조사가 이루어졌다. 다행히 늦은 밤이었기 때문에 용의자를 몇 명으로 압축하여 조사를 집중적으로 진행할 수 있었다. 그중 가장 유력한 용의자를 확인하고 조사에 나섰다. 피해자에게 용의자들의 사진을 보여주며 범인이 맞는지 여부를 확인하였다. 피해자들은 똑같이 한 사람을 지목하며 어두워서 잘 보이지는 않았지만, 분명히 그 사람이 맞다 하였다.

이를 바탕으로 용의자를 더욱 강도 있게 조사했다. 하지만, 그는 자신은 그곳으로 지나간 것은 사실이지만 사건과는 전혀 관련이 없다고 했다. 오히려 수사관에게 "과학적인 증거를 대라" 그러면 자신의 범행을 시인하겠다고 증거를 내놓으라고 소리쳤다. CCTV의 상이 너무 흐리고 피해자의 증언만으로 범인을 확정하기에는 무리가 있어 보였다. 분명히 범인이 맞는 것은 같은데 더욱 객관적인 증거가 필요했다.

피해자 옷의 루주 자국

사건은 이대로 미궁으로 빠지는 듯하였다. 그러던 중 한 수사관이 피해자의 옷에 묻어 있던 루주 자국을 생각해냈다.

"왜 옷에 루주가 묻어있을까? 자신의 루즈가 묻기에는 어려운 부분인데 왜 묻어있을까? 혹시 범인의 것이!"

수거되었던 옷을 다시 가져와 세밀하게 살폈다. 접혀있었지만 분명 누군가의 입술이 찍힌 듯했다. 일부분이 묻었지만, 자세히 보니 입술의 일부가 찍힌 듯 남아있었다. 피해자의 진술을 들어 보았으나 다른 사람의 루주가 자신의 옷에 묻을 수가 없다는 것이었다.

옷의 입술 모양과 용의자의 입술 모양을 분석한 결과 정확하게 일치함을 확인하였다. 이를 바탕으로 범인을 다시 추궁하였다. 끝

까지 버티려던 범인도 할 수 없이 자신의 범행을 순순히 자백하였다.

그는 골목을 지나가다가 우연히 열려져 있는 문틈 사이로 자매가 자는 모습을 발견하고 충동적으로 범죄를 저질렀다고 진술했다. 피해자는 술집 종업원으로 그날은 너무 취해서 샤워도 하지 않은 상태에서 잠이 들어버렸고 범인이 피해자와 강제로 입맞춤 하는 과정에서 닦지 않은 루주가 범인의 입술에 묻었고 피해자 중의 한 사람의 가슴을 추행하는 과정에서 흰색 블라우스에 범인의 입술 지문이 찍힌 것으로 보였다.

범죄 수사에서 입술 지문의 유용성

입술 지문은 입술 표면의 흠의 특징이 사람마다 다르다고 하여 붙여진 이름이다.

입술 지문은 태아의 6주 때부터 형성되기 시작하여 영구적으로 변하지 않는다. 형제자매 심지어 일란성 쌍둥이라도 서로 다른 형태를 갖는다고 한다. 또한 인종, 성별에 따른 다른 형태를 나타낸다고 한다. 입술 지문은 종종 범죄 현장에 나타나기도 하는데 이러한 특징을 이용하여 범죄 수사에서 범인을 식별하는데 중요한 수단으로 사용되기도 한다.

범인은 무정자 증인 사람

경찰의 조사에서 범인은 이 사건 외에도 2건의 다른 성범죄 사건을 저지른 것으로 드러났다. 하지만 그는 한 번도 잡히지 않았다. 심지어 이 사건 전에 저지른 사건에서는 경찰의 조사까지 받았지만 확실한 증거가 없어 무혐으로 풀려난 것으로 확인되었다. 그때도 마찬가지로 정액반이 있었으나 범인의 유전자형이 검출되지 않아 확실한 증거가 없었기 때문에 범인을 놓아줄 수밖에 없었다고 한다.

이번에는 다행히 입술 지문으로 범인을 확인할 수 있었지만 이 증거가 없었다면 다시 그를 풀어줄 수밖에 없는 상황이었을지도 모른다.

정액 반응 양성인데
남성의 유전자형이 검출되지 않는 경우

정액은 체액 성분과 정자로 구성되어 있다. 보통 현장에서 발견된 정액반을 확인할 때 정액 반응검사를 먼저 실험한다. 정액 반응 검사는 정액에 특징적으로 많이 들어 있는 효소 및 성분을 검출하는 실험이다. 이들 정액에서 남성의 유전자형을 검출할 수 있는 것은 정자의 머리에 있는 DNA를 분리하여 검출하는 것이다. 따라서 사건 현장에서 정액이 검출되어 정액 반응이 양성으로 나왔다 하더라도 그 정액에 정자가 없는 경우, 즉, 무정자증이거나 정관수술을 한 사람의 정액인 경우는 남성의 유전자형이 검출될 수 없는 것이다. 정액이 아무리 많이 있다고 하더라도 정자가 없다면 남성의 유전자형을 검출할 수 없는 것이다.

아버지의 딸, 아들의 딸?

친생자 감정 의뢰

강간 사건과 관련하여 용의자로 보이는 남성 한 명의 구강상피 세포를 채취한 면봉 그리고 낙태를 시킨 후 채취한 태아의 조직이 의뢰되었다.

피해자는 지적장애인으로 강간을 당한 후 임신한 것으로 밝혀졌으며 자신이 임신한 사실조차 모르고 있다가 배가 불러오자 임신 사실을 알고 낙태했다.

의뢰 내용은 피해자를 강간 한 사람을 밝히기 위해 피해자, 용의자로 추정되는 남성 그리고 태아의 조직 사이에 친생자 관계가 성립되는지 여부를 밝혀달라는 것이었다.

처음에는 일반 성폭행 사건인 것으로 알았다. 한데, 감정 의뢰서를 읽어 내려가면서 이상한 점을 발견하였다. 피해자와 용의자의 성씨가 같을 뿐만 아니라 주소도 같은 것이었다. 성씨는 우연히 같을 수 있지만, 주소가 같다는 것은 이상한 것이 아닌가?

"피해자와 같은 곳에 사는 사람?"

너무나 이상하여 서류를 작성하다가 실수로 잘못 주소를 복사하여 붙인 것으로 생각했다. 이를 확인 할 필요가 있어서 해당 경찰서 사건 담당자에게 전화를 하였다. 하지만 담당 수사관의 대답은 나의 귀를 의심하게 했다. 주소도 같은 것이 맞고 성씨도 같은 것이 맞다 하였다. 확인한 결과 피의자는 다름 아닌 피해자의 아버지였다.

"그럼 아버지가 딸을 강간? 도대체 무슨 사건일까? 상상이 가지 않았다."

지적장애인 딸을 아버지가 어떻게 강간할 수 있단 말인가! 도대체 이해가 되지 않았다. 머리가 얼얼하여 실험에 들어가기 전부터 혼란스러웠다.

피해자 수사

피해자에 대한 수사도 이루어졌다. 피해자는 지적장애자로 정확하게 자신의 의사를 표현하는데 한계가 있었다. 진술의 일관성도 떨어졌다. 수사관의 물음에 처음에는 다른 사람이 몰래 집으로 들어와 그 짓을 해서 자신도 좋아서 했다는 등 횡설수설했다. 하지만 수사관의 설득 끝에 피해자는 하나하나 입을 열기 시작하였다. 그가 지능이 떨어져서 횡설수설하거나 사실을 인지하지 못하거나 한 것은 아닌 것 같았다.

그의 진술은 충격적이었다. 결국 참았던 눈물을 흘리며 어눌한 말로 과거에 있었던 사실들을 이야기하기 시작했다. 다른 사람이 자신을 성폭행했다는 것은 다 거짓말이고 오래전부터 아버지가 자신을 계속 성폭행했다는 것이었다. 자신은 아버지의 강압에 못 이겨 그 짓을 계속했다고 했다. 그래서 아기도 아버지와 자신 사이에서 난 것 같다는 것이었다. 아버지가 자신이 낳은 지적장애인 딸을 성폭행한 것이었다.

유전자 분석

증거물이 의뢰되고 얼마 후 유전자분석 결과가 나왔다.

"그런데 이게 웬일인가!"

피해자가 진술한 것과는 다르게 아버지와의 사이에는 친자 관계가 성립되지 않았다. 하지만 피해자와 태아 사이에는 친자관계가 성립되었다. 이게 어떻게 된 것일까? 딸이 임신했던 것은 맞는데 아버지 사이에서 임신한 것은 아니라는 것이다.

그럼 범인은?

결과를 통보받은 수사관은 당혹스러움을 감추지 못했다. 피해자의 인지 능력이 떨어짐을 감안하더라도 일관성 있게 진술을 했기 때문이다. 그러면 어떻게 된 것일까?

사건이 미궁에 빠지는 듯하였다. 처음부터 다시 수사가 진행되었다. 아버지는 처음과는 다르게 자신의 범행을 완강하게 부인하고 있었다. 주변 인물에 대한 가능성을 열어 두고 차분하게 주변 사람들에 대한 조사를 진행해 나갔다. 우선 혹시 아들이 이러한 사실을 알고 있는지 확인하려 아들을 조사했다.

수사관이 아들에게 아버지가 그런 적이 있느냐고 물었다.

아들은 아버지가 그런 것을 본 적도 없고 자신도 그런 적이 없다고 했다.

수사관은 아들이 자신의 범행에 대해 물어보지도 않았는데 자신이 안 했다고 부인하는 모습을 보며 이상하게 생각했다. 조사를 하는 내내 그의 행동을 눈여겨보았다.

조사가 끝난 후 아들을 되돌려 보내고 혹시 몰라 그가 먹었던 종이컵을 연구원에 의뢰하여 친자관계가 성립되는 지 여부를 의뢰하였다.

뜻밖의 결과

컵에서 검출된 유전자형과 태아 사이에 친자관계가 성립되는 지 검사하였다. 결과는 다시 우리를 놀라게 했다. 아들이 먹었던 컵에서 검출된 유전자형과 친자관계가 성립되는 것이었다. 이 결과를 담당자에게 통보하고 정식으로 그의 구강 세포를 채취하여 의뢰하라고 했다. 의뢰된 아들의 구강상피세포를 분석한 결과 당연히 마찬가지 결과를 얻을 수 있었다.

태아의 부는 피해자의 오빠였던 것이었다.

정말로 이게 있을 수 있는 일인가? 너무나 기가 막혔다.

더욱 충격적인 것은 나중에 수사관의 수사 결과 아버지도 성폭행을 했다는 사실이 밝혀진 것이었다. 아버지와 아들이 번갈아 가며 성폭행을 한 것으로 드러났다. 피해자는 처음 반항을 했으나 점차 자포자기 상태에 빠졌다고 했다. 가족으로 보호해야 할 사람들이 짐승이 되어 성폭행 한 것이다. 생각하기도 싫은 너무나 가슴이 아픈 사건이었다.

과학수사 기법으로 밝히는 고대 유물의 비밀
-광주 신창동 초기 철기 시대 유적지에서 출토된 모발의 비밀-

과학수사와 고고학은 전혀 다른 학문 같지만 실제로는 분석 및 해석 방법 그리고 학문적 근거 등 여러 면에서 공통점이 있다. 과학수사는 비교적 가까운 과거에 일어난 사건 현장에 있는 증거물을 주로 다루지만 고고학은 비교적 오래된 유적 등에서 발굴된 유물들을 주로 다룬다. 이들을 분석하는 목적은 다르지만 모두 과거에 일어났던 일들을 증명하기 위해 당시의 물건들을 채취 및 발굴하여 분석한다는 측면에서는 비슷하다. 따라서 분석 및 해석 방법에서도 서로 비슷하다. 실제로 범인을 잡는 과학수사학적인 분석 방법들이 문화재 관련 연구에 적용되어 역사적 사실을 밝히는데 많은 기여를 하고 있다.

광주 신창동 초기 철기 시대 유적지

조금 오래된 얘기지만 KBS 역사스페셜이라는 프로그램이 방송된 적이 있다. 고대 유물들의 분석을 통해서 역사적 사실을 밝히는 프로그램이었다. 이 프로그램의 제작을 위해서 고대 유적지에서 발굴된 모발을 분석을 해 달라는 의뢰가 왔다. 모발은 범죄 현장에서 가장 많이 발견되는 증거물 중 하나이지만 이렇게 문화재 발굴 현장에서도 가끔 발굴되기도 한다.

1992년 광주와 장성 간을 잇는 국도공사 중에 신창동에 이르러

갑자기 중단된 사건이 있었다. 이것은 우리나라에서 처음 일어난 일이라 한다. 거기서는 수많은 유물이 쏟아져 나왔는데 사람의 뼈, 현악기, 우렁이, 기생충 알, 농기구 등 모두 무려 2000년 전에 고대인들이 쓰던 물건들이었다. 이곳이 저습지이기 때문에 수많은 유물들이 썩지 않고 보존될 수 있었기 때문에 그대로 보존되고 있었던 것이었다.

유물들과 관련하여 KBS 역사 스페셜에서 당시의 생활상을 취재하던 중 현장에서 발굴된 모발에 대한 분석을 위해 우리 연구원에 분석 협조 요청을 하였던 것이다. 우리는 사건을 해결하기 위한 실험을 매일 진행하고 있었지만 중요한 역사적 사실을 규명한다는데 흥미를 갖고 모발에 대해 최선을 다해 분석하기로 하였다.

유적지에서 발굴된 모발

우리한테 의뢰된 것은 옻칠 시 붓의 용도로 사용된 것으로 추정된 모발로 보이는 것 다수였다. 붓의 재료로서 족제비털, 돼지털 등 다양한 동물 털들이 사용되었으나 가장 좋은 재료는 사람의 모발이어서 아주 옛날부터 옻칠용 붓의 재료도 사용되어왔다고 한다. 따라서 이 유적지에서 출토된 모발이 실제로 붓을 만드는데 사용되었던 사람의 모발인지를 확인하는 것이 중요했다. 즉, 당시에 한반도에 살았던 고대인들이 실제로 옻칠을 한 생활용품들을 사용하였는지를 확인하는 실험이었다.

모발의 분석

의뢰된 모발

모발은 작은 유리병에 담겨 의뢰되었다. 눈으로 확인한 모발은 외견상으로는 가느다란 나무뿌리와 같이 거칠고 단단해 보였다. 자세히 살펴보니 짐승의 털처럼 매우 빳빳했다. 사람의 모발이 맞는지 여부를 확인하기 위해 평소에 사건의 증거물 분석을 위해 사용되는 분석 방법인 모발의 형태학적인 검사(모소피무늬검사, 수질 검사 등), 혈액형, DNA 분석 등을 실시하기로 했다.

의뢰된 모발

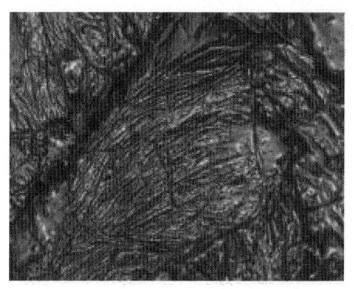

당시 진흙에 묻혀 있던 모발

모발의 분석 결과

실체현미경 및 광학현미경에 모발을 놓고 형태학적인 관찰을 하였다. 모발의 표면은 부분적으로 손상되었으나 표면에 광택이 있었으며 비교적 양호한 상태였으며 모발의 끝부분은 대부분 바늘 모양(침상)이었다. 더욱 세밀하게 관찰하기 위해 주사전자현미경으로 관찰한 결과 사람 모발의 특징적인 모소피무늬가 관찰되었다. 이는 동물의 털에서 보이는 모소피무늬와는 전혀 다른 모양이었다. 시료를 압좌한 후 광학현미경으로 모발의 수질(모발의 안쪽 부위) 부위를 관찰한 결과 사람의 모발에서 볼 수 있는 수질 형태가 관찰되었다.

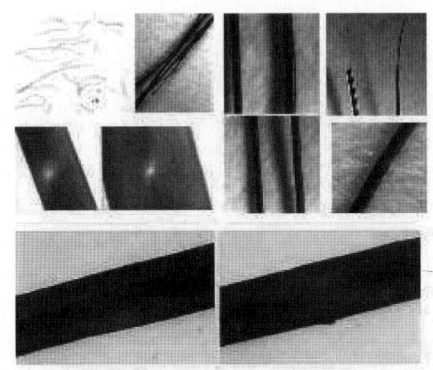

의뢰된 모발의 현미경 관찰 결과

범죄수사에서 사용되는 방법(해리시험법)으로 ABO식 혈액형 분석을 실시하였다. 하지만 모발이 워낙 오래되어 혈액형 물질이 완전히 손상된 때문인지 혈액형은 판정할 수 없었다. 또한 단연쇄반복(STR) 부위를 분석하였으나 일부의 유전자형만 검출하는데 그쳤다. 마지막으로 미토콘드리아 DNA 분석을 실시하였다. 사람의 미토콘드리아 DNA는 매우 짧고 복제 수가 많기 때문에 오래된 증거물에서도 비교적 쉽게 분석이 가능하다. 분석 결과는 성공적이었다. 이를 표준 앤더슨 염기서열과 비교한 결과 4개의 염기에서 변이를 발견할 수 있었다.

16174(C-T), 16185(C-T), 16223(C-T), 16362(T-C).

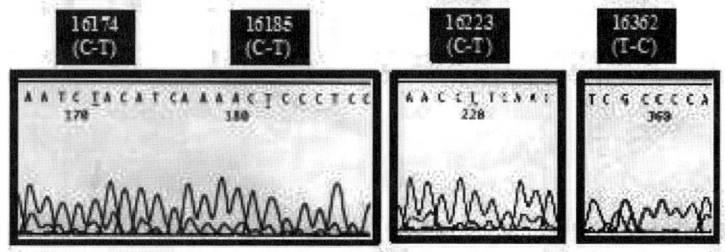

위의 결과를 토대로 우리는 다음과 같은 결론을 얻을 수 있었다.

모발의 현미경 관찰 결과 모발의 수질부와 모소피무늬가 사람의 것임을 확인할 수 있었고 더구나 미토콘드리아 DNA형을 검출할 수 있어 사람의 모발임을 더욱 확신할 수 있었다. 즉, 당시 사람의 모발로 만든 붓으로 생활용품 등에 옻을 칠할 때 사용한 것으로 확인한 것이었다.

범인을 잡는 과학수사학적 기법이 이제는 이렇게 고고학적인

유물들에도 적용되어

역사적인 사실을 밝히는 데도 사용되고 있다. 이번의 분석 이외에도 김구 선생의 혈의 분석, 고대인 유골의 분석을 통한 고대인의 생활상 연구, 고대인의 모습 복원, 미라의 연구, 출토된 생물학적 유물들의 분석 등 매우 다양하게 이용되고 있다.

이번 분석에서는 너무 오래되고 완전히 탄화된 것 같은 모발이었지만 다양한 분석 방법을 시도하여 작은 것이지만 역사적인 중요한 진실을 밝힐 수 있었다는데 뿌듯함을 느꼈다.

수원 팔달산 토막 살인 사건 해결 과정

토막시체의 발견

2014년 한 해를 마무리해가는 12월 4일 오후 경기도 수원시 팔달산 등산로에서 사람으로 추정되는 시신이 담긴 검은색 비닐 봉투가 발견되었다. 시신은 머리와 팔이 없는 상반신 토막 시신으로 장기와 근육이 거의 없이 갈비뼈와 척추, 인체조직 등이 발견되었다.

장소가 오O춘이 20대 여성을 납치해 잔혹하게 살해한 사건이 일어난 곳에서 얼마 떨어져 있지 않은 곳이었기 때문에 당시의 악몽이 살아나는 듯 순식간에 우리 사회를 공포로 몰아넣었다. 시신의 내부에서 장기가 발견되지 않았기 때문에 혹시나 이 사건의 범인이 장기를 밀매하거나 인육을 또 다른 목적으로 이용하기 위해 범죄를 저지른 것은 아닌지 하는 무서운 추측성 기사가 보도될 수밖에 없었다. 이 흉악한 범인은 막다른 골목의 자포자기 상태에서 또 다른 범죄를 저지를 수 있기 때문에 많은 사람들이 밖에 나가는 것조차 두려워할 수 있는 상황이었기 때문에 국민들을 불안으로부터 벗어나게 할 수 있는 길은 오로지 범인을 잡는 것밖에 없었다.

현장 및 실험실에서는 급박하게 돌아가고

현장에서의 수사는 더욱더 급박하게 돌아갈 수밖에 없었다. 시신이 발견된 현장을 중심으로 나머지 시신과 수사에 단서가 될 만한 증거물을 찾기 위해 대대적인 수색이 진행되었다. 국과수도 이에 맞추어 같이 긴급하게 돌아갔다. 연구원에서는 유전자분석팀, 법의조사팀, 약물 및 독물 분석팀이 긴급 구성되어 24시간 철야를 하며 사건에 대해 실시간으로 대응하기로 하였다. 신속한 감정을 통해서 수사의 방향을 빠르게 결정할 수 있게 하고 결국에는 범인을 조속히 검거할 수 있게 하기 위한 조치였다.

이 사건을 해결하기 위해서 가장 시급한 것은 사망한 사람이 누구인지 신원을 밝히는 것이었다. 하지만 신체의 일부만 발견되었기 때문에 육안으로는 전혀 신원을 확인할 방법이 없었다.

시신의 신원을 확인하기 위한 유전자분석은 사건이 일어난 장소와 가까이 있는 경기스마트랩(경기도 남부지역에서 일어나는 사건에 대한 신속한 유전자 분석을 위해 경기경찰청 내에 국립과학수사연구원의 유전자분석 실험실이 설치되어 운영되어 왔다)에 의뢰되어 신속하게 분석이 진행되었다. 밤새워 진행한 결과 의뢰된 샘플에서 여성의 유전자형을 검출하여 신원 확인을 할 수 있는 기반을 마련할 수 있었다.

이와 함께 시신은 신원 확인 및 사망의 원인을 밝히기 위하여 서울과학수사연구소로 옮겨졌고 부검, 유전자분석, 약물 및 독물학적 검사 등 정밀 감정이 진행되었다. 부검 결과 사인을 특정할 수 없었으며 위 내용물에서는 일부 국내에서 판매되지 않는 약물이 검출되는 등의 사실을 확인하였다. 하지만 사망의 원인이나 신원을 확인할 만한 단서를 얻지는 못하였다.

신원 확인 및 사건을 해결하기 위해 수사가 계속 진행되었고 주변에서 채취된 장갑, 칼 등 다양한 증거물들이 계속 의뢰되었다. 따라서 이에 대응하기 위해 원주에 있는 본원에서는 2명의 감정 인력을 경기스마트랩에 급파하였으며 이와 별도로 원주 본원 및 서울연구소에서도 몇 개의 조로 나누어 24시간 감정 체계를 이루고 현장 등에서 채취되어 의뢰되는 증거물들에 대해 10시간 이내에 감정 결과를 통보해 주며 적극적으로 대응했다.

며칠 동안 수많은 인원이 동원되어 수사가 진행되었지만 이렇다 할 진척 사항이 없이 사건 해결의 실마리를 찾지 못하고 있었다. 신원을 확인하기 위해서는 이미 피해자의 유전자형이 확보되었기 때문에 최근에 실종된 사람들의 가족을 의뢰하여 이를 확인하는 수밖에 없었다. 따라서 사건이 일어난 지역을 중심으로 최근에 일어난 실종된 사람들을 중심으로 조사하되 전국에서 일어난 실종 사건을 모두 염두에 두고 관련성이 있는 가족들의 구강이 채취되어 의뢰되기 시작했다. 며칠 동안 많은 대상 가족들이 의뢰되었지만 일치하는 가족은 전혀 없었다. 피해자의 신원 확인이 점점 장기화되는 것은 아닌지 하는 불안감에 휩싸이기 시작했다. 한편, 피해자의 신원을 확인하기 위해 좀 더 많은 정보를 제공하기 위해 추가로 유전자분석이 진행되었다. 실험 결과 피해자가 동북아시아인임을 확인할 수 있었다.

이렇게 사건의 수사가 어려움을 겪고 있던 중 한 시민의 신고가 있었다. 자신의 월세방 집을 가계약한 사람이 연락이 되지 않고 있다는 내용이었다. 이렇게 작은 의심도 수사경찰에게는 매우 중요한 단서가 될 수 있다. 신고를 받은 경찰이 바로 현장에 출동해 미세한 혈흔과 비닐봉지 등을 발견하였다. 사건 해결의 실마리는 이렇게 시작되었다. 이 사건과 관련이 있을 개연성이 큰 것으로 보고 계약을 했던 사람과 동거를 하고 있었던 것으로 보이는 여성의 가족에 대한 구강 채취물을 채취하여 긴급으로 유전자분석을 의뢰하였고 주거지에 대한 정밀한 감식이 시작되었다.

매우 긴장되고 긴박한 순간들이 계속되었다. 현장에서는 아주 미세하지만, 혈흔들이 발견되었고 범행을 입증할 수 있는 증거물들이 속속 채취되었다. 연구원 유전자분석 팀에서도 의뢰받은 증거물에 대해서 바로 바로 분석에 들어갔다. 가장 중요한 것은 피해자의 신원이 동거녀가 확실한가였다. 만약에 맞으면 사건을 해결할 수 있는 중요한 문제가 해결되는 것이다. 저녁 늦게 시료가 의뢰되어 밤을 새워 분석이 진행되었다. 우리도 실시간으로 진행사항을 보고 받으며 마음을 조아렸다. 실험은 새벽에야 끝났다. 결과는 의뢰되었던 어머니로 추정되었던 여성과 모녀 관계가 성립되는 것이었다. 피해자의 신원이 확인되는 순간이었다. 토막 시신의 신원은 박O봉과 동거를 하던 김OO이었던 것이었다. 우리는 바로 이런 감정 결과를 해당 관서 담당자에게 통보하였다. 그 사이 박O봉이 용의자로 체포되었다.

쉴 틈도 없이 박O봉의 주거지에서 채취된 많은 증거물들에서 유전자분석이 진행되었다. 혈흔 등에서 검출된 유전자형은 신원이 확인된 김OO와 모두 일치하였다.

그리고 세교천변에서 발견된 검은 봉투에 들어 있었던 나머지

시신들에 대한 유전자분석도 진행되었다. 이들 일부 시신도 피해자 김OO의 유전자형과 모두 일치하였다.

긴장 속에서 보냈던 8일간의 전쟁이 끝나는 순간이었다.

한 주민의 신고가 사건을 신속히 해결하는데 결정적인 역할을 하였다. 이렇게 사소한 의심도 사건을 해결하는데 결정적인 역할을 할 수 있다. 그리고 연구원의 신속한 감정과 과학수사 요원의 치밀한 대응이 이 사건을 조기에 해결할 수 있는 계기가 되었다.

이제는 DNA 분석 기술도 엄청나게 빨라져 기술이 처음 도입된 1990년대 초반 한 달 이상 걸리던 분석 시간이 이제는 하루도 안 되어 현장에서 수거된 증거물에서 범인의 유전자형을 검출할 수 있고 이 사실들이 수사 기관에 통보되어 수사의 방향을 실시간으로 정할 수 있고 추정된 용의자와의 동일성을 확인하여 범인을 신속하게 검거할 수 있게 되었다. 현재는 이들 분석에 필요한 시간이 점점 더 단축되고 있어 범죄의 현장에서 바로 DNA를 분석하고 바로 범인을 확인할 수 있는 시대가 올 것으로 확신한다. 범죄가 날로 지능화되고 있지만 어떤 시도도 범죄에 한발 앞서가는 과학기술 앞에 무릎을 꿇을 수밖에 없을 것이다.

시체 없는 살인 사건이 가능할까?

사건의 발생

부산 해운대구 야산 입구의 공터에서 차량 한 대가 발견되어 신고 되었다. 차량 안에는 많은 피가 발견되었지만 탔던 사람은 아무도 발견되지 않았다. 차량의 주인은 인근에 살고 있었던 김OO로 밝혀졌다. 혈흔의 양으로 보아 차량의 주인에게 무슨 일이 있었던 것이 확실해 보였다.

사건의 해결을 위해서는 차량의 주인을 찾는 것이 급선무였다. 그녀의 행방을 찾기 위해 백방으로 노력했지만 결국 찾지를 못했다. 가족의 진술에 따르면 그녀는 전날 집을 나간 뒤 돌아오지 않고 있다고 했다.

수사가 진행되면서 그녀와 맨 마지막까지 같이 있었던 것으로 밝혀진 이OO 씨를 유력한 용의자로 검거하여 정밀한 조사를 진행하였다. 이OO 씨는 마지막까지 그녀와 그곳에 같이 있었던 것은 사실이지만 그녀의 행방은 자신도 모른다고 했다. 당시 말다툼 끝에 그녀를 폭행하였고 코피를 흘리며 쓰러지자 그녀를 차량 안에 앉혀 놓고 자신은 집으로 갔다고 했다. 차량 안의 혈흔은 당시 코피를 많이 흘려서 생긴 것이라고 했다.

사건 현장에 있던 차량이 감정을 위해 연구원에 의뢰되었고 차량 주위 사건 현장에 있었던 휴지, 피해자의 것으로 보이는 가방 등 여러 점의 증거물들이 채취되어 연구원에 의뢰되었다. 그리

고 차량 안의 혈흔 양으로 보아 피해자가 사망했을 가능성이 크기 때문에 시신을 찾기 위해 차량이 발견된 주변에 대한 대대적인 수색을 벌였다. 특히, 용의자는 스킨스쿠버를 오랫동안 해 와서 인근의 바다 밑 지형을 잘 알고 있기 때문에 물살이 빠른 곳에 피해자를 유기했을 가능성이 컸다고 한다. 따라서 스킨스쿠버를 동원하여 인근의 바다 밑도 샅샅이 수색하였다. 하지만 열흘 이상의 수색에도 결국은 시신을 발견하지 못했다.

차량 내 혈흔

부산지역을 관할하고 있었던 국과수 부산연구소에서는 현장에서 채취되어 의뢰된 증거물들에 대한 분석을 실시하였다. 차량 내부의 혈흔은 혹시 다른 사람 특히, 용의자도 피를 흘렸을 수 있기 때문에 비산된 혈흔을 중심으로 분석을 실시하였다. 분석 결과 모두 한 명의 여성 유전자형만 검출되었다.

하지만 다음날 차량의 혈흔에 대한 유전자분석도 중요하지만 차량 내부에 있는 혈흔의 양을 측정해 줄 것을 요구해왔다. 차량 내의 혈흔은 오른쪽 뒷좌석에 가장 많았고 조수석 밑에도 일부 분포되어 있었다. 특히 뒷좌석의 혈흔은 발판 밑에까지 흘러내린 상태였다. 따라서 정확한 혈흔의 양을 측정하는 것은 불가능하였다. 할 수 없이 시트를 모두 뜯어낸 후 가능한 객관적인 방법으로 혈흔의 양을 산출하려고 노력하였다.

혈흔의 양을 측정한 결과 뒷좌석에서만 약 최소 2리터가 넘는 것으로 확인할 수 있었다. 이 정도의 양이면 피해자가 충분히 사망에 이를 수 있는 양이었다. 이러한 사실은 나중에 피해자가 사망했다는 것을 간접적으로 증명할 수 있는 중요한 증거가 되었다.

피해자가 사망했음을 확인할 수 있는 많은 양의 혈흔이었지만 이 혈흔이 피해자의 것이라는 것을 과학적으로 확인해야 했다. 따라서 혈흔과 피해자 모의 시료를 분석하여 친자 관계가 성립되는 지 실험하기로 했다. 결과는 모녀 관계가 성립되었다. 확실하게 피해자의 신원을 확인하였고 피해자는 사망한 것이 확실하였다.

그 후에도 주변에 대한 수색이 계속되었지만 결국은 시신을 찾지 못 하고 간접적인 증거에 의해 그를 살인죄로 법정에 세울 수밖에 없었으며 길고 긴 재판이 시작되었다.

법정에서의 공방

사건이 일어나고 감정 결과도 통보되었다. 이 사건도 우리의 기억에서 지워져 가고 있었다. 그사이 재판은 계속 진행되었다. 그러던 중 부산고등법원에서 증인소환이 왔다. 법의학자 그리고 나에게 법정에 출석하여 이 사건과 관련된 증언을 해달라는 것이었다. 법정 증언은 매우 긴 시간 동안 진행되었다. 거의 200여 개가 넘는 질문이 계속되었다. 점심시간이 한참 지난 후까지 계속되었다. 사건의 중요성도 있었지만, 최초로 시신이 없는 살인사건을 판결해야 하기 때문이었다. 결국 그는 대법원까지 가는 재판에서 살인죄로 무기징역형을 판결을 받았다.

헤어진 가족을 찾습니다

헤어진 가족 찾아주기 사업은 경찰청 등에서 지속 실시해오고 있고 그동안 각고의 노력으로 많은 헤어진 가족들이 만날 수 있었다. 그중에서도 두 분의 특별한 만남을 소개하고자 한다.

첫 번째 이야기는 한 경찰관의 헌신적인 노력 끝에 만난 분이다.

어렸을 적에 부모와 헤어진 한 청년이 자기의 부모를 찾기 위해 경찰청의 '헤어진 가족 찾아주기' 사업에 접수를 하였다. 이 청년은 혹시나 하는 마음에 TV 프로그램에 출연하여 부모를 찾는 노력을 했지만 찾지 못했다고 했다. 청년의 말은 들은 담당 경찰관이 그의 간절한 부탁에 그의 부모를 찾아주기 위해 신경을 썼다.

경찰관은 그 청년의 부모를 찾기 위해 그가 말한 자료를 바탕으로 1년여 동안 전국에서 자식을 찾는 수많은 가족의 자료를 검색하고 확인하는 과정을 거쳤다. 이러한 노력의 결과 일차로 가족일 가능성이 있는 사람을 선정하고 이들에 대해 한 사람 한 사람 사실 대조를 하며 가족인지 여부를 확인하였다. 헤어진 가족들의 경우 기억에 의존하는 경우가 많기 때문에 할 수 없이 이러한 과정을 거쳐 확인할 수밖에 없었다. 일 년이 넘는 각고의 노력 끝에 그의 아버지로 추정되는 이○○ 씨를 찾아낼 수 있었다.

하지만 어렴풋한 기억에 의존한 확인이었고 외모로는 자신의 부모인지를 확인할 수 없었기 때문에 유전자분석을 실시하였다.

추정되는 아버지의 구강채취물이 채취되어 의뢰되었고 연구원에서는 신속하게 분석을 완료하여 이 청년의 유전자형과 비교하였다. 분석 결과 이들 두 명의 사이에 아버지와 아들 관계가 성립되는 것으로 확인할 수 있었다.

한 경찰관의 지속적인 관심과 노력이 영원히 가슴에 가족을 묻고 살아가야 할 한 청년과 아버지의 상봉을 가능하게 하였다. 이렇게 묵묵히 자기의 본분을 다하며 국민을 위하여 열심히 일하는 사람이 있다는 것이 자랑스럽다. 이분은 남양주경찰서에 근무하시던 김OO 경찰관이었다.

얼마 전 이분이 원주에 있는 우리 연구원 본원에 찾아오셨다. 취재진과 함께 오셨는데 최근 가족을 찾은 분에 대한 취재를 겸해서 오셨다 한다. 현재도 경찰청 본청으로 들어가 미아찾기센터에서 활발하게 가족을 찾아주는 사업에 혼신의 노력을 다하고 계셨다. 그동안의 사례 및 홍보를 위해 책도 만드셨다고 했다. 다시 한 번 자신의 일에 최선을 다하는 경찰관분께 박수를 보낸다.

두 번째 사연은 외국으로 입양된 분에 관한 사연이다. 이 분은 1980년 6월경 미국으로 입양되었는데 한국의 부모를 찾고자 당시 입양기관이었던 서울 서대문구에 있었던 OO아동사회복지회에 남아 있던 친권 포기 및 입양 이민 승낙서에 날인한 지문을 바탕으로 부모를 찾고자 시도하였지만, 부모를 찾을 수 없었다.

그는 경찰의 도움을 요청하고 경찰의 헤어진 가족 찾기 자료를 이용하여 결국 지방에서 살고 계시던 어머니를 찾을 수 있었다. 하지만 이들 역시 너무 어렸을 적에 헤어져 서로 얼굴을 알아볼

수 없었다. 따라서 최종적으로 유전자분석에 의한 가족관계를 확인해야 했다. 우선 한국에 있는 어머니로 추정되는 사람의 구강상피세포가 먼저 의뢰되어 분석되었고, 의뢰인은 미국에 거주하고 있었기 때문에 나중에 그의 구강상피세포를 채취한 키트가 한국으로 보내져 우리 연구원에 의뢰되었다. 이들의 데이터를 분석한 결과 둘 사이에 모녀 관계가 성립되는 것으로 확인되어 해당 관서에 통보해주었다.

한참이 지난 후 담당 경찰관과 통화를 할 수 있었다. 담당 경찰관은 의뢰인에게 이러한 사실을 바로 연락하고 설명하였다 한다. 이 연락을 받은 의뢰인이 너무 기뻐하며 바로 한국으로 가 어머니를 만나겠다고 했다고 했다. 그 후 의뢰인은 우리나라를 방문하여 꿈에도 그리던 어머니를 만날 수 있었다고 한다.

우리나라는 외국에 입양을 많이 보내고 있는 나라 중에 하나다. 이제는 특별한 사정에서 양육을 포기한 아이들에 대한 책임을 국가가 지어야 할 때인 것 같다. 그리고 이미 외국으로 입양된 분들이 부모를 찾을 수 있도록 제도적인 장치가 마련되었으면 한다.

미아찾기사업은 2004년에 (실종아동 등의 보호 및 지원에 관한 법률)이 시행됨에 따라 더욱 체계적인 모습을 갖추게 되었다. 실종아동의 조속한 발견과 복귀를 지원하기 위한 법률로 보건복지부, 경찰청 그리고 우리 연구원이 관여하고 있다. 보건복지부는 정책 수립, 홍보, 상담, 실종아동 및 가족의 신상 관리 등을 담당하고, 경찰청은 수색 및 수사, 유전자검사 대상자의 시료 채취 등을 담당한다. 국과수에서는 이렇게 의뢰된 시료에서 유전자분석을 한 후 이를 데이터베이스화하고 있다. 일치하는 가족이 나타나면 보건복지부 실종아동전문기관으로 통보하고 당사자의 구강을 다시 채취해 재차 확인한 후 상봉을 하게 된다.

현재까지 미아 약 2만 4,000여 명, 실종자 가족 약 1,900여 명이 등록되어 있다. 이 통계에서 보듯이 보호시설 등에서 보호하고 있는 미아의 수가 많은 반면 실종아동을 찾는 가족의 숫자는 1/10도 되지 않는다. 가족 중에는 신원불상자의 가족도 다수 포함되어 있다는 것을 감안하면 미아를 찾는 가족의 수는 더욱 줄어든다. 이 사실은 우리 사회에서 실종된 아이를 찾지 않는 부모가 많다는 것을 의미한다. 다시 말하면 대부분 여러 가지 이유로 버려지는 아이들이 많다는 것이다. 이러한 경우는 가끔 뉴스를 통해서 듣는다. 경제적인 어려움으로, 원하지 않는 출산으로 또는 또 다른 이유로 버려지는 아이들에 관한 뉴스다. 특히, 국가적으로 매우 힘들었던 IMF 때는 아기를 양육할 경제적인 능력이 없어 남의 집, 시설 등에 버려지는 경우가 많았다.

가족을 어렵게 찾았어도 부모가 아이를 데려가지 않겠다는 경우도 있었다. 즉, 아이를 찾겠다고 등록을 했고 검색을 통해서 일차적으로 아이를 찾았지만 상봉을 위해 재확인하는 과정에서 데려가지 않겠다며 시료 채취를 거부하는 경우도 있었다. 자기가 낳은 아이들에 대한 보모들의 무관심을 보여주는 단면들이다.

경우야 어쨌든 이 분야에 더 많은 투자가 이루어져 한 명의 미아도 없는 대한민국이 되었으면 하고 애타게 가족을 찾으시는 분들은 빨리 가족을 찾을 수 있었으면 한다.

폐가에서 수거한 여성 팬티에서 검출된 DNA는

2010년 부산지방경찰청으로부터 한 폐가에서 몰래 마약류를 투여하다가 현장에서 검거된 구속 피의자의 구강상피세포가 채취되어 의뢰되었다. 그는 부산 일대를 돌아다니며 몰래 마약류를 상습적으로 투여한 것으로 드러났다.

마약류관리에 관한 법률 위반 범죄는 범죄자 DNA 데이터베이스 입력대상 11개 중대 범죄 중의 하나다. 따라서 일선 경찰서 담당자는 입력 대상 범죄자들에 대해 각각의 식별 번호를 부여한 후에 우리 연구원에 의뢰한 것이었다.

DNA 데이터베이스는 이렇게 중대범죄자들의 구강을 채취하여 의뢰하면 이를 연구원에서 분석한 후 유전자형을 데이터베이스화하는 것이다. 이렇게 유전자형을 보관하면 이들 범인이 다른 범죄를 저지른 경우 바로 범인이지 여부를 식별할 수 있게 된다. 또한, 범인은 자신의 유전자형이 보관되어 있다고 생각하면 심리적 압박을 받아 다른 범죄를 저지르지 못하게 되어 범죄를 예방하는 효과가 크다. 이러한 장점 때문에 DNA 데이터베이스는 많은 나라에서 도입되어 범죄수사에 이용되고 있다.

우리나라의 DNA 데이터베이는 2010년 7월 관련 법률이 시행되면서 시작되었으며 국립과학수사연구원, 경찰청 및 대검찰청에서 나누어서 관리하고 있다. 현장 증거물 및 구속피의자는 국과수에서 분석하여 데이터베이스를 관리하고 있으며 구속피의자와 관련된 신상은 경찰청에서 관리하고 있다. 그리고 수형자는 대검찰청에서 관리하고 있다.

데이터베이스의 수록을 위해 새로운 범죄자의 구강채취물이 의뢰되면 연구원에서는 이를 분석하여 유전자형을 얻게 되고 이 범인의 유전자형과 그때까지 일어난 다른 사건 즉, 범죄현장에서 검출되었던 유전자형 중에 동일한 유전자형이 있는지 검색하게 된다. 즉, 기존에 다른 범죄를 저지른 사실이 있는지를 확인하는 것이다.

이 사건과 관련되어 의뢰된 구속피의자의 구강채취물도 같은 과정으로 분석을 마친 후 사건 현장에서 검출된 유전자형 중 이 구속피의자와 일치하는 유전자형이 있는지에 대한 검색을 시작했다. 검색 결과를 보고 깜짝 놀라지 않을 수 없었다. 얼마 전 세간을 시끄럽게 했던 살인사건과 관련하여 경찰에서 의뢰하였던 증거물 중 일부에서 검출된 유전자형과 일치하는 것이 아닌가! 바로 살인범 김OO가 한 여중생을 성폭행한 후 잔인하게 살해한 사건과 관련된 증거물이었다.

이 사건은 당시 살해의 잔인성으로 세간을 놀라게 하고 범인이 잡히지 않아 주민들을 공포로 몰아넣었던 사건이었다. 사건이 일어난 지 한참 만에 결국 범인 김OO가 잡히면서 막을 내렸었다.

검색 결과만 보면 공범이 있었다는 것이었다.

"공범이!"

긴장을 하고 당시의 감정서 및 기록들을 찾아서 자세하게 내용을 살폈다. 일치하는 증거물이 그 사건과 관련하여 의뢰되었던 증거물이 분명하였다.

"이미 범인이 잡히고 사건이 종료가 되었는데 어떻게 된 것일까?"

일치하는 증거물은 당시 사건 현장의 주변에 폐가가 많았었는데 이곳을 드나들던 사람 중 범인이 있을 가능성도 있었기 때문에 그곳에서 발견되었던 증거물을 채취하였고 이들을 의뢰한 것이었다. 당시 증거물로는 담배꽁초, 빈 우유갑, 팬티 여러 점 등이었다. 이들 중 여성용 팬티 한 점에서 검출된 남성의 유전자형과 일치하였다. 팬티 여러 점 중에서 유일하게 정액 반응이 양성으로 나온 것이었다.

그렇다면 우연히 이번의 구속피의자가 그곳에 갔다는 것일까?

사실은

조사 결과 범인은 상습적으로 마약을 투약해 오던 사람으로 우연히 그곳에서 여성용 팬티를 사용하여 변태 성행위를 한 것으로 드러났다. 그는 이번 사건 이외에도 비슷한 범죄행위를 계속해왔던 것으로 드러났다.

사회적 이슈가 되는 사건들이 일어나면 주변에 대한 감식이 철저하게 이루어지다 보니 많은 증거물이 의뢰되기도 하고 특별한 용의자가 없는 경우 수사의 범위를 넓히다 보면 범인의 검거를 위하여 혐의점이 있는 많은 사람들이 용의자로 의뢰되기도 한다. 이런 경우 이번 사건처럼 구속피의자가 우연히 다른 사건의 증거물에서 검출된 유전자형과 일치하는 경우도 있다. 또한, 한 사건과 관련하여 많은 용의자가 의뢰되는 경우에도 그중 드물게는 다른 해결되지 않았던 사건과 일치하는 경우도 있다.

예를 들면, 제주도에서 유치원 교사가 살해되는 사건이 일어났는데 약 1,200명 정도의 용의자가 의뢰되었었다. 이들 중 2명이 다른 성범죄 사건과 관련이 있는 것으로 확인되기도 했다. 한 구속피의자가 의뢰되었는데 혜진, 예슬 양 사건에서 의뢰되었던 증거물에서 검출된 유전자형과 일치하는 유전자형이 검출되어 긴장하기도 했었다. 이 사건도 확인 결과 해프닝으로 끝났지만 우연 치고는 너무나 희한했었다. 이 증거물은 혜진, 예슬 양 사건 당시 인근의 교회에서 수거되어 의뢰되었던 풍선에서 검출된 유전자형이었다. 이 구속피의자가 그 교회에 다녔으며 크리스마스 행사를 준비하기 위해 풍선을 불었던 사람 중에 한 사람이었던 것으로 드러났다.

감정을 하다 보면 참 희한한 경우를 경험하게 된다. 우연치고는 너무 신기하다. 우리가 사는 세상이 참 좁다는 생각이 든다.

억새 속에 숨어 있던 범인의 혈흔

경기도 농촌 마을의 하천제방 둑 밑 풀숲에서 한 남성의 시신이 발견되었다. 시신은 부패가 거의 진행되지 않은 것으로 보아 사망한 지 얼마 안 된 것으로 보였다. 사건 현장은 사람이 들어갈 수 없을 정도로 갈대가 사람 키만큼 크게 자라있었다. 마침 그곳을 지나던 인근 마을 사람이 갈대가 넘어져 있는 사이로 사람의 형체가 보여 경찰에 신고를 하였다.

사건 현장에 대한 감식이 시작되었다. 시신은 외부적으로는 전혀 상처를 발견할 수 없이 깨끗했다. 일부 얼굴과 팔 등에서 찰과상이 관찰됐지만, 사망에 이를 정도는 아니었다. 부검을 위해 시신이 국과수로 옮겨지고 사건 현장에 대한 정밀한 감식이 시작되었다. 하지만 사건이 일어난 현장은 풀들이 무성한 야외인 데다 장소도 너무 넓어서 증거물을 찾는데 어려움이 많았다. 몇 시간 동안 증거물을 찾으려고 노력을 했지만 뚜렷한 증거를 찾지 못한 채 현장에서 철수할 수밖에 없었다.

제방 둑은 비포장으로 사람이 많이 다니지 않는 길이었고 땅의 상태가 약간 물렁해서 차량의 바퀴 자국이 그대로 남아있었다. 차량의 바퀴 자국은 범죄 현장의 입구에서 잠시 머물렀다 간 듯 약간 깊게 들어가 있었다. 그곳으로부터 시신이 있는 곳으로 가는 곳의 풀들이 넘어져 있었다. 범행과 관련이 있는 차량으로 추정되었다. 차량의 바퀴 자국은 차량의 종류 및 동일성 여부를 확인하는데 매우 중요하다. 우선 바퀴의 모양을 실사로 촬영한 후 소석고를 사용하여 땅에 찍혀 있는 바퀴의 모양을 그대로 본을 떴다. 추후 범인이 잡히면 범인 소유 차량의 바퀴 모양과 비교하기 위해서였다.

차량의 바퀴 모양을 확인하긴 하였지만, 이것만으로는 범인을 확인할 수 있는 증거가 될 수 없다. 단지 차량의 종류를 알 수 있었는데 분석 결과 바퀴의 자국은 픽업트럭 종류인 것으로 보였다. 아무런 증거가 없는 경우 이렇게 차량의 종류만 알 수 있어도 수사에는 많은 도움을 줄 수 있다.

한편 피해자는 연구원으로 옮겨져 부검이 실시되었다. 시신의 겉모습에는 큰 외상이 없는 상태였다. 부검 결과 피해자는 지주막하출혈에 의해 사망한 것으로 결론을 내렸다. 머리카락에 덮여 육안으로는 보이지 않았지만, 두개골 내부에 많은 출혈이 있었던 것으로 확인되었다. 사망한 시간은 부패가 거의 진행되지 않은 것으로 보아 지난밤에 일어난 것으로 보였다. 피해자의 신원은 호주머니에 있던 지갑 속의 신분증으로 일차 확인하였으며 인근의 도시에 살고 있었던 김OO 씨 로 밝혀졌다. 피해자의 승용차량은 그가 살고 있는 집에서 몇 십 킬로미터 떨어진 인근 농촌 마을에서 발견되었다. 그는 왜 그 농촌마을까지 차를 가지고 갔으며 어떻게 범죄현장까지 가게 되었을까?

인근 도로에 설치된 CCTV에 찍힌 영상을 분석하여 지난밤에 지나간 차량들에 대해 확인하기 시작했다. 그중 픽업트럭 차량을 모두 조사하기 시작했다. 차량의 통행이 많은 곳이었지만 어렵지

않게 지난밤에 지나간 차량들에 대한 조사를 마칠 수 있었고 용의 차량으로 몇 대를 선정할 수 있었다. 하지만 밤이었고 CCTV의 화질이 너무 좋지 않아 번호판을 식별하는 것은 매우 어려웠다.

영상이 연구원 디지털분석과에 의뢰되었다. 보정 작업을 거쳐 겨우 이들 차량의 번호판 일부를 확인할 수 있었다. 등록된 차 중 이들 일부의 번호가 포함된 픽업 차량을 확인할 수 있었다. 그런데 그중 한 대가 피해자의 차량이 발견된 곳에 사는 사람으로 밝혀졌다. 수사관은 이 사람을 유력한 용의자로 보고 그의 집을 찾아갔다. 하지만 그는 이미 집을 비우고 없었다. 동네 사람들에게 수소문한 결과 며칠 전에 그를 본 것 이외에는 그를 목격한 사람이 없었다. 그는 몇 년 전에 그곳 마을로 이사를 와 혼자 살고 있었다고 했다.

용의자와 용의자의 차량을 전국에 수배하였다. 그러던 중 지방의 시골 장터에서 노점을 하고 있던 이OO 씨를 검거할 수 있었다. 용의차량이 압수되었고 그의 집에 대한 수색도 시작되었다. 차량 및 수거된 증거물들은 모두 국과수로 의뢰되어 정밀한 분석이 실시되었다. 용의차량 및 용의자의 옷에 대해서 혈흔 검출 시험 결과 전혀 혈흔이 검출되지 않았다. 사건 현장 제방 둑에서 발견된 바퀴 흔적과 용의 차량 바퀴 모양에 대한 동일성 여부를 분석한 결과 정확하게 일치하는 것으로 나타났다.

이를 근거로 그가 그곳에 간 이유, 이번 사건과의 관련성 등에 대해 용의자를 추궁하였지만, 용의자는 자신은 마음이 심란하여 그곳에 바람을 쐬러 간 적은 있지만, 자신은 피해자를 죽이지 않았다고 했다. 차량 소유주와의 관계를 묻자 용의자는 피해자는 옛날 직장 동료로 자신의 집을 찾아왔었던 것은 맞지만 왔다가 돌아가서 전혀 모르는 일이라고 했다.

하지만 피해자의 차량이 용의자의 집 주위에 있었다는 점과 두 사람이 채무 관계로 종종 다툼이 있었다는 점 등으로 보아 그가 범인임이 더욱 확실해 보였다. 두 사람은 같은 직장 동료였다. 용의자가 일신상의 문제로 회사를 그만두고 나간 뒤에도 피해자는 그가 꾸어준 돈을 받기 위해 많은 노력을 한 것으로 드러났다.

정황상 이 사람이 범인일 가능성이 많아 보였지만 좀 더 직접적이고 확실한 증거가 필요했다. 수사관은 고민 고민을 하였다.

그러던 중 수사관이 저녁 무렵 일과를 마치고 세수를 하던 중 자신의 팔이 풀에 긁혀 상처가 나 있는 것을 발견하게 되었다.

"이것이다. 바로."

"분명 그곳에서 범인의 혈흔도 발견할 수 있을 것이다."

그는 세수를 하다 말고 대충 수건으로 물을 닦은 다음 혈흔검출 시약인 루미놀 시약을 준비한 뒤 동료 수사관과 함께 사건 현장으로 향했다. 루미놀 시험은 밤에 밖에 할 수 없음으로 퇴근을 미루고 현장으로 달려갈 수밖에 없었던 것이었다. 비라도 오면 현장의 혈흔이 모두 씻겨 내려가기 때문에 한 시도 지체할 수 없는 일이었다. 다행히 그날은 비가 오지 않았다.

범죄 현장 억새들의 칼날 같은 옆 부분을 랜턴을 비춰가며 살피기 시작했다. 하지만 어두운 곳에서 혈흔을 찾는 것은 불가능해 보였다. 바로 바퀴 자국이 있던 곳으로부터 시신이 발견된 현장

으로 루미놀 시약을 뿌려 나가기 시작했다. 한참을 뿌려 나가 던 중 중간 정도 지나서 억새 잎의 중간 부분에서 미세하게 형광 반응이 일어나는 것을 관찰할 수 있었다. 주위가 어두웠기 때문에 아주 작은 형광도 관찰할 수 있었던 것이었다. 조심스럽게 풀 전체를 채취하여 조심스럽게 채취 봉투에 넣었다. 그리고 다시 루미놀을 뿌려 나가기 시작했다. 시신이 있었던 부근에서 다시 몇 개의 미세한 혈흔을 발견하였으며 모두 그대로 채취하였다. 그리고 국과수에 긴급으로 유전자분석을 의뢰하였다. 사건의 중요성을 감안하여 국과수도 긴급사건으로 처리하였다. 하루도 안 되어 유전자분석이 완료되었고 피해자 및 용의자의 유전자형과 비교할 수 있었다.

분석 결과 3개에서 두 명의 남성 유전자형을 검출할 수 있었다. 피해자가 있던 곳 주변에서 검출된 유전자형은 피해자와 일치하였다. 마지막 하나의 유전자형은 용의자의 유전자형과 일치하였다. 용의자가 피해자를 그곳에 유기한 것이 틀림없어 보였다. 이 결과를 바로 담당 수사관에게 통보하였다. 이제는 용의자가 더 이상 발뺌을 할 수 없게 된 것이었다. 용의자는 긴급 체포되었고 그때서야 자신의 범행을 자백했다. 피해자가 시신을 유기할 때 팔의 피부가 날카로운 억새에 긁혔고 그것이 그대로 풀잎에 남아 있었던 것이었다.

수사관의 순간적인 발상이 사건을 해결하는데 결정적인 역할을 하였다. 무심코 지나칠 수 있는 단순한 사실이 이렇게 사건을 해결하는데 중요한 역할을 하기도 한다. 조사 결과 둘은 회사의 동기로 친한 친구였다고 한다. 하지만 둘 사이는 채무 관계로 멀어졌고 범인은 수입원이 없어 그때까지 빌린 돈을 갚을 수 없었다고 했다. 사건 당일에는 피해자가 작심을 하고 온 듯 매우 거칠게 그를 다그쳤다고 했다. 그가 돈이 없으니 일부만 갚고 나중에 갚겠다고 하였지만, 피해자가 욕을 하며 자신의 뺨을 때려 순간적으로 화가 나서 빨리 가라고 소리를 지르며 그를 세게 밀었는데 그가 중심을 잃고 넘어지면서 머리 부분이 벽에 부딪쳤다고 했다. 아무리 흔들어도 일어나지 않아 사망한 것으로 생각하고 너무 무서워 시신을 유기하기로 하고 자신의 차량에 싣고 가서 그곳에 유기했다고 했다. 피의자는 실직한 후 차량을 이용해 이곳저곳을 전전하며 노점상으로 생계를 이어오고 있었다고 했다.

아주 적은 양의 정액반에서 범인의 유전자형을 밝혀라

경기도 고양시 한 아파트에서 자매를 번갈아 성폭행하고 달아나는 사건이 발생했다. 한밤중에 불상의 남성 한 명이 베란다 창문을 통하여 침입한 후 잠을 자고 있던 자매에게 흉기를 들이대고 순순히 자신의 명령에 따를 것을 요구하였다. 그리고 주위에 있던 노끈을 사용하여 피해자의 손을 묶은 뒤 차례로 성폭행 한 후 이불로 피해자들을 뒤집어씌우고 도망하였다. 자매는 범인이 문을 열고 도망한 잠시 후에 일어나 가까스로 경찰에 신고하였다.

사건 현장에 대한 정밀한 감식이 진행되었다. 피해자들이 입고 있던 팬티, 잠옷, 침대 위와 침대 주변에서 수거된 모발 그리고 침대보 등이 연구원에 의뢰되었다.

의뢰된 팬티와 잠옷 등에서 정액 반응 검사를 실시하였다. 하지만 정액 반응 음성이었다. 즉, 정액 반응이 음성으로 나오는 경우는 정액의 양이 정액 반응 시약으로는 검출하지 못할 정도로 아주 적거나 또는 전혀 없어 검출이 되지 않는 경우다.

두 경우를 모두 배제할 수 없어 정액 반응이 음성이라도 유전자 분석을 실시하기도 한다. 이번 사건의 경우는 분명히 범인이 사정을 한 것으로 밝혀졌기 때문에 증거물에 남성의 정액이 극히 소량 숨어 있는 경우로 판단할 수 있었다. 피해자가 사건 당시 수

치심으로 인해 질 내부를 닦은 경우 등은 이렇게 남성의 정액이 극히 소량 남아 있을 수 있다. 경찰관이 긴급하게 도착했을 때는 이미 피해자가 샤워를 하고 난 후였기 때문에 매우 소량의 정액만 피해자의 질 속에 남아있었던 것이었다.

예전에는 정액 반응이 음성으로 나온 경우 유전자분석을 실시해도 남성의 유전자형이 검출되지 않았으므로 유전자분석을 실시하지 않았다. 하지만 지금은 유전자 분석 기술이 발전하여 아주 적은 양의 정액이 섞인 시료의 경우에도 유전자형을 검출할 수 있기 때문에 유전자분석을 실시한다.

이 사건의 경우도 정액 반응은 음성이었지만 유전자분석을 실시하였다. 하지만 워낙 정액의 양이 시료에 포함되어 있었기 때문에 결국 일부의 유전자형만 검출할 수밖에 없었다. 보통 15개 좌위를 분석하는데 실제로 검출에 성공한 것은 11개 좌위였다. 그것도 범인의 정액이 극미량 섞여 있어 피해자의 유전자형만 정확하게 나오고 남성의 유전자형은 피크가 매우 낮아 판단이 어려운 경우도 있었다. 이런 혼합된 유전자형의 경우는 확실하게 남성 및 여성의 유전자형을 분리할 수 없기 때문에 혼합된 유전형으로 기재되어 감정서가 나간다. 추후 범인이 검거되면 혼합반에 범인의 유전자형이 포함되어 있는지 포함되어 있지 않은지를 판단하게 된다. 이런 경우 범인이 아닌 사람이 우연히 그 혼합반에 포함되는 결과를 얻을 수도 있다. 범인임이 배제되지는 않지만 범인을 특정할 수는 없는 것이다. 하지만 데이터의 분석을 통해 남성의 유전자형을 추정할 수만 있다면 그 확률은 엄청나게 올라

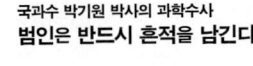

갈 수 있고 데이터베이스에 있는 기존의 범죄자와도 검색을 할 수 있다.

따라서 어렵지만, 이 혼합반에서 남성의 유전자형을 추정해 보기로 하였다. 하지만 워낙 적은 양이 섞여 있었기 때문에 남성의 유전자형을 혼합반에서 분석해내는 것이 쉽지가 않았다. 작은 피크를 중심으로 남성의 유전자형을 추정해내기는 했지만 워낙 적은 양이고 검출된 좌위가 일부여서 오류의 가능성도 있기 때문에 매우 조심스럽게 접근해야 한다.

이를 통하여 가장 가능성이 있는 한 남성의 유전자형을 분리해 낼 수 있었다. 그리고 이 추정된 남성의 유전자형으로 유전자 데이터베이스에서 검색을 한 결과 2010년에 의뢰되었던 구속피의자와 일치하였다. 당시 강원도 원주에 있던 동부분원 관할에서 일어났던 사건과 관련이 있는 사람이었다. 하지만 추정한 유전자형은 범인으로 확정하기에는 위험성이 있기 때문에 추가로 다른 실험을 통해서 범인임을 확증한다. 따라서 당시 국과수 동부분원 유전자분석실에서 분석 후 보관하고 있던 DNA를 다시 찾아 추가로 Y-STR 분석을 실시하였다. 분석 결과 이 Y-STR 유전자형은 이번 사건의 범인으로 추정되는 Y-STR 유전형과 일치하였다. 이 결과를 담당 수사관에게 통보를 하였다.

통보를 받은 수사관이 그의 소재를 파악하기 시작했다. 그는 또 다른 사건으로 만기 복역을 한 후 이미 출소하여 지방에서 막노동을 하며 살아가고 있었다. 소재지에 수사관이 급파되어 그를 검거할 수 있었다. 그리고 추가 실험을 위해 그의 구강이 채취되어 연구원에 의뢰되었다. 결과는 위에서 실시했던 Y-STR 결과와 같았다.

Y-STR 유전자 분석은 남성의 유전자형만 골라서 검출할 수 있는 방법으로 이 사건에서처럼 질 내용물에 극소량의 남성 유전자가 섞여 있더라고 남성의 유전자형을 검출할 수 있는 방법이다. 성범죄의 경우 현재는 정액 반응이 매우 약하거나 음성이라도 범인의 유전자형을 확보하기 위해 Y-STR 분석을 실시하고 있다. 여러 사건에서 정액 반응은 음성이었지만 Y-STR 분석 결과 남성의 유전자형을 검출할 수 있어 사건을 해결하는데 중요한 역할을 하기도 했다.

적극적인 감정과 많은 노력으로 혼합된 유전자형에서 범인의 유전자형을 분리할 수 있었고 이를 이해하고 열심히 수사에 임했던 수사관의 노력으로 한 사건을 또 마무리하였다. 하지만 이 사건은 이것이 끝이 아니었다. 그렇게 범인을 검거했다는 기쁜 소식을 듣고 잠시 다른 업무로 바쁜 사이에 방송 매체에서 경기도 OO경찰서에서 조사를 받던 범인이 수갑을 찬 채 도주했다고 보도했다. 범인은 이미 전과가 있는 사람으로 재범의 우려가 있기 때문에 해당 경찰서 관내의 전 경찰력이 동원되어 가능한 도주로를 차단하고 그를 찾으려 노력했지만, 며칠이 지나도록 소재를 파악하지 못하고 있었다. 결국 범인은 서울 인근 지역에서 은신하다가 잡혔다.

나중에 위의 사건을 담당했던 형사와 통화를 해서 안 내용이었지만 바로 도주했던 범인이 어렵게 잡았던 이 사건의 범인이었다

고 했다. 정말 힘들게 범인을 잡아서 매우 좋아했던 모습이 생각나 씁쓸했다. 한순간 방심으로 어렵게 잡았던 범인을 놓치고 말았던 것이었다. 조사를 담당했던 담당자는 상 대신에 징계를 받게 되었다고 했다.

뒤바뀐 운명

친자 감정 의뢰

교통사고와 관련하여 사망 및 부상당한 사람과 친자인지를 확인해달라는 감정이 의뢰되었다.

"교통사고인데 무슨 친자 감정!"

교통사고에서의 유전자분석 감정은 보통 운전한 사람을 식별할 수 없는 경우(서로 운전한 것을 부인하거나 인식을 못 하는 경우)로 운전석을 중심으로 전면 유리 등에 묻어 있는 조직 또는 혈흔 등에서 유전자분석을 한 후 탑승했던 사람들과 비교해 사고 시 어느 좌석에 탑승했었는지를 판단하는 것이다.

교통사고에서의 친자 감정은 차량에서 화재가 발생한 경우 또는 대형사고 등에서 시신이 훼손되거나 피해자가 심하게 다쳐 신원을 확인할 수 없는 경우 신원 확인을 위해서 또는 살해 유기 등의 사건에서와같이 차에 탔던 사람이 없어진 경우 간접적으로 피해자가 그 차에 탑승했었는지를 확인하기 위해 차량 내부에 유류된 모발 또는 혈흔 등에서 유전자형을 분석해 추정되는 가족과 비교하여 신원을 확인하기도 한다. 하지만, 이런 경우는 흔하지는 않다. 따라서 이번 의뢰된 감정의 경우와 같이 일반적인 교통사고인데 친자 감정이 의뢰되었기 때문에 의심을 하고 볼 수밖에 없었다.

하지만 의심은 사건 개요를 읽는 순간 금세 이해로 바뀌었다.

매우 드물기는 하지만 피해자의 신원 확인이 잘 못 되어 재차 정확한 신원을 확인하기 위해 유전자분석 감정이 의뢰된 것이다.

"어떻게 교통사고에서 이런 일이 일어났을까!"

관심을 갖고 감정을 시작했다.

교통사고

이 사고는 새벽 시간대에 자유로를 달리던 승용차가 경기도 고양시 초입에서 도로의 벽을 들이받으면서 일어났다. 사고를 접수한 경찰이 도착했을 때 교통사고 현장은 그야말로 아비규환이었다. 차량은 완전히 파괴되었고 운전자는 그 자리에서 사망한 것으로 보였다. 차량 안에는 운전자 이외에 여성 두 명이 더 있었는데 사고 당시의 충격으로 두 사람 모두 누구인지 알아볼 수 없을 정도로 얼굴의 모습이 망가진 상태였으며 생명이 위태로운 상황이었다. 두 명 모두 급하게 인근의 병원으로 옮겼지만 한 명은 사망하였고 한 명은 겨우 목숨을 건져서 치료를 계속 받게 되었다.

수사 담당관은 그들의 신원을 확인하여 부모에게 연락하였다. 김OO에 대해서는 사망한 것으로 확인하여 시신을 가족에게 인계하였다. 그리고 안OO는 살아있는 것으로 확인한 것이었다. 중상을 입은 안OO는 심하게 다친 관계로 온몸을 붕대로 감고 있었다. 이 여성분은 가족의 간호 속에 진료를 계속 받았고 상태가 호전되어갔다.

여기까지는 모두 정상적으로 처리된 듯하였다.

장례를 치르고 다시

사망한 여성 김OO의 가족은 한동안 사망 충격으로 장례를 치르지 못하다가 한참 후에 장례를 치렀다. 그리고 안OO로 확인한 여성은 계속된 치료로 의식이 일부 돌아오고 온몸을 감았던 붕대를 풀어가기 시작했다. 붕대를 풀기 시작하자 이 여성의 본래의 모습을 볼 수 있게 되었고 가족에게는 믿을 수 없는 일이 생겼다. 붕대를 푼 여성의 모습을 확인해 본바 자신의 딸 안OO가 아니었던 것이었다. 자신의 딸로 믿고 정성을 다해 치료를 해오고 있었는데 막상 붕대를 푸니 자신의 딸이 아니었던 것이었다. 마침 사망한 것으로 확인되었던 김OO의 어머니가 병문안을 왔다가 병상에 있는 여성이 자신의 딸임을 확인하고 다시 한 번 놀라지 않을 수 없었다. 죽었다던 자신의 딸 김OO가 살아있었던 것이었다.
"어떻게 이런 일이 일어날 수 있단 말인가!"

다시 돌아온 딸

너무나 이해를 할 수 없는 상황이라서 국립과학수사연구원에 친자 감정을 의뢰하여 정확하게 판단하기로 한 것이었다. 생존해 있는 여성과 양쪽 가족의 구강 채취 키트가 의뢰되었다. 김OO 양의 모 그리고 안OO 양의 부모가 한꺼번에 의뢰되었다.

실험 결과 생존해 있던 여성은 처음에 살아있던 것으로 확인한 안OO 양의 부모와 친자관계가 성립되지 않았다. 하지만 김OO 양의 어머니와는 친자관계가 성립되었다. 살아있는 것으로 확인했던 안OO 양은 이미 사망해서 김OO의 가족에게 인도되어 장

례를 치르고 난 후였다. 너무나 기가 막히는 일이었다. 죽은 줄 알았던 김OO 양은 병원에서 그렇게 치료를 받고 있었던 것이었다. 처음부터 신원을 잘 못 확인하여 시신을 인도한 것이었다.

경찰은 두 명 다 미성년자라서 지문 기록이 없어 착오가 있었다고 했으며 부모도 확인을 한 사항이었다고 했다. 부모도 확인을 했으니 확신을 한 모양이었다. 하지만 사건에서의 신원 확인은 여러 가지 다양한 경우가 있을 수 있어 잘못 신원 확인 할 수 있기 때문에 객관적인 기준에 의해 신원을 확인하는 것이 필요하다. 인지식별 즉, 신체적 특징, 입고 있던 옷 및 소지품 등에 의해 신원을 확인하는 것이 얼마나 위험한지를 알려주는 사건이었다. 세월호 사건에서도 처음 해양경찰청 담당자가 인지식별에 의한 신원 확인을 한 결과 시신이 잘 못 인도된 사례가 3건씩이나 발생했었다. 인지식별에 의한 신원 확인은 항상 오류의 가능성이 내포하고 있기 때문에 매우 위험하다.

같은 실수를 여러 번 하면 그것은 실수가 아니다. 신원 확인에 대한 보다 체계적인 절차가 필요하며 정확한 신원 확인이 필요할 것 같다.

사람을 문 개는?

사건 발생

한 남성이 아마추어 팀들끼리의 야구 시합을 마치고 집으로 가고 있었다. 야구장을 나와서 동네의 한 주택가를 지나가고 있었는데 어른의 허벅지까지 올 정도로 꽤 큰 개 한 마리가 뛰어나와 이 남성한테 달려들었다. 이 개는 남성의 바짓단을 물어뜯으며 놓아주질 않았다. 개를 떼어내려고 몸부림쳤지만 그럴수록 개는 더욱 거세게 달려들었다. 당황한 이 남성이 마침 어깨에 메고 있다가 떨어뜨린 가방에서 야구 시합에 사용했던 야구방망이 하나를 꺼내서 개의 머리 부분을 향해서 내리쳤다. 개는 깨갱 소리를 내며 쓰러졌고 그 자리에서 즉사했다.

뒤늦게 개의 주인이 나타나 자신의 개가 지나가던 사람을 물었음을 인지하였다. 주인은 매우 놀라면서 피해자에게 매우 죄송하다고 말하고 추후에 피해에 대해 모든 것을 배상할 것을 약속했다.

피해자는 다리의 곳곳이 찢어지는 상처를 입고 인근의 병원에 입원하여 치료를 받았다. 그리고 개의 주인은 죽은 개를 인근 땅에 묻어주었다.

그 후 피해자는 개의 주인에게 피해에 대해 배상할 것을 요구하였지만 개 주인이 차일피일 미루며 보상을 해 주지 않자 개 주인을 경찰에 고소하였다. 개 주인은 자신의 개가 피해자에게 달려

든 것을 보지 못했기 때문에 그 당시 상황을 알 수 없으며, 오히려, 피해자가 집 앞을 지나가면서 개를 화나게 하여 개가 나간 것으로 개를 죽인 것에 대한 보상을 먼저 해야 한다고 주장했다.

사건 수사

경찰은 우선 사실 여부를 확인하기 위해 피해자가 당시 착용하고 있었던 찢어진 바지와 개를 묶었던 목줄을 수거하였다. 그리고 집에서 기르고 있던 여섯 마리의 개에서 채취한 혈액을 의뢰하였다. 감정 의뢰 사항은 피해자 바지의 찢어진 부분에서 검출된 유전자형과 개의 목걸이에서 유전자형이 검출되는지 여부와 검출된다면 동일한 유전자형인지 여부였다. 그리고 그 집에서 기르고 있던 개임을 입증하기 위해 그 집에서 기르던 개들과 죽은 개와의 친견 여부를 실험해달라는 것이었다. 이러한 것은 이미 물었던 개를 묻어버렸기 때문에 직접 비교를 할 수 없기 때문에 할 수 없이 택한 선택이었다.

"견자 식별!"

처음으로 사용하는 용어 같았다. 범인을 식별하는 실험을 많이 했지만, 개의 친견 여부를 식별하는 실험은 처음이었다.

"개의 친견 관계는 구별할 수 있는 것일까?"

"과연 결과는 어떻게 나왔을까?"

다행히 이러한 것을 확인할 수 있는 실험 방법이 확립되어 있었기 때문에 감정을 진행할 수 있었다.

실험 결과는 피해자의 바지 찢어진 부분에서 검출된 개의 유전자형과 목줄에서 검출된 개의 유전자형이 일치하는 것으로 나왔으며 이들의 유전자형은 집에서 기르던 한 마리의 개와 친견 관계가 성립되는 것으로 나왔다. 즉, 피해자를 물었던 개는 그 집에서 기르던 한 마리의 개를 낳은 어미 개였던 것이었다.

이러한 분석 방법은 여러 분야에서 동물의 우수한 종을 확인하고 식별하기 위한 방법으로 사용되기도 한다. 예를 들면, 마사회에서는 우수 종마의 계보를 확인하고 보호하기 위해 말들의 가계도를 만들어 종마의 순수 혈통을 관리하고 있다. 또한 진돗개의 혈통을 보존하기 위해 진돗개의 유전적 특성을 연구하여 보존하기도 한다.

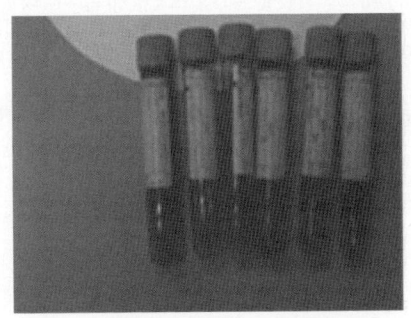

집에서 기르던 개들에서 채취한 혈액

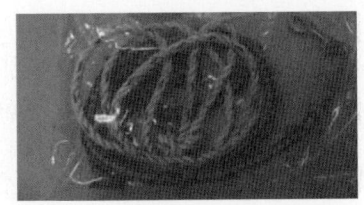

죽은 개를 묶었던 끈

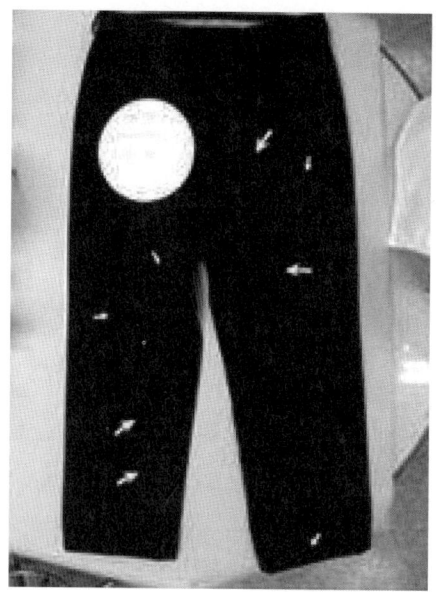
피해자가 사건 당시 입고 있었던 바지

범죄를 증명한 도깨비바늘

시신의 발견

2010년 9월 중순 경기도 의정부시에서 외곽으로 빠지는 도로 옆의 산 언덕배기에서 일부 풀들로 덮여 있던 한 젊은 여성의 시신이 발견되었다. 발견된 곳은 조그만 마을로 들어가는 작은 길 옆의 산으로 마침 등산을 하려던 사람이 일부가 노출된 시신을 발견하고 경찰에 신고하였다.

시신은 하늘을 보고 반듯이 누워있는 상태였고, 범인이 범행을 은폐하려 한 듯 풀과 낙엽으로 덮여있었으며, 상의 점퍼가 위로 올려져 있었으며 하의도 반쯤 벗겨져 있었다. 현장은 범인과 다툼이 있었던 듯 현장은 풀들이 어지럽게 쓰러져 있었다. 피해자에 대한 신원 확인 결과 의정부의 외곽에 살고 있었던 박OO 씨로 그날은 저녁 약속이 있다고 회사를 일찍 나온 뒤 연락이 되지 않고 있었다 한다.

현장에 출동한 수사관에 의해 시신이 옮겨지고 사건 현장에 대한 감식이 이루어졌다. 시신이 있던 주변을 중심으로 범인의 흔적을 찾으려 노력하였으나 별다른 증거물을 찾지 못했다. 하지만, 시신이 있던 곳의 풀 섶에서 작은 단추 하나를 발견할 수 있었다.

연구원으로 옮겨진 시신에 대한 부검이 실시되었다. 부검 결과 목이 졸린 흔적이 발견되었으며 엉덩이 윗부분에 긁힌 흔적이 있었을 뿐 다른 곳에는 상처가 없었다. 시신은 부패가 거의 진행되

지 않아 숨진 지 얼마 안 된 것으로 판단하였다. 피해자가 입고 있던 옷 등과 채취된 증거물들이 국과수에 의뢰되었다.

　별다른 증거를 찾지 못한 수사관들은 마을 사람들을 중심으로 범인 목격 여부를 탐문하였으나 누구도 현장을 목격한 사람이 없는 것으로 드러났다. 한편, 또 다른 팀에서는 인근 도로에 설치된 CCTV의 영상을 분석하기 시작했다. 지난밤에 지나간 차량에 대한 일일이 확인하기 시작했다. 그러던 중 한 남성이 운전을 하고 옆에 여성이 앉아 있는 차량을 발견하고 유심히 살피기 시작했다. 피해자가 입고 있었던 상의 점퍼하고 색상이 비슷했기 때문이었다. 옆에 있는 여성의 모습은 흐릿하여 알아볼 수 없을 정도였으나 윤곽이 비슷하기도 하였다. 수사관은 더욱 정확한 상을 확보하기 위하여 이를 국과수에 분석 의뢰하였다.

용의자 검거

　영상에 대한 분석 결과 영상이 흐릿하여 보정을 하였으며 피해자와 유사하다는 감정 결과가 통보되었다. 따라서 이 차량을 유력한 용의 차량으로 보고 소유주에 대해 긴급 검색하였다. 검색 결과 차량의 소유자는 의정부시에 살고 있는 사람이었다. 그를 조사하기 위해 그가 다니는 회사로 수사관이 급파되었다. 눈치를 채지 못한 그는 일상처럼 자신의 자리에 앉아 바쁘게 업무를 보고 있었다.

　"저렇게 태연할 수가, 혹시 범인이 아닌 것은 아닐까!"

　수사관들은 너무나 태연한 그를 보고 멈칫했다. 도저히 범인이라고는 생각할 수 없었다. 수사관들이 그에게 다가가 이유를 대며 조사를 했으면 한다고 하자 그는 순순히 수사관의 요구에 응했다.

그에게 어제의 행적을 묻자 순순히 자신은 자기가 아는 여성하고 그곳을 간 적이 있다고 답했다. 하지만 자신은 그의 사망과는 전혀 관련이 없다고 진술했다. 수사관들은 너무나 태연하고 범행 자체를 부인하는 그를 보고 이 사건을 해결하기가 매우 어렵게 되는 것은 아닌가 하는 불안감에 휩싸이기 시작했다. 그를 계속 추궁했지만 돌아오는 것은 같이 간 사실은 인정하지만 그의 사망과는 전혀 관련이 없다는 말뿐이었다.

증거가 없어요

하지만 그가 그녀를 태우고 그곳에 간 증거가 있기 때문에 그를 유력한 용의자로 보고 수사를 진행했다. 그의 차량과 집에 대한 압수수색이 시작되었다. 그리고 해당 차량과 그의 집에서 수거한 다른 옷들도 국과수에 감정 의뢰되었다. 차량은 이미 내부 및 외부를 세차한 듯 먼지 하나 없이 깨끗하였다.

피해자 옷 등 피해자 관련 및 용의자와 관련 증거물들에 대한 정밀 검사가 진행되었다. 피해자의 옷에 대한 감정 결과 혈흔 및 정액반을 발견할 수 없었다. 현장에서 수거된 단추와 용의자 옷 단추와 동일성 여부는 동일한 단추로 확인되었으나 일반적으로 와이셔츠에 사용되는 흔한 종류의 단추였기 때문에 그를 범인으로 확증하기에는 추가 증거가 필요했다.

감정이 진행되던 중 담당 수사관에게서 전화가 왔다. 식물의 일부만 있어도 동일성 여부를 알 수 있는지와 꽃가루를 가지고도 식물의 동일성 여부를 알 수 있는지 여부였다. 담당 수사관이 현장을 다녀와서 자신의 옷에 붙어서 잘 떨어지지 않았던 도깨비바늘이 생각났고, 일일이 손으로 떼었지만, 일부가 남아 아프게 했던 것을 기억해낸 것이었다. 물론 가능하다. 식물의 일부일지라도 고배율로 관찰하면 동일성 여부를 판단할 수 있는 경우가 많다. 꽃가루도 식물의 종마다 다르기 때문에 현미경으로 관찰하면 어떤 식물의 꽃가루인지를 식별할 수 있다. 범인이 만약 그곳에 갔다면 범인의 옷 등에는 식물의 일부 또는 꽃가루가 묻어 있을 수 있기 때문에 범행을 증명하는데 중요한 역할을 한다.

도깨비바늘 그리고 꽃가루

용의자의 옷을 확대경을 통해 살피던 중 무엇인가를 발견하였다. 옷의 색깔이 청색 계통이었기 때문에 잘 보이지는 않았지만 확대경으로 본 순간 의외의 증거를 찾을 수 있었다. 조심스럽게 이를 채취하여 높은 배율의 현미경으로 관찰하였다.

"아, 이것은!"

현미경을 통해 보인 것은 분명 도깨비바늘의 일부였던 것이었다. 범행 현장에서 자신도 모르게 도깨비바늘이 옷에 달라붙었고 일부는 떼어냈지만, 일부가 남아있었던 것이었다. 와이셔츠에는 노란색으로 물든 부분이 있었는데 그곳을 세밀하게 살피고 옷을 털어낸 것을 현미경으로 관찰한 결과 아주 소량이지만 꽃가루가 발견되었다. 이 꽃가루와 비교하기 위해 사건 현장 주변에서 채취된 식물들의 꽃이 같이 의뢰되었다. 분석 결과 피해자의 옷에 묻은 꽃가루는 현장에서 채취한 꽃의 꽃가루와 일치하였다. 즉, 그가 그곳에 있었다는 것이다.

도깨비 바늘

분석 결과를 범인에게 보여주며 왜 그곳에 갔었는지 추궁하였다. 더 이상 범인은 자신의 범행을 부인하지 못했다.

범인은 평소 안면이 있던 피해자를 집에 데려다준다고 자신의 차에 타게 한 후 바람이나 쐬러 가자고 하며 사건 현장이 있는 곳으로 데려갔다. 한참을 걷다가 엉뚱한 생각이 들어 그를 위협하고 추행하려 하자 피해자가 완강히 반항하였다. 힘으로 제압한 후 다시 강제로 추행을 했으나 뜻을 이루지 못하였다. 이에 피해자가 이 사실을 다른 사람한테 알리겠다고 하며 그곳에서 벗어나려는 순간 피해자를 넘어뜨려 그러지 말라고 했지만, 피해자가 더욱 강하게 "당신 같은 사람은 이 세상에 없어져야 한다며 분명히 처벌을 받게 할 것이라"고 하자 자신도 모르게 목을 조르게 되었다고 했다. 위협만 주려고 했는데 자신도 모르게 그렇게 됐다며 연신 눈물을 흘리며 선처를 호소했지만 이미 모든 것은 끝난 후였다.

 범죄를 증명하는데 사람이 아닌 동물 및 식물 관련 증거가 사건을 해결하는데 중요한 역할을 하는 경우가 늘고 있다. 앞으로도 과학수사에서 이와 같은 증거물들이 사건을 해결하는데 더욱 중요한 역할을 할 것으로 기대된다.

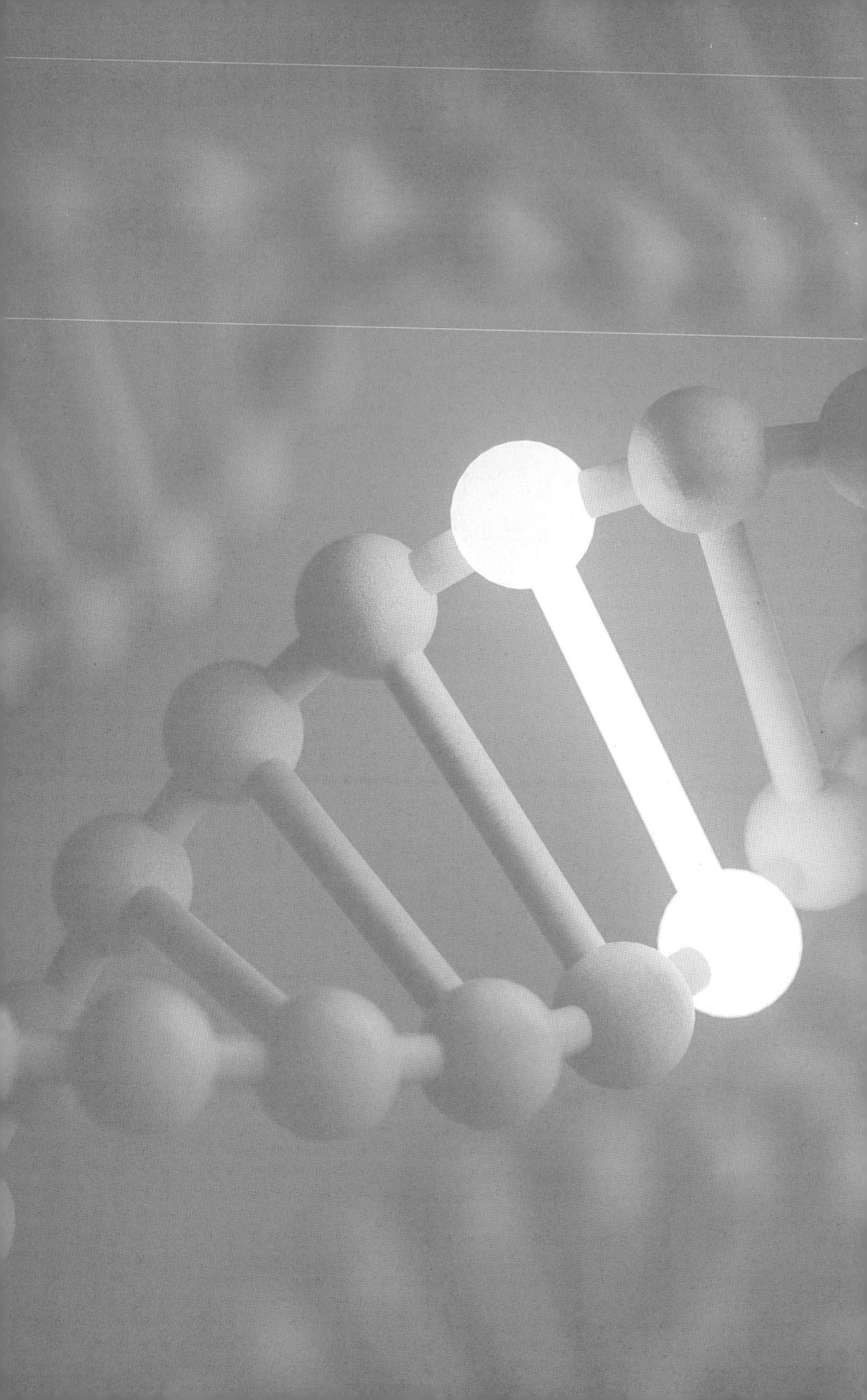

CHAPTER 5

지리프로파일링

연쇄절도사건

충북 청주에서 연쇄 강도 및 절도 사건이 일어났다. 한 달 사이에 반경 10킬로미터 이내에서 벌써 6건째 일어났는데 범인을 잡지 못해서 애를 태우고 있었다. 이들 중 4건은 사람이 없는 집을 골라 절도를 하였지만, 나머지 2건은 집 안에 사람이 있는 상태였으며 피해자들을 협박하여 제압한 후 집안을 뒤져 금품을 털어갔다. 다행히 피해자들이 다치지는 않았지만, 하마터면 인명 피해가 날 수도 있는 사건들이었다.

현장 조사

계속되는 연쇄절도 사건으로 그 일대 수사관들이 긴장을 늦추지 않고 범인을 잡으려고 노력을 했지만 범인을 잡는 데 실패했다. 피해 가정이 계속적으로 생기고 지역 일대의 민심이 흉흉해지면서 전담팀이 꾸려지고 범인을 잡기 위해 총력을 기울이고 있었다.

이들 절도 사건들의 현장에 대한 감식도 이루어졌지만 범인을 특정할만한 증거를 확보하지 못했다. 하지만 다행히 연쇄절도 사건 중 한 사건에서는 목격자를 찾을 수 있었다. 피해자의 집 근처에서 구멍가게를 하는 사람으로 집 앞에 범인으로 추정되는 사람이 차를 세워놓고 주변을 두리번거려서 이상하게 생각했었다 한

다. 왠지 이상하다는 생각이 들어 차량 번호도 눈여겨 보았지만 시간이 흘러서 차량 번호는 기억할 수 없었지만, 당시 세워져 있던 차량이 청색 계통의 H사 승용차로 기억하고 있었다. 집 안에 사람이 있었던 사건들의 피해자 진술에 의하면 범인은 검은색 하의에 청재킷을 입고 있었으며 두 사건 모두 특이하게 범인이 붉은 장갑을 끼고 있었다고 했다.

지리프로파일링

범인은 6건의 범행을 모두 작은 도시를 지나는 2차선 도로를 중심으로 양 측면에서 차례대로 일어났다. 이 도로의 구간이 짧았지만 사람의 왕래가 잦은 곳이라 CCTV가 두 곳에 설치되어 있었다. 하지만 범인은 이곳을 잘 아는 사람인 듯 교묘하게 그곳을 피해 이면도로를 사용한 것으로 보였다. 그 시간대에 녹화된 화면을 아무리 살펴도 용의차량을 발견할 수 없었다.

전문가들이 모여 지리프로파일링 분석 기법을 적용하면 어떤 단서를 얻을 수 있지 않을까 싶어 이를 실시하기로 했다. 지리프로파일링 분석은 이러한 연쇄 사건의 분석을 통하여 범인의 이동 경로 및 범인의 특성을 분석하여 범인의 주거지 및 범인의 이동 경로 등을 예측하는 방법으로 범인을 추정하거나 범인을 검거하는데 도움을 주고 있다. 지리프로파일링 분석 결과 범인은 그 지역에서 사는 사람이 분명해 보였으며 다음 범행 장소로 예상되는 곳은 범인이 항상 이용하는 도로를 따라 약간 멀리 떨어진 곳으로 움직일 것으로 분석되었다. 따라서 예상되는 곳에 CCTV

를 추가가 설치하고 수사 요원도 집중적으로 배치하였다. 그리고 CCTV를 통해 들어오는 영상을 실시간으로 감식하고 있었다.

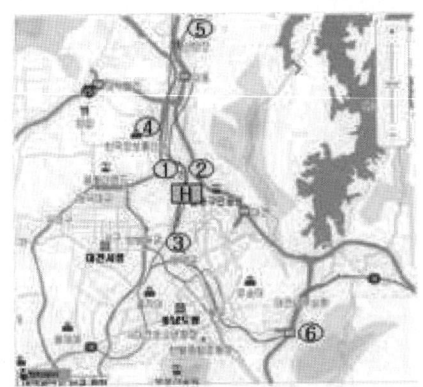

지리프로파일링의 예

범인을 추적하라

한편, 목격자를 상대로 법최면검사를 실시하였다. 다행히 이미 기억에서 흐릿해진 차량 번호 중 끝자리 2자리를 기억해 낼 수 있었다. 하지만 이것도 앞뒤가 어떤 것이 먼저인지를 정확하게 기억할 수 없었다. 하지만 이것도 중요한 단서가 될 수 있다. 이를 바탕으로 2자리 숫자가 포함된 차량에 대한 차적 조회를 진행했다. 하지만 이를 전적으로 신뢰할 수 없어 일단 목격자가 진술한 파란색 차량을 중심으로 CCTV상에서도 지나가는 차량 중 같은 번호가 있는지 계속 관찰했다.

그러던 중 한 당직자자 파란색 계통의 승용차가 지나간 것을 발견하고 긴급하게 현장에서 순찰 중이던 수사관에게 연락했다.

법최면검사

법최면검사는 대상자의 최면을 유도하고 심화시켜 사건 당시로의 심리적 퇴행을 유도하여 당시의 기억을 회상하도록 하여 특정한 사실을 기억하도록 하는 것이다. 이 검사는 용의자의 인상착의를 기억하여 범인의 몽타주를 작성할 때, 뺑소니 사건 등에서 차량 번호, 차량의 종류 등을 기억하고자 할 때 등과 같이 다양한 사건에서 응용이 될 수 있다. 우리나라에도 오래전에 도입되어 범인을 검거하고 범죄를 해결하는데 많은 도움이 되고 있다. 특히 별다른 증거가 없는 사건의 경우 이 검사 방법은 더욱 빛을 발한다.

범인의 검거

연락을 받은 수사관들이 파란색 승용차가 움직이는 것을 발견하고 은밀하게 쫓기 시작했다. 드디어 예상했던 것과 같이 이전의 절도사건이 일어난 곳과는 멀리 떨어진 반대 방향으로 계속 움직이기 시작했다. 이를 미리 감지한 수사관들이 조를 나누어 골목을 지키며 잠복을 하고 있었다. 그는 태연하게 한 집을 한 치의 망설임도 넘어 들어갔다. 동시에 그는 잠복 중이던 수사관들에 검거되었다. 용의자는 차량과 같이 경찰서로 옮겨졌다.

그의 차량에서는 범행할 때 사용한 것으로 보이는 여러 가지 물품들이 수거되었다. 그중 하나가 몇 켤레의 빨간 장갑이었다. 범행에 사용된 장갑이 틀림없어 보였다. 하지만 용의자는 완강하게 자신의 범행을 부인하였으며 전에 있었던 사건들도 자신과는 전혀 무관하다고 했다. 빨간 장갑은 자기가 가지고 있던 장갑이지 범행에 사용된 적은 전혀 없다고 하였다. 오히려 증거가 있으면 증거를 내놓으라고 수사관에게 큰소리쳤다.

수사관은 용의자가 거짓말을 하고 있다고 보고 용의자에 대해 거짓말탐지검사를 실시하였다. 검사 결과 "이 장갑을 범행에 사용한 적이 있지요."라고 물었을 때 물론 범인은 "아니오"라고 했지만 빨간 장갑에서는 거짓반응 나타났다. 여러 가지 증거를 내놓자 범인은 이전의 연쇄절도 사건들도 자신의 범행임을 스스로 자백했다.

지리프로파일링, CCTV 등 여러 과학수사 기법이 몇 달 동안 주민들을 불안에 떨게 하던 연쇄절도 사건을 해결하는데 공헌을 하였다.

그는 처음 빨간 장갑을 끼고 범행을 했는데 잡히지 않자 부적처럼 항상 빨간 장갑을 끼고 절도를 했다고 한다.

거짓말 탐지검사

사람은 거짓말을 하게 되면 신경계의 변화가 오기 때문에 이 변화를 기계적인 신호를 바꾸어 거짓말을 하고 있는 지를 판단하는 검사 방법이다. 최근에는 특정한 뇌파를 측정하는 방법도 개발되어 사용되고 있다.

* 거짓말탐지검사에 사용되는 장비

철조망을 자른 공구를 찾아라 — 인삼 절도 사건

사건 발생

경기도 연천군의 한 마을에서 수확을 앞둔 인삼 일부가 한밤중에 없어진 사건이 발생했다. 절도가 일어난 곳은 가옥이 6채 밖에 없는 작은 마을로 평소에도 외부인의 출입이 거의 없는 조용한 마을이었다. 밭 주인은 당시 옆 마을의 상가에 조문하러 갔다가 새벽에 돌아와서 이 사실을 까맣게 모르고 있었으며 아침에 자신의 인삼밭에 들렀다가 철조망이 뜯겨나가고 밭에 있던 인삼이 없어진 것을 발견하고 깜짝 놀라 경찰에 신고하였다.

철조망이 뜯겨나간 근처의 인삼밭은 범인들이 어두운 상태에서 인삼을 마구잡이로 뽑은 듯, 밭은 무참히 짓밟혀 있었으며 미처 가져가지 못한 인삼들이 흩어져 있었다. 인삼밭에는 수확기를 앞두고 절도를 막기 위해 감시용 CCTV까지 설치하였지만, 범인은 그곳에 CCTV가 설치되어 있는 것을 미리 알고 라인을 먼저 자른 후 범행을 저지른 것으로 보였다.

신고를 받고 수사관이 현장에 도착하여 감식을 시작했다. 먼저 범인이 타고 왔던 차량의 것으로 보이는 차량의 타이어 자국을 발견하였다. 타이어 자국은 승용차의 타이어 자국은 아닌 것으로 보였으며 트럭 종류로 보였다. 밭에는 범인의 신발 자국들이 어지럽게 찍혀 있었다. 신발 모양으로 보아 장화 종류인 것으로 보였으며 한 명이 범행을 한 것으로 분석되었다. 타이어 자국 및 신발자국 중 선명한 것들을 채취하였다. 그리고 현장에서 잘려 나간 철조망을 같이 수거하여 이들과 함께 연구원에 의뢰되었다.

범인은 CCTV의 선이 어디에서 연결됐는지 정확하게 파악하고 있었으며 마을의 사람들이 모두 인근에 상가에 간 것을 알고 있었던 점 등으로 보아 현지 사정을 잘 아는 사람으로 판단되었다. 따라서 수사는 먼저 인근 마을에 사는 사람들을 중심으로 진행되었다.

수사관은 인근 마을을 돌아다니며 현장에서 채취한 차량의 바퀴 자국과 같은 종류의 차량이 있는지 일일이 확인하기 시작했다. 조사를 시작한 지 얼마 지나지 않아 한 집 앞에 세워져 있던 트럭의 바퀴 모양이 현장에 발견된 바퀴의 흔적과 비슷함을 확인할 수 있었다. 수사관은 이 차량의 주인이 범인임을 확신하고 집으로 들어갔다. 주인은 40대 초반의 평범해 보이는 농민으로 보였다.

그에게 현장에서 발견된 차량 바퀴 자국과 그의 소유 차량의 바퀴 모양을 비교하며 범죄 사실을 추궁하자 그것은 우연히 같은 차량의 바퀴가 찍힌 것이고 오히려 트럭의 바퀴 모양이 다 같이 않느냐고 큰소리로 따졌다.

하지만 수사관의 눈은 벌써 그의 집 구석구석을 향하고 있었다. 한구석에 두꺼운 천으로 가려 놓은 곳에 일부 인삼의 잔뿌리가 그의 눈에 들어온 것이었다. 주인의 양해를 구하고 그곳으로 가서 천을 들자 아직 흙조차 털지 않은 인삼이 가득 쌓여있는 것을 발견할 수 있었다. 다시 주인을 추궁하자 자신이 수확해서 팔려고 쌓아 놓은 것이라고 변명하였다.

　그가 범인임을 확신하고 다시 집안을 수색했다. 농기구가 있는 곳에서는 범행 당시 인삼을 캐는 데 사용한 것으로 보이는 도구와 흙 묻은 장갑 그리고 장화 등도 같이 발견되었다. 그리고 공구함들도 같이 발견되었다. 이들 증거물들은 모두 현장의 흔적 및 토양과 동일한지 여부를 알아보기 위해 연구원으로 의뢰되었다.

　일주일이 안 되어 감정 결과가 해당 관서로 통보되었다. 감정 결과, 차량 바퀴 및 신발 자국과의 동일성 여부는 현장의 흔적이 세밀하게 찍히지 않아 정확하게 동일성 여부를 확인하는데 실패했다. 그리고 흙의 동일성 여부 분석 결과는 용의자 집에서 발견된 인삼, 인삼 캐는 도구 및 장화에 묻어 있던 흙과 현장의 흙이 유사한 것으로 확인되었다. 그의 집 공구함에 있던 전선 절단기와 현장에서 수거한 철조망의 절단면에 나타난 흔적을 현미경으로 관찰하여 동일성 여부를 분석한 결과 정확하게 일치함을 확인할 수 있었다. 즉, 분명히 그 도구를 사용하여 철조망을 잘랐다는 것을 증명한 것이다.

　수사관이 이러한 감정 결과를 설명하며 그에게 범행을 추궁하자 자신의 범죄를 자백했다. 실제로 그는 인삼 농사를 짓지 않고 있었던 것으로 드러났다. 범인은 작은 트럭을 이용해 전국의 장을 떠돌며 여러 가지 물건 떼어 장사를 해왔는데 경제 불황으로 거의 돈을 벌지 못했다고 했다. 생활고에 시달리던 그는 인근의 인삼을 훔쳐서 팔 생각을 하고 마침 마을 사람들이 모두 인근 마을의 상가에 간 틈을 타서 이러한 일을 저지른 것으로 밝혀졌다.

공구흔

각종 절단 공구를 사용하여 자물쇠, 철조망 등을 절단하는 경우 절단된 곳에는 공구를 사용한 흔적이 남게 된다. 이들 공구는 고유한 단면을 갖기 때문에 절단된 곳에도 고유한 공구의 흔적이 남는다. 이들의 흔적을 비교하여 동일한지를 밝히면 절단하는데 사용된 공구를 확인할 수 있다.

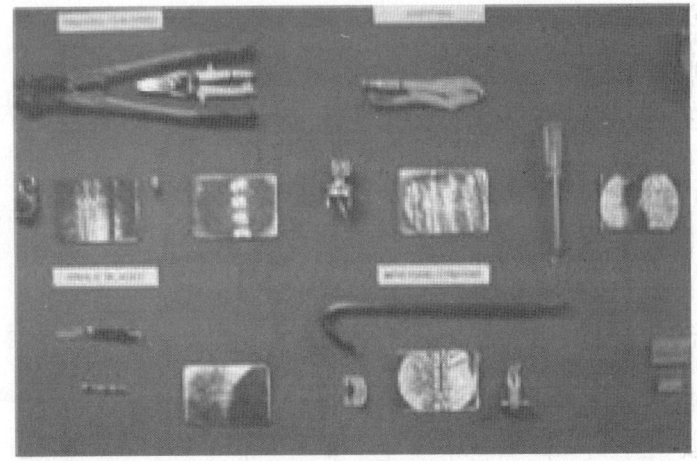

* 범행에 사용되는 각종 공구 및 공구흔적(FBI)

신발 흔적으로 찾은 범인

　일산 신도시의 한 아파트 지하 주차장에서 영업을 마치고 주차를 해 두었던 택시가 밤사이에 누군가에 의해 운전석 문이 뜯기고 열려진 채로 발견되었다. 범인이 금품을 노리고 택시의 문을 강제로 연 것으로 보였다. 차량 안에 있던 현금 등이 도난당한 것으로 신고되었다. 신고를 받고 출동한 수사관이 조사를 한 결과 피해액은 택시 안에 있던 현금 약 12만 원인 것으로 밝혀졌다. 사건 현장에서 범인을 확인하기 위한 감식이 진행되었다.

　현장 바닥은 특수 페인트로 칠해져서 매끈매끈하였다. 피해 차량의 주위에서 범인의 것으로 보이는 신발 자국을 발견할 수 있었으며 범인이 타고 온 것으로 추정되는 차량의 타이어 흔적도 확인할 수 있었다. 차량의 문짝에서는 범인이 문을 강제로 개방할 때 생긴 것으로 보이는 공구의 흔적을 발견할 수 있었다.

　현장에 대한 감식을 마친 후 주차장의 입구 및 안쪽에 설치된 CCTV에 촬영된 영상을 검색하였다. 사건과 관련이 있는 것으로 보이는 영상이 새벽 1시부터 고스란히 찍혀 있었다. 입구 쪽 CCTV에는 승용차 한대가 주차장으로 들어오는 모습이 찍혀 있었고 내부의 CCTV에는 그 다음 영상이 찍혀 있었다. 주차장으로 들어온 차량은 주차를 하는 척하면서 주위를 살피다가 잠시 택시의 옆에 세우더니 가져온 도구를 사용하여 순식간에 문을 연 후 차량 안을 뒤져 호주머니에 넣은 모습이 담겨 있었다.

한밤중이었고 조명이 흐려서 범인의 얼굴이 선명하지 않았기 때문에 정확하게 누구인지를 판단하기는 어려웠다. 범행 차량은 자주색의 승용차인 것으로 확인됐지만 불행하게도 차량의 번호는 CCTV 촬영 각도에서 벗어나 알 수 없었다.

수사관은 CCTV의 영상을 국과수에 의뢰하고 범인의 얼굴이 담긴 부분을 프린트하여 아파트 현관에 붙이고 신고가 들어오기를 기다렸다. 그리고 주위의 아파트에 거주하는 사람들을 상대로 영상과 같은 종류의 차량을 소유한 사람을 조사하는 한편 신발 자국에 대한 정밀 감정을 진행하였다.

사건이 난 지 채 하루가 지나지 않았는데 범인과 인상착의가 비슷한 사람을 보았다는 제보가 들어왔다. 경찰이 그의 주거지 근처에 잠복한 끝에 태연하게 집으로 들어가는 용의자를 검거하였다. 그의 집에 대한 압수수색도 실시되었다.

그의 집에 있던 신발을 수거하여 현장에서 발견된 신발의 모양과 일일이 대조하였다. 그중 한 켤레가 정밀 검사 결과 현장에서 발견된 신발의 바닥 모양과 정확하게 일치하였다. 분석 결과를 설명하자 용의자는 순순히 자신의 범행을 자백했다.

범인 소유의 차량도 발견되었는데 CCTV상의 차량과 일치하였다. 차량의 뒤 트렁크에서는 당시 문을 따는데 사용한 것으로 보이는 공구가 발견되었다. 이를 수거하여 분석한 결과 차량에 남은 공구의 흔적과 일치하였다. 현장에서 발견된 차량의 바퀴 자국 또한 용의 차량의 바퀴 자국과 일치하였다.

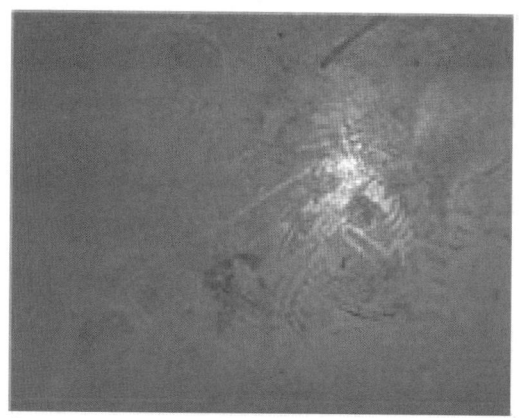

* 사건 현장에서 발견된 신발 흔적

신발 흔적의 과학수사

모든 사람이 신고 다니는 신발의 밑바닥 모양은 회사 또는 상표에 따라 모두 다르다. 또한, 일반 운동화, 조깅화, 테니스화, 등산화, 실내화, 장화 등 사용 용도에 따라서도 매우 다양한 모양을 갖고 있다.

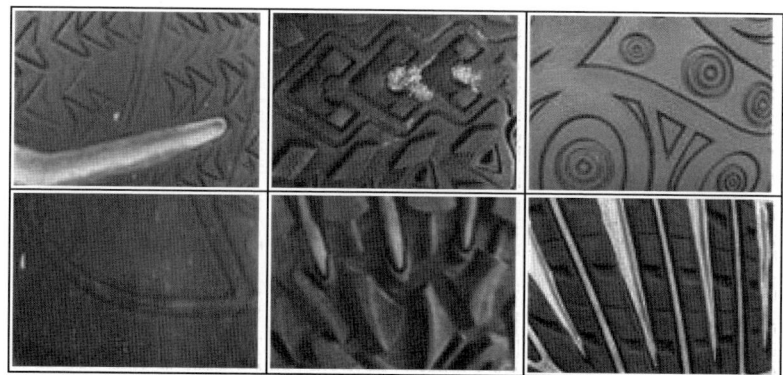

* 신발 바닥의 다양한 모양

이러한 특성 때문에 신발의 흔적은 범죄 현장의 신발 흔적과의 동일성 여부, 신발 크기에 의한 키의 추정 등 사건을 해결하는데 중요한 정보를 제공하기도 한다.

이러한 특징 때문에 외국에서는 일찍이 주요 신발 회사에서 생산되는 제품에 대한 신발 흔적의 데이터베이스를 구축하고 있으며 이를 이용하여 범죄 현장에서 발견되는 신발의 종류를 확인할 수 있다.

국내에서도 최근 신발 흔적을 이용한 과학수사에 대한 연구가 활발하게 진행되고 있다. 그리고 외국과 마찬가지로 신발의 종류별 족적에 대한 데이터베이스를 구축하여 실제 사건에 응용하고 있다.

위 내용물에서 발견된 손가락의 정체는

사건 발생

오래전에 있었던 사건이었다. 한 여성이 자신이 살고 있던 집에서 변사체로 발견되었다. 발견 당시 팬티가 벗겨진 상태였으며 입, 코 등에서 피가 나와 얼굴은 피범벅이 되어 있었다. 현장은 범인과 심하게 다툰 듯 비산된 혈흔이 온 방에 흩어져 있었으며 방 안의 집기류 등이 어지럽게 흩어져 있었다.

피해자의 시신은 정확한 사인을 밝히기 위해 국과수로 옮겨져 부검이 실시되었다. 부검 결과 피해자는 목이 졸려 사망한 것으로 확인되었으며, 몸의 많은 곳에서는 둔기로 맞은 듯 멍 자국이 발견되었다. 부검 시 채취된 질 내용물, 위 내용물, 혈액 등 피해자에게서 채취한 증거물들이 정밀한 감정을 위해 각 전문 분야로 의뢰되었다.

증거물 중 취식물 검사 즉, 위 내용물을 분석하여 살아있었을 때 어떤 종류의 음식을 먹었는지를 알아내는 검사를 진행하기 위해 위 내용물을 덜어내어 잔류물을 검사하려는 순간이었다. 무엇인가 조직 같은 덩어리 섞여 있어 자세히 살펴보니 사람 손가락의 일부인 것이었다. 감정인이 감정을 하다 말고 깜짝 놀라 다시 자세히 살폈다.

"이게 어떻게 된 것일까?"

"피해자가 왜 사람의 손가락을 먹은 것일까?"

"아니면, 유사한 동물의 손?"

다시 살펴봐도 분명 사람의 손가락 일부가 확실했다. 일단 사진을 찍어 남기고 잘린 손가락은 따로 보관하고 유전자분석을 실시하기로 하였다.

다른 증거물인 질 내용물에서 정액 반응 검사를 실시하였지만 정액 반응은 음성으로 나타났다. 범인이 강간을 하려다 뜻을 이루지 못하고 피해자를 살해한 것으로 보였다.

상황이 어떠했는지는 모르지만, 피해자가 범인의 손을 물어뜯고 숨졌을 가능성이 있는 것으로 보였다. 만약 그렇다면 범인은 인근 병원에서 잘린 손을 치료받았을 가능성이 크다. 따라서 인근에 있는 병원을 중심으로 손가락을 치료받은 사람에 대한 탐문수사를 벌였다.

범인의 검거

그러던 중 한 병원에서 손가락이 잘린 사람이 치료를 받았다는 사실을 확인할 수 있었다. 그의 신원을 파악한 후 그를 뒤쫓아 친구의 집에 숨어 있던 용의자를 검거할 수 있었다. 수사관이 사실을 추궁하자 그는 자신의 범행 사실을 부인하며 자신은 전혀 모르는 일이라고 일축했다. 상처가 생긴 이유를 묻자 자신이 근무하는 공장에서 실수를 하여 잘린 것이라고 변명하였다.

하지만 그의 변명은 얼마 가지 않아 바로 들통이 나고 말았다. 그가 직장에 사실 확인을 한 결과 그러한 사실이 없음을 확인할 수 있었다. 또한, 피해자의 위 내용물에서 발견된 손가락 일부와

용의자의 유전자형을 분석하여 비교한 결과 일치하였다. 그때서야 범인이 고개를 떨구며 자신의 범행 사실을 시인했다.

사건의 전말

그날 밤 범인이 술에 취해 피해자가 살고 있는 골목을 지나가다 약간 열려 있는 창문 사이로 피해자가 흐트러진 모습으로 자는 모습을 보고 욕정을 느낀 나머지 피해자의 방으로 침입하였다. 그녀를 위협하여 팬티를 벗기고 성폭행을 시도하였지만, 피해자가 완강하게 반항하여 실패하였다. 다시 그녀를 심하게 폭행하며 제압하려고 했지만, 그녀가 계속 반항하였다. 이 과정에서 피해자가 자신의 손가락을 물어뜯었고 그녀가 물어뜯은 손가락을 삼켜 버렸다 했다.

이에 범인은 너무 화가 나서 이성을 잃고 옆에 있던 물건 등으로 수없이 그녀를 내리쳤으며 끝까지 반항하여 목을 졸라 살해했다고 진술했다. 그는 범행 후 인근 병원에서 치료를 받았고 검거될 때까지도 손가락의 상처가 아물지 않아 붕대를 감고 있었다.

화장실에서 발견된 영아의 정체는

사건 발생

　인천광역시 근교에 여러 가구가 모여 사는 한 집의 재래식 화장실 분뇨를 치우던 중 무엇인가가 분뇨를 빨아들이는 호스의 흡입구에 걸렸다. 작업을 잠시 멈추고 걸린 것을 확인하였는데 사람의 것으로 보이는 뼈였다. 청소하던 인부들이 깜짝 놀라 작업을 중단하고 경찰에 신고하였다.
　경찰이 현장에 도착하여 나머지 유골이 빨려 들어가지 않도록 조심스럽게 작업을 하도록 하였다. 화장실을 모두 퍼내고 나머지 뼈들을 하나하나 모두 수습하였다. 시신은 이미 상당 기간 부패가 진행되어 조직이 전혀 없는 상태였으며 뼈 자체도 부패가 진행되어 상태가 매우 좋지 않았다. 뼈의 상태로 보아 매우 오래 전에 누군가에 의해 시신이 버려진 것으로 보였다. 수습된 유골은 정확한 신원을 확인하기 위하여 연구원으로 옮겨졌다. 유골을 모두 재조합한 결과 한눈으로 보아도 매우 작아 보였다. 법의인류학적인 감정 결과 여성이었으며 영아인 것으로 확인되었다.
　그렇다면 누가 왜 그곳에 영아를 버렸을까? 수사의 초점은 이 영아의 아버지와 어머니가 누구인가였다. 하지만 시신의 상태로 보아 적어도 몇 년의 세월이 흐른 것 같은데 몇 년 전의 사실을 밝힌다는 것이 쉽지가 않아 보였다. 하지만 영아의 아버지와 어머니만 찾아내면 이 사건은 의외로 쉽게 해결될 수 있을 것으로 보

였다.

현지에 거주하고 화장실을 사용하는 사람들을 대상으로 탐문 수사가 진행되었다. 하지만 몇 년 전의 일이어서 아무도 이런 사실을 알고 있는 사람이 없었다. 그리고 그곳에서 몇 년 전까지 살았던 사람들 누구도 임신을 한 사실이 없다고 했다.

"그렇다면, 외부에서 다른 사람이 원치 않은 출산을 하고 몰래 이 재래식 화장실에 영아를 버리고 간 것은 아닐까?"

모든 가능성을 열어두고 수사가 진행되었다. 하지만 시간이 많이 흘러 사실을 확인하는 것이 쉽지 않았으며 특히, 연고가 없는 사람이 유기를 하였다면 더욱 사건은 해결하기 어렵게 된다. 할 수 없이 그곳에서 살고 있거나 살았던 모든 사람들에 대해 유전자 검사를 실시하기로 하였다.

신원을 확인하기 위해서는 우선적으로 뼈에서 유전자형을 얻는 것이 가장 시급했다. 용의자가 나타난다고 해도 유전자형이 검출되지 않으면 결국 누구의 아이인지를 밝힐 수 없기 때문이다. 하지만 이렇게 안 좋은 환경에 오래 방치된 뼈의 경우는 세균의 공격을 오랫동안 받고 실험에 영향을 줄 수 있는 물질들이 뼈의 속까지 들어가 있어 이를 제거하기가 쉽지 않다. 따라서 유전자형을 성공적으로 검출한다는 것이 매우 어렵다.

의뢰된 것이 작은 뼈의 일부였지만 아직도 심한 악취가 나고 있었다. 대퇴골의 일부를 잘라 유전자분석에 사용하였다. 실험은 매우 더디게 진행되었다. 일반적인 뼈 분석 과정보다 오염된 물질을 제거하기 위하여 몇 가지 과정을 더 추가하여 분석하였다. 뼈를 증류수로 수차례 닦아 냈으며 부패된 뼈의 표면도 치과용 연마기를 사용하여 모두 제거하였다. 깨끗하게 처리된 뼈를 다시 부드럽게 하기 위해 특수한 시약을 처리하였다. 그렇게 몇 번을 하면서 한 달을 훌쩍 넘겼다.

그제야 모든 과정이 끝나고 실제로 유전자분석에 들어갔다. 결과는 예상대로 좋지 않게 나왔다. 따라서 분리된 DNA를 다시 깨끗하게 하고 다시 실험하기를 몇 번에 거쳐서 했다.

이런 노력으로 결국 유전자형을 성공적으로 검출할 수 있었다.

그동안 수사는 답보 상태를 걷고 있었다. 신원이 확인되지 않은 상황에서는 수사를 진행하기가 매우 어려움이 있었기 때문이었다. 우선적으로 현재 및 과거에 그곳에 거주했던 사람들에 대한 시료를 모두 분석하여 뼈의 유전자형과 친생자 관계가 성립되는지 확인하기로 했다. 실험 결과 이전에 살던 집주인의 셋째 아들과 친자 관계가 성립되는 것으로 확인되었다. 그는 당시 대학생이었는데 현재는 사회로 나와 취업을 한 상태였다.

"그렇다면 영아의 어머니는 누구일까?"

정확한 내용을 조사하기 위해 아들을 소환하였다.

사건의 전말

그는 사실을 순순히 시인하며 당시의 상황을 설명하였다. 영아의 모는 그때 당시 세 들어 살던 대학생이었다. 그녀와 눈이 맞아 사귀던 중 그녀의 집에서 성관계를 맺었는데 뜻하지 않게 임신을 하게 되었다 했다. 그녀는 임신 사실을 집에 알리지 않았고 결국

자신의 자취방에서 몰래 출산을 하고 사실이 알려질 것을 두려워하여 둘이 상의한 끝에 화장실에 유기할 것을 결심하고 영아를 그곳에 버렸다고 했다.

종족 식별에 의한 사건의 해결

2012년 8월 서울 강북구에서 70대의 할머니가 강간당하고 살인된 사건이 발생했다. 피해자는 자신이 살고 있는 집의 방안에서 옷이 완전히 벗겨지고 얼굴 위에 베개를 얹어 놓은 상태로 발견되었다.

피해자에 대한 정확한 사인을 밝히기 위한 부검이 진행되었고 현장에 대한 감식도 이루어졌다. 부검 결과 피해자는 강간을 당한 뒤 목 졸려 사망한 것으로 확인되었다. 부검 당시 피해자의 손톱, 질 내용물 등이 채취되었으며 이들에 대한 유전자 분석이 실시되었다. 사건 현장에서도 혈흔, 모발 등의 증거물이 채취되어 연구원에 의뢰되었다.

실험 결과 질 내용물, 손톱 및 현장 혈흔에서 한 명의 남성 유전자형을 확보할 수 있었다. 범인의 유전자형이 확보되었기 때문에 주변의 용의자들을 수사하면 쉽게 사건이 해결될 수 있을 것으로 생각했다.

수사도 활기차게 이루어져 곧 범인이 검거될 듯하였다. 하지만 유력한 용의자로 지목됐던 사람들이 모두 이 사건과는 관련이 없는 것으로 드러났고 시간이 흐를수록 사건은 점점 미궁으로 빠지는 듯했다. 용의자들은 모두 질 내용물 등에서 검출된 남성의 유전자형과 일치하지 않았다.

수사의 범위가 확대되었고 더 많은 용의자들이 의뢰되어 긴급

으로 처리하는 바람에 다른 감정이 지장을 받는 지경이 되었다. 하루에도 수십 명의 용의자가 의뢰되었지만, 현장 및 피해자에서 검출된 범인의 유전자형과 일치하는 사람은 한 명도 없었다. 벌써 분석 의뢰된 용의자가 600명 선을 넘어가고 있었다.

초조해진 수사관들이 점점 수사의 범위를 넓혀가고 있었다. 이를 확인하기 위해 더 많은 용의자가 의뢰되었다. 실험실로는 매일 전화를 하여 일치하는 용의자가 있는지 확인했다. 하지만 일치하는 사람은 한 명도 없었다.

그러던 중 담당 연구관이 요즘 국외에서 들어온 사람들에 의한 범죄가 늘어나고 있음을 알고 있었던 터라 다른 쪽으로 생각을 돌리기 시작했다. 조그만 단서라도 수사관들에게 제공하여 사건을 빨리 해결하는 것이 우리의 최대 목표가 아닌가!

"이거 내국인이 범인이 아닌 것 아냐! 혹시 외국인인지 확인해 볼 필요가 있지 않을까?"

이런 생각으로 특별한 경우에 실시하는 분석이지만 이미 확보된 증거물에서 더욱 정밀한 검사를 실시하기로 했다. 범인이 어떤 종족에 해당되는 지를 확인하는 분석을 실시하기로 한 것이다.

분석 결과 범인은 국내인이 아닌 동남아시아계인 것으로 분석되었다.

"그럼 그렇지. 이러니 안 잡힐 수밖에."

뜻밖의 결과를 얻고 이를 즉시 수사관에게 통보해주었다.

"범인은 국내인이 아니며 동남아시아인 일 가능성이 크며 그리고 주변에 거주하는 동남아시아 인을 조사했으면 좋겠다"고 얘기했다.

이를 통보받음에 따라 다시 수사는 활기를 띠기 시작했다. 따라서 수사관들은 인근에 거주하는 외국인을 상대로 전수 조사에 들어갔다. 그리고 유력한 용의자를 검거할 수 있었다. 그는 동남아시아에서 우리나라로 귀화한 사람이었다. 하지만 범인은 계속 자신의 범행 사실을 부인했다.

그의 구강채취물이 의뢰되어 긴급으로 분석한 결과 하루로 안되어 그가 범인임을 확인할 수 있었다. 현장 혈흔, 피해자 손톱 밑과 질 내용물에서 검출된 남성의 유전자형과 정확하게 일치하는 것을 확인할 수 있었기 때문이다.

현재 우리나라에 머물고 있는 외국인의 수는 2018년 기준 236만 명에 이른다고 한다. 여기에 관광객까지 합치면 실로 엄청난 외국인들이 우리나라에서 활동하고 있는 것이다. 이렇게 많은 외국인들이 국내에서 활동함에 따라 외국인에 의한 범죄가 많이 증가하고 있다.

이에 따라 종족을 구별할 수 있는 분석 방법은 외국인들에 의해 일어난 사건으로 의심되는 경우 종족을 구별함으로써 사건을 해결하는데 매우 큰 도움을 줄 수 있다.

이번 사건을 해결하게 된 결정적 계기는 더욱 정밀한 분석을 통하여 범인이 어느 종족에 속하는지를 밝혔기 때문에 가능했던 것

으로 보인다. 앞으로는 이 뿐만 아니라 범인의 특징을 알 수 있는 더 많은 정보를 수사관들에게 제공함으로써 미궁으로 빠질 수 있는 사건들을 해결할 수 있고 범인을 더욱 신속하게 검거할 수 있을 것으로 보인다.

미성년자 강제추행 사건

초등학교 2학년 여학생에게 젊은 남성이 접근하여 "아파트 난간에 인형이 떨어져 있는데 학생의 것이 아니냐?"고 물었다. 학생은 이 사실을 확인하기 위하여 남성이 말한 곳으로 함께 갔다. 하지만 그곳에는 인형이 없었다. 학생이 다시 돌아가려고 하자 그 남성은 학생을 뒤따라가서 자신이 피운 담뱃재가 그 학생의 옷에 떨어졌다고 하며 옷을 털어주는 척하며 하의를 벗기고 엉덩이와 음부를 만지자 학생이 소리를 질렀다. 남성이 학생이 소리를 지르자 놀라 도망하였다.

주민의 신고를 받고 출동한 경찰이 피해자와 같이 사건 현장에 대해 조사를 하였다. 피해 학생이 범인이 담배를 피우다 버렸다고 진술함에 따라 사건 현장에 대한 정밀한 조사를 벌였다. 추행 현장에는 실제로 용의자가 피운 것으로 보이는 담배꽁초가 있어 이를 채취할 수 있었다. 담배꽁초가 연구원에 의뢰되어 분석되었고 범인의 유전자형을 검출할 수 있었다.

범인 검거를 위한 탐문 수사가 시작되었다. 탐문 중, 군복을 입고 출근을 하려고 아파트를 나오는 피의자를 보고 피해 어린이가 자신을 추행한 사람과 많이 닮았으나 정확한 기억이 안 난다고 하였다. 정확한 사실을 확인하기 위하여 용의자에 대한 조사가 진행되었다. 하지만 용의자는 자신이 이 사건과는 전혀 무관하며 그곳에서 담배를 피운 적도 없다고 완강히 부인하였다.

그의 구강채취물이 연구원에 의뢰되었고 신속하게 그의 유전자형을 확보할 수 있었다. 용의자의 유전자형과 현장에서 수거한 담배꽁초에서 검출된 유전자형을 비교한 결과 동일한 유전자형임이 밝혀졌다. 즉, 그가 범행 당시에 피웠던 담배꽁초라는 것을 증명할 수 있는 결정적인 결과였다.

피해자의 작은 진술 하나도 놓치지 않는 치밀한 수사가 사건을 해결하는 직접적 계기가 되었다. 비록 담배꽁초 하나였지만 사건을 해결하는데 결정적인 실마리를 제공할 수 있었다. 만약 그를 검거하지 못했다면 그는 아마 다른 곳에서 그와 비슷한 범행을 계속했을 것이다. 범죄는 예방하는 것이 최선이지만 추가 범행을 막는 것도 그것 못지않게 중요한 것이다.

미성년자를 대상으로 한 성폭력범죄가 끊이지 않고 일어난다. 이는 이러한 범죄에 대한 솜방망이 처벌도 한몫을 한다고 생각한다. 십여 년 전 한국계 미국인인 이승규 초대 FBI 한국 지국장과 친분이 있어 가끔 만났다. 그와 만나면 항상 이야기의 주제는 범죄와 관련된 이야기들이었다. 이는 우리들이 하는 일이 범죄와 관련된 일이기 때문에 당연한 것이었다. 어느 날 한국과 미국의 형량과 관련하여 이야기를 나누게 되었다. 그는 목소리를 높여 도대체 한국의 형량에 대해서 이해를 할 수 없다고 말했다. 과연 판사의 가족이 피해자라도 그렇게 관대하게 처벌을 할 것인가 하며 강한 어조로 말했다. 미국의 경우 범죄에 대해서 매우 엄격히 처벌을 하고 있어 우리나라보다는 형량이 매우 높다고 한다. 살인의 경우 거의 감형이 없는 무기징역에 처하고, 성범죄의 경우, 초범이라도 엄격하게 처벌을 하고 있다 한다. 특히, 어린이를 상대로 한 성범죄는 매우 중범죄로 취급하여 보통 20년 이상의 형을 선고하지만, 우리나라의 경우는 솜방망이 처벌을 한다는 것이다. 살인을 해도 몇 년 동안 복역하다가 나오고 특히, 성범죄에 대해서는 관대하여 성범죄의 성립 요건을 지나치게 까다롭게 해석하여 범죄가 성립되지 않는 경우가 다반사다. 실제로 범죄가 인정되었다 해도 처벌이 매우 약하다는 것이다. 그러니 성범죄가 빈발하고 형을 마치고 사회에 나온 사람들이 다시 범죄를 저지르는 악순환이 계속되고 있다는 것이다.

  필자도 과학수사 분야에서 30년 이상을 근무해온 사람으로 그의 말에 많은 동감을 표시했다. 피해자 가족의 아픔을 조금이라도 이해를 한다면 그렇게는 못 할 것이라는 생각이 들었다. 같이 이야기를 나누었던 동료 직원도 같은 생각이라고 했다. 물론 처벌이 강화된다고 범죄가 현격히 줄어들지는 않겠지만 정말 비도덕적이고 모든 사람의 지탄을 받는 범죄는 최소한 일반 국민들이 공감할 수 있도록 형량을 높여야 하지 않을까 생각한다.

담배꽁초에서는 어떤 증거를 찾을 수 있을까?

담배꽁초에서 얻을 수 있는 정보는

담배꽁초는 대부분의 사건 현장에서 발견되는 증거물이다. 작은 담배꽁초에서 범인과 관련된 어떤 정보를 얻을 수 있을까라고 생각할 수 있지만 의외로 많은 정보를 얻을 수 있다. 흡연 시 입술이 필터 부분에 접촉하기 때문에 입술의 세포가 떨어져 나와 묻게 되고, 입안과 입술에 있는 침이 담배꽁초에 묻게 되기 때문에 이들 침과 세포에서 다양한 분석을 통하여 범인을 식별할 수 있는 여러 가지 정보를 얻을 수 있는 것이다. 이는 매우 적은 양인 것 같지만 실제로 유전자분석을 포함한 여러 가지 실험을 하는데 적은 양은 아니다. 필터에 묻은 세포에서 분리된 DNA 또한 유전자분석을 하기에 충분한 양이다. 따라서 이들 증거물에서는 용의자의 혈액형뿐만 아니라 유전자형도 검출할 수 있는 것이다.

사망 원인을 밝힌 이끼

사건의 발생

경기도 외곽에 있는 작은 마을로 들어가는 1차선 도로에서 50미터 정도 떨어진 계곡 옆 산모퉁이에서 노끈으로 목을 매서 숨진 시신이 발견되었다.

그 길을 따라 출근을 하던 마을 주민이 며칠째 같은 차량이 계속 한자리에 버려져 있어 이상히 여기고 경찰에 신고를 하였고, 차량의 소유주를 조사한 결과 옆 마을에 사는 김OO 씨 인 것으로 확인되어, 경찰이 출동하여 인근을 수색한 결과 목매 숨진 채 발견된 것이었다. 김OO 씨는 일주일 전에 집을 나간 뒤 돌아오지 않고 있었다고 가족들이 말했다.

시신은 나뭇가지에 줄을 매고 등 쪽이 나무에 기댄 채 축 늘어진 자세로 발견되었다. 일부 부패가 진행되어 목의 일부가 탈락되어 있었으며 일부 장기와 신체 부분에서 동물이 훼손한 흔적이 관찰되었다. 부패가 이미 상당히 진행되어 코, 입, 장기 등에는 파리의 애벌레인 구더기가 많이 자라고 있었다. 이점으로 보아 집을 나간 이후 바로 사망한 것으로 보였다.

현장 감식

사건 현장은 길에서 멀리 떨어져 있지는 않았지만, 숲이 우거져 있어 도로 쪽에서는 사건 현장이 전혀 보이지 않았다. 시신이 발

견된 나무는 약간 비탈진 곳에 있었으며 계곡과 가까운 곳에 있어 밑에는 이끼가 잔뜩 자라고 있었다.

현장은 별다른 유품이 없이 깨끗하게 정리되어 있었다. 변사자는 차량을 그곳까지 끌고 와 산으로 올라가 자살을 한 것으로 보였다. 정확한 사인을 밝히기 위해 부검을 실시하기로 하였고 현장 감식이 실시되었다. 하지만 현장에서는 끈과 피해자가 입고 있던 옷가지 등이 전부였다. 이들을 모두 수거하였다.

부검 결과

시신에 대한 부검이 진행되었다. 하지만 시신의 부패가 많이 진행되어 사인을 명확하게 가리는 데 실패를 했다. 하지만 명확한 사인을 밝히는 데는 실패했다. 피해자가 입고 있던 옷에 대한 감정도 진행되었다.

등 부분에 긁힌 흔적들이 시신을 옮기면서 생길 수 있는지 여부였다.

감정 결과 인위적으로 만들어진 것이라는 의견이었다. 시신을 누군가 그곳으로 옮기기 위해 끌고 간 것으로 보였다. 그렇다면 자살 보다는 타살에 가깝다는 것이었다. 수사는 급반전되었다.

"누군가에 의해 옮겨졌다? 분명히 타살이 맞다!"

자살인지 타살인지를 확증하기 위해 추가적인 증거를 확보하기로 하였다.

매듭 그리고 이끼 검사

매듭을 자신이 맨 것인지 아니면 다른 사람이 매듭을 진 것인지에 대한 감정을 매듭 전문가에게 의뢰하였다. 현장에 있던 줄의 매듭은 우리가 일상적으로 사용하는 매듭의 종류는 아닌 것으로 드러났다. 보통 그러한 매듭은 군대에서 많은 사용하는 종류의 매듭 형태다고 했다. 하지만 변사자에 대한 조사 결과 그는 군대를 면제받은 사람이었다. 그가 사용할 줄도 모르는 방법으로 줄을 매어 자살을 했다고 보기에는 무리가 있어 보였다.

"다른 증명 방법은 없을까? 무엇인가 보충할 수 있는 증거가 있으면 좋을 텐데" 하며 수사관이 현장을 계속 살폈다.

수사관의 눈에 나무 밑의 이끼가 들어왔다.

"바로 저거야. 저 높은 곳에 줄을 매려면 반드시 나무를 올라가서 매야 하는데 반드시 이끼 부분을 밟고 올라가야 하잖아. 그렇다면……."

그렇다 변사자의 신발이다. 신발에 만약 이끼가 묻어 있다면 자살했을 가능성이 매우 큰 것이다. 신발에서 이끼 검출 여부를 감정하기로 했다.

변사자의 신발에서 이끼가 검출되는지 여부를 감정한 결과 이끼가 발견되지 않았다. 결국 그는 자살을 한 것이 아니라 다른 사람이 죽여 그곳까지 끌고 간 후 자살로 위장하기 위해 자신이 나무에 올라가 줄을 맨 후 피해자의 목에 걸어 놓았던 것이었다.

변사자의 주변을 조사하던 중 피해자가 계속 빛 독촉에 시달리고 있었다는 사실을 밝혀낼 수 있었다.

결국 범인은 이웃 마을에 사는 알고 있던 사람이었던 것이었다. 빚 문제로 피해자와 다투다 홧김에 그를 목 졸라 살해했으며 범행을 은폐하려고 피해자의 차량으로 그곳까지 이동해 숨진 피해자를 그곳까지 옮긴 후 자살로 위장한 것으로 드러났다. 이렇게 산에서 아무렇게나 자라는 이끼 하나도 사인을 밝히는데 일조를 할 수 있는 것이다.

이끼와 과학수사

이끼류 등도 범죄 수사에서 중요한 증거가 될 수 있다. 습한 곳이라면 이끼류가 항상 존재하는데 범인이 그곳에 접촉을 하였다면, 신발의 틈과 옷 등에 이끼 등이 묻을 가능성이 매우 크다. 따라서 이들을 채취하여 현미경으로 관찰하면 동일한 종류의 이끼인지를 확인할 수 있게 된다. 이 밖에 균류 (버섯과 곰팡이) 등도 범죄 수사에 응용되고 있다.

* 나무에서 자라고 있는 이끼류

범죄 유전자

우리나라에서 과학수사에 유전자분석 기법이 도입된 것은 1990년대 초였다. 초창기에는 혈흔 등과 같이 눈에 보이는 비교적 시료의 양이 많거나 부패되지 않은 증거물에서만 유전자분석이 가능하였다. 하지만 현재는 극히 미량의 증거물에서도 범인의 유전자형을 검출할 수 있기 때문에 범인에게서 떨어진 모발 한 점, 범인이 만지거나 사용한 물건에 남아 있는 아주 작은 양의 세포에서도 범인의 유전자형을 검출할 수 있을 정도로 기술이 발전하였다.

유전자분석에 의한 개인의 식별은 이제 범죄 수사에서, 없어서는 안 될 가장 중요한 분야가 되었다. 과학이 발전함에 따라 유전자분석 분야뿐만 아니라 여러 분야에서 범죄를 입증할 수 있는 첨단기법들이 개발되어 사용되고 있다. 이러한 첨단 과학수사 기법들은 예전에는 전혀 생각할 수도 없는 증거물들에서 증거를 확보할 수 있게 되어 범죄를 저지르면 반드시 잡힌다는 인식을 심을 수 있는 중요한 계기가 되었다. 하지만 이러한 노력과 발전에도 불구하고 범죄는 꾸준히 증가하고 있고 수법도 다양화되어 가고 있다.

이러한 유전자분석 및 개인을 식별하는 기술의 눈부신 발전을 바탕으로 2010년 7월에 관련 법이 국회를 통과하여 이 때부터 범죄자 DNA 데이터베이스를 구축해오고 있으며 많은 사건을 해결

하는데 핵심적인 역할을 해오고 있다. 데이터베이스에는 많은 해결되지 않은 범인들의 DNA 데이터가 보관되어 있는데 동일인이 저지른 범죄를 검색하다 보면 한 사람이 여러 사건을 저지른 경우가 많다. 즉, 한 사람이 여러 군데에서 범행을 저질렀으나 잡히지 않은 경우인 것이다. 이러한 연쇄범죄는 보통 성범죄 사건이나 절도사건 등에서 많다. 일명 "발바리 사건" 등으로 불리는 성범죄 사건들이 한 예다. 심하면 범인 한 명이 몇 년 동안 일어난 수십 건의 성범죄와 관련된 경우도 있었다. 절도사건도 마찬가지로 범인 한 명이 전국에서 혹은 인근 지역에서 일어난 수십 건의 절도사건과 관련이 있는 경우도 있었다.

이들의 유전자는 정말 정상인의 유전자와는 다른 것이 아닌가 하는 생각도 하게 한다. 정상이라면 어떻게 그렇게 죄책감 없이 범죄를 계속할 수 있을까? 우리는 사회적으로 큰 충격을 주었던 여러 사건의 연쇄살인 사건을 보아왔다. 사람의 탈을 쓰고 어떻게 그런 짓을 할 수 있을까? 그들은 범죄와 관련된 특별한 유전자를 갖고 있을까? 정말 그들의 유전자는 다를까? 그들이 사회를 원망하듯 정말 우리 사회가 그들을 범죄인으로 만들었을까?

범죄는 개인이 저지르지만, 그의 원인은 복합적인 것 같다. 위의 사실로 보면 개인적 요소를 더 크게 볼 수 있지만, 그가 속해 있는 가정과 사회의 환경적인 요인도 분명히 무시할 수는 없는 것이다. 범죄를 저지르는 원인으로 유전적으로 인자를 가지고 태어난다는 유전적 요인설과 태어난 후 환경적인 영향을 받는다는 환경적 요인설이 있다. 이탈리아의 형법학자 베카리아(C.

Beecaria)는 범죄를 저지르는 것은 개인의 의지에 달려 있다고 하여 환경적 요인설을 주장했고, 이탈리아의 법의학자 체사레 롬브로조(Cesare Lomboroso)는 1876년에 발간한 〈범죄인론〉에서 범죄를 저지르는 사람은 태어날 때부터 그 인자를 가지고 태어난다고 하여 유전적 요인설을 주장하였다. 최근에는 범죄를 일으키는 유전자가 있다고 믿어 이를 증명하는 연구도 진행되고 있다.

하지만 범죄가 일어나는 것은 어느 한 가지 원인에 의한 것 같지는 않다. 결론적으로 범죄는 범행을 한 사람에게 그 원인과 책임이 귀착되지만 결국 사회의 구성원인 우리 모두도 일정한 책임이 있다고 생각한다.

우리 사회는 숙명적으로 범죄 유전자를 갖고 있는 것 같다. 사회를 이루고 있는 사람과 사람들 사이에서 일어나는 갈등의 깊은 골들에서 묻어나오는 끈끈한 암흑의 무거운 덩어리들을 어쩌겠는가? 우리 사회에서 이들 갈등 하나하나는 범죄 유전자가 될 수 있는 것이다. 사람들이 사회적으로 존재하는 한 숙명적으로 안고 갈 수밖에 없는 사회적 범죄 유전자들이다. 이것들은 후손에게 유전되고, 돌연변이를 거듭하며 사회에 많은 병변을 일으킨다. 결국 범죄라는 아픔으로 우리 사회의 소외된 곳, 약한 곳을 뚫고 나오며 우리 모두를 불안하게 한다. 답답하고 아픈 현실이지만 엄연한 사실이고 우리 사회 내부에 존재하는 원초적 범죄 유전자임을 누구도 부인할 수 없다. 결국 우리 모두가 만든 범죄 유전자가 범죄의 원인을 제공하지 않았을까 라는 생각이 든다. 누구를 탓하겠는가! 우리 모두가 죄인인 것을!

우리 몸도 사회와 비슷하다. 몸을 유지하는 단백질 및 효소를 만드는 유전자는 필요한 곳 및 필요한 때에 발현을 한다. 하지만 이들 유전자는 몸의 나쁜 환경이 계속되거나 외부의 나쁜 물질이 몸으로 들어오면 돌연변이를 일으켜 우리 몸에 꼭 필요한 단백질을 생산하지 않거나 또는 나쁜 영향을 미치는 단백질을 생산하여 암을 유발하는 등 병변을 일으킬 수 있다. 생명을 유지하는데 반드시 필요한 유전자가 정상적인 작동을 못 하거나 오히려 생명에 나쁜 영향을 미치는 인자를 생산하여 결국 몸에 아픔을 주는 것이다. 우리는 이러한 유전자를 밝혀 치료하거나 이미 발현된 경우 약으로 이를 보완한다. 하지만 어디 정상적인 것만 하겠는가? 이러한 유전자는 특히 후손에게 그대로 전달되어 아픔을 유발한다. 우리 사회가 갖는 원초적 아픔과 너무 비슷하지 않은가?

이렇게 범죄의 원인이 원초적인 아픔을 간직한다면 우리 모두는 각별한 마음으로 이에 접근해야 할 것이다. 물론 범죄는 범죄를 저지르는 사람의 책임이 되겠지만 우리 모두가 좀 더 그 부분을 밝고 넓게 조명해볼 필요가 있는 것이다. 이제 우리 모두는 책임을 질 수 있는 한 사람으로 그리고 죄인이라는 생각으로 우리 사회가 숙명적으로 안고 가야 하는 범죄 유전자를 치유하려는 노력을 같이 해야 할 것이다. 그 요소들을 기본부터 심도 있게 분석하고 치유 방법을 모색해야 한다. 사랑과 희망의 에너지, 긍정의 에너지를 찾아 후손에게 계속 물려주는 노력을 하면 우리 사회가 가지고 있는 범죄 유전자는 자동적으로 활성화되지 못할 것이다. 그러한 가능성의 유전자는 그다음의 후손으로 유전되고 세대가 거듭할수록 결국 범죄 유전자는 사랑과 희망의 유전자가 되어 우리의 후손은 좀 더 평화로운 세상에서 살게 되지 않을까 생각한다. 그 후손들은 다시 자신의 후손들에게 사랑과 희망의 유전자를 넘겨주어 결국, 악(惡)순환에서 선(善)순환으로 우리의 역사를 바꿀 수 있을 것이다.

미국 경찰 체험

미국 워싱턴 도착 및 국회도서관 방문

나는 2002년 11월 21일부터 2개월 동안 '항공기 사고의 원인규명과 신원 확인 방법 연구'로 연구원 다른 과 직원 2명과 같이 두 달 동안 미국의 법과학 관련 기관을 연수할 수 있는 기회를 얻을 수 있었다. 미국으로의 첫 연수였다. 장시간 비행기를 타고 낯선 이국땅에서 2개월 동안 생활한다는 것이 부담스럽기도 하고 기대가 되기도 하였다. 장시간의 비행 끝에 워싱턴 댈러스 공항에 도착하였다. 우리 일행 중 아는 사람이 그곳에 살고 있어서 미리 우리가 묵을 숙소를 예약해 놓았는데 숙소 주인이 차로 공항까지 마중을 나왔다. 우리의 숙소는 워싱턴의 근교인 Rockville이라는 전원적인 마을이었다.

우리가 한 달 동안 묵을 숙소는 우리나라에서 이민을 간 사람의 집으로 단독 주택 2층에, 대지는 약 $3,300m^2$ 정도로 꽤 넓었다. 마을은 전원풍의 우리나라 시골 마을 같았으나 잘 정돈되어 있는 마을이었다. 주위는 모두 숲이었으며 야트막한 산에는 아름드리 나무들이 자라고 있었다. 아침이 되면 어김없이 노루가 마당 앞까지 나와서 돌아다녔다.

그곳에 도착하자마자 우리와는 다른 매우 인상적인 장면을 발견했다. 차들이 그 한적한 시골길을 운전하면서도 교차로에서는 항상 멈추었다가 출발하는 것이었다. 그래서 주인에게 차가 다니지도 않는데 왜 섰다가 가냐고 물었더니 그곳은 시골인데도 교통법규를 지키기 안으면 신고가 들어가고 한번 걸리면 그 범칙금이 엄청나서 할 수 없이 섰다가 간다는 것이었다. 어떻게 보면 웃기는 얘기 같았지만, 안전을 위해서 그들이 얼마나 노력하는지 알 수 있었다.

워싱턴에서 머무르기로 한 기간은 한 달이었다. 하지만 추수감사절과 연말연시가 끼어서 연수목적을 달성하기 위해서는 허비할 시간이 없었다. 따라서 국회도서관에서라도 자료를 찾기 위해서 지인의 안내로 국회도서관에 들러 9.11 관련 자료부터 찾았다. 그분의 도움으로 임시 출입증도 만들었고 일부의 자료를 확보할 수 있었다. 이 밖에도 역사박물관, 자연사박물관, 건강의료박물관, 스파이박물관 등 테러 관련 자료를 습득 할 수 있는 곳은 모두 방문하였다.

국회도서관에서 자료를 찾던 중 독도가 우리나라 땅이라는 확실한 증거를 찾을 수 있었다. 지도 관련 특별 전시회가 열리고 있었는데 우리나라의 지도가 나와서 자세히 보았더니 일본의 황실에서 제작한 지도인데 독도를 포함한 동해가 '조선해(朝鮮海)'로 명확하게 기록되어 있는 것을 발견한 것이다.

그곳에서는 원래 사진 촬영이 금지되어 있었지만 매우 중요한 사료라고 생각되어서 직원을 설득하여 사진을 촬영할 수 있었다. 그 지도는 분명히 일본에서 제작한 것이었다. 그리고 동해도 분명히 조선해로 되어 있어 다시금 독도가 우리 땅임을 분명히 확인할 수 있었다.

이 자료는 나중에 언론 기관에 전해졌고 사진과 함께 이 사실이 상세하게 보도되었다.

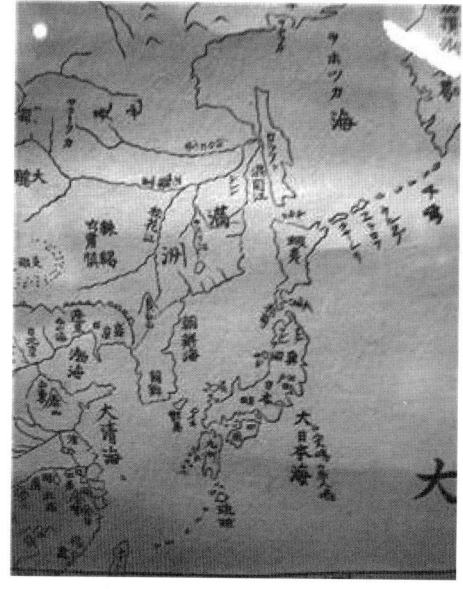

FBI 방문

추수감사절 연휴가 끝나고 본격적으로 우리의 연수 계획을 진행했다. 그 첫 번째로 FBI를 방문하였다. 어떤 감정을 어떻게 하고 있는지, 실험실은 어떤지 이번 연수 목적인 항공기 사고의 원인을 규명하는 방법과 시스템 그리고 희생자들의 신원을 확인하는 방법 및 시스템 등을 연구하기 위함이었다. 일반인들을 대상으로 한 FBI의 견학 코스가 있었지만 9.11테러 후라 매우 엄격하게 통제하고 있었다. 하지만 우리는 한국에서 만난 FBI 한국지국장이 소개한 직원과 미리 연락이 되어 그의 안내로 비교적 쉽게 실험실 내부를 모두 들러 볼 수 있었다. 우리에게는 큰 행운이었다.

워싱턴 D.C에 있던 FBI 건물의 정문 모습

FBI는 현재 미국 법무성(우리나라의 법무부) 소속으로 되어 있다. 근무하는 직원 수는 수사관, 기술관, 일반사무관 등 약 3만 6,000명이며 미국 내에 59개 지국과 500여 개 출장소를 두고 있다. 그리고 해외에도 26개 지국을 운영하고 있다. FBI의 주요 임무는 외국 주요 인사의 경호, 해상에서 발생되는 범죄 수사, 불법적인 교역행위와 독점 및 기업 담합 수사, 연방 공무원에 대한 공무 방해나 살인 수사, 대통령에 대한 공격 행위 수사, 원자력 에너지와 관련된 수사, 자동차 생산과 수입 업자 간의 불법 행위와 관련된 수사, 연방 법률에 의해 설립된 은행 강도 및 횡령 수사, 파산과 관련된 범죄 수사, 연방 공무원이 뇌물 수수 행위 수사, 시민권 침해와 관련된 범죄 수사, 선거법 위반 수사, 탈영병 수사, 항공기 또는 주(州)와 외국 간 교역에 사용되는 차량에 대한 파괴행위 수사, 연방 법률에 의해 구금된 중요 피의자의 도주 및 도주를 도와준 행위 수사, 간첩의 색출 및 수사, 약취 강도 수사, 시민권의 위조 또는 획득과 관련된 수사, 2명 이상의 대량 살인과 연쇄 살인과 관련된 수사, 살인과 2개 이상의 주(州)에 걸친 살인 사건 또는 외국에서 발생된 자국인의 살인 사건 수사 등 매우 광범위하다. FBI에서 수행하고 있는 수사는 의회나 대통령도 간섭할 수 없다. 인사도 마찬가지이다.

각 주에는 별도의 경찰 조직이 있어 독립적인 경찰 수사업무를 하고 있으며 FBI가 이들을 지휘 감독하지는 않고 공통적으로 수사를 담당할 경우에도 서로 협력하여 수사를 한다.

첫째 날은 공구흔 연구실, 폭발물 연구실 등을 방문했는데 공구흔 연구실에 근무하는 S. G. Bunch가 안내를 하였다. 공구흔 연구실은 테러에 사용된 총기 또는 공구의 흔적을 식별하여 동일성 여부를 감정하는 업무를 수행하는 곳이다. 우리나라의 물리분석과 물리연구실과 비슷했다. 세계에서 생산 유통되는 거의 모든 총기의 종류를 모아 놓은 총기 자료실, 총기 시사실, 공구흔을 감정하는 실험실 등을 방문하여 그들이 하는 업무를 파악했다. 총기 자료실에는 수만 종의 세계 각국의 총기류들이 보관되어 있었다.

　우리를 안내해준 S. G. Bunch는 한국에 있는 FBI 지국장의 소개로 알게 되었는데 매우 친절하게 안내를 해주었다. 그는 공구흔 분야에서만 약 27년 동안 일했다고 한다. 그야말로 전문가 중의 전문가라고 할 수 있다. 폭발물분석실은 폭발물에 의한 테러 등의 사건을 주로 감정한다. 그 외에서도 여러 연구실을 방문하였는데 우리의 실험실과 비슷했으나 전문적 분야에 마음껏 일할 수 있게 보조하는 시스템이 너무 부러웠다. 그리고 수없이 많은 자료들에 대해 데이터베이스를 해 놓음으로써 어떤 사건이 일어나도 대처할 수 있는 만반의 준비를 하고 있었다. 또한 한 분야에서 꾸준히 자기의 일을 할 수 있도록 보수 및 인사 면에서 배려를 하는 모습을 볼 수 있었다. 한 건 위주의 단기적인 대응보다는 차분히 모든 것에 대비를 하는 모습이었다.

　둘째 날에는 내가 일하는 분야인 유전자분석 관련 실험실을 방문하였다. 마찬가지로 우리의 연구원의 시스템과 크게 다르지는 않았다. 우리는 전국에서 일어나는 모든 사건에 대해 감정을 하는데 미국의 경우 FBI는 중요한 사건의 감정, 유전자은행의 총괄 등 연구와 관리의 측면이 컸다. 일반적인 감정은 각 주별로 설치된 과학수사연구소 또는 일반 범죄분석연구소 등에서 실시하고 있다. DNA 분석은 Unit I과 Unit II 두 분야로 나누어져 있다. DNA 분석 Unit I에서는 각종 사고 현장에서 수집된 인체분비물에서 유전자분석을 실시하고 있었다. 이 실험실에서는 고전적인 혈청학적 및 생화학적 방법을 통하여 혈액, 혈흔, 정액, 질 내용물 그리고 다른 인체 유래의 감정물에 대한 확인실험을 하고 있었다. DNA 분석 Unit II에서는 미토콘드리아 DNA를 분석하고 있었다.

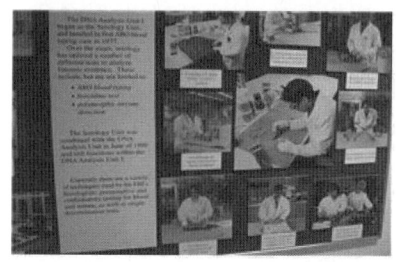

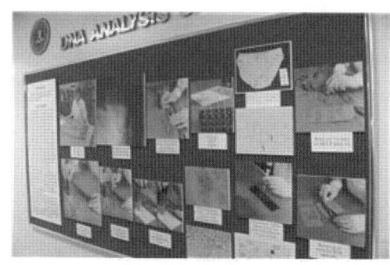

Unit I에서 하고 있는 여러 가지 실험들

피츠버그 경찰 순찰 체험

피츠버그는 펜실베이니아주 서쪽에 위치하고 있는 미국의 9대 도시 중의 하나다. 인구는 피츠버그시의 인구 약 50만 명과 주변의 위성도시의 인구 약 150만 명을 합쳐 약 200만 명 정도 된다.

나와 동료 직원들은 피츠버그 경찰국 수사부에서 운영하는 3일간의 미국 경찰 실무 체험과정에 참여하여 교육을 받으면서 미국의 일부이긴 하지만 미국의 치안 상황과 범죄에 대처하는 방법을 체험할 수 있었다. 피츠버그 사설 경찰 2명과 우리 팀원 1명이 한 조가 되어 일반 승용차에(그들은 일반 승용차로 순찰을 한다) 나누어 타고 피츠버그 시내와 외곽의 우범지역 순찰을 같이 수행했다. 차에 타기 전에 우리들은 그 지역의 치안 상황과 위험성에 대해 설명을 들었다. 총기에 의한 사고가 매우 빈발하기 때문에 미리 설명을 듣고 그들과 똑같이 방탄복을 착용해야만 탑승을 할 수 있었다.

드디어 여러 가지 설명을 듣고 순찰차에 올라탔다. 필자도 다른 경찰관 두 명과 함께 차에 동승했다. 소통이 원활하지는 않았지만 그들은 우리들에게 우범지역 등을 설명하며 계속 순찰을 했다. 순찰차는 잠시도 정차하는 시간이 없었다. 다른 순찰차와 계속 교신을 하며 우범지역 및 주택가를 순찰하였다. 9시가 넘어서 어두운 곳을 서성이는 사람이 발견되면 일단 용의 선상에 올려놓고 계속 감시한다. 그리고 조금이라도 행동이 이상하거나(마약을 하는 사람이 많다) 범행의 소지가 있으면 차량을 접근 시켜 검문을 하였는데 너무하다 싶을 정도로 심하게 했다. 우선 차량을 세워 무조건 손을 뒤로 하게 한 후 엎드리게 하고 소지품 등을 철저하게 조사하였다. 그리고 아무런 혐의점이 없으면 풀어주곤 하였다. 현행범도 아닌데 저렇게 해도 괜찮을까 싶었다. 그들은 다른 팀들과 순찰 지역을 중복시키며 철저하게 순찰을 돌았다. 아예 밤에는 나가지 말라는 듯했다.

그러기를 여러 번, 차 안에 긴급한 통화음이 들렸다. 무슨 내용인지는 모르겠지만 같은 지역을 계속 돌던 차량이 쏜살같이 어디론가 달려갔다. 잠시 달려 목적지에 도달하였다. 벌써 그곳에는 다른 팀의 차량 몇 대가 와 있었다. 막 범인을 발견하고 체포를 하고 있는 상황이었다. 막상 목전에서 범인을 체포하는 것을 보니 겁이 나기도 했다. 밖으로 나가보고 싶었으나 위험하니 나오지 말라고 하였다. 차창 밖으로 범인의 검거 장면을 볼 수밖에 없었다. 나의 다른 동료들도 그곳에 와 있었다. 경찰이 한 흑인 청년의 이상한 행동을 목격하고 계속 미행하다가 결국 그곳에서 그를 검문하고 체포한 것이다. 우리의 다른 동료가 탄 차량에서 먼저 발견하고 검거를 하였는데 순식간에 주위에 있던 순찰차들이 나타나 흑인 청년을 체포하는데 협력하였다. 정말 놀라운 모습이었다. 그 청년의 양말 속에서 마약이 발견되었다. 그는 현행범으로 체포되었고 바로 연락을 받고 도착한 범인 호송 차량에 의해 이송되었다. 저녁부터 순찰이 계속되었는데 그들은 정말 잠시도 한 곳에 머무르지 않았다. 계속 우범지역을 돌며 동태를 감시하고, 우범자가 나타나면 검문을 하고, 일반 승용차를 타고 돌면서 눈에 띄지 않게 우범자들을 쉴 새 없이 감시하고 있었다.

그 다음 날에는 실제 상황을 가정한 권총 모의 사격 훈련을 하였다. 그쪽 경찰이 보통 훈련을 하는 코스였다. 총기 사고가 많은 나라이기 때문에 범인이 총을 사용하기 전에 먼저 제압해야 하기 때문에 시뮬레이션을 통해서 실제의 상황을 가상하여 끝없이 훈련을 반복한다. 즉, 실제와 같은 권총 (실제 권총과 같고 발사 시 격발 충격까지 느끼게 되어 있다)을 주고 스크린 상에서 가상의 상황이 나타나면 범인의 행동을 보고 어느 시점에서 발사를 해야 하는지에 대한 상황별 훈련을 하는 프로그램이었다. 먼저 쏘지 않으면 내가 죽는 상황이다. 그들은 꾸준히 이러한 훈련을 통하여 실제 상황에 대비하고 있었다.

교통사고 재구성 과정 교육
- 노스웨스턴대학교(시카고)

우리가 시카고에 도착했을 때 그곳은 맹추위가 기승을 부리고 있었다. 내복 위에 몇 겹씩 끼어 입었는데도 매우 추웠다. 대학교 옆에 있는 끝이 보이지 않는 바다 같은 호수(오대호 중 하나)는 너무 추워서 모두 꽁꽁 얼어붙어 있었다. 노스웨스턴대학교의 일반안전연구센터는 경찰을 교육하는 기관으로써 특히 교통사고를 재구성하는 분야의 교육에 전통과 권위를 자랑하고 있었다. 숙소는 대학교 근처의 호텔이었다. 처음에는 식사를 할 곳이 마땅하지 않아 비용 절감도 할 겸 워싱턴에서 구입했던 햇반, 고추장, 냉면, 통조림 등을 호텔에서 몰래 해 먹었다. 취사는 못 하게 되어있어 물을 끓여서 붓는 식으로 냉면 등의 요리를 해 먹었다. 어렵게

해 먹었지만 그래도 한국식 식사를 할 수 있어 그나마 행복했다. 그 후에는 근처의 한국 식당 찾아서 식사를 할 수 있었다.

그곳에서 2주일을 교육받았는데 나의 전공과는 전혀 다른 분야라서 어렵기도 했지만 새로운 분야이고 우리 주위에서 흔히 일어나는 교통사고라서 매우 흥미롭게 공부를 할 수 있었다. 특이한 것은 교육을 시작하기 전에 의무적으로 실시하는 성폭력에 관한 교육이었다. 모든 교육이 시작되기 전에 성폭력에 관한 교육 프로그램이 진행되고 있었다. 그리고 교수법도 교수가 반 학생이 반을 끌어갔다. 이론을 반 정도 하고 나머지는 그룹별로 나누어 여러 가지 사건의 상황과 관련한 다양한 문제를 주고 풀게 한 다음 각 그룹별로 도출된 결과를 발표하고 토론하게 하였다.

맺는 글

2개월의 짧은 연수였지만 매우 유익한 시간이었다. 실험실과 실제 치안 상황을 체험하면서 많은 것을 배우고 느꼈다. FBI의 실험실은 우리의 실험실과 별 다를 바 없었지만 잘 갖춰진 시스템이 너무 부러웠다. 또한 미국 사회 전반에 과학수사에 대한 인식이 널리 퍼져있다는 것을 확인할 수 있었다. 청소년 교육용으로 법과학 감식키트가 상품화되어 전자제품을 팔고 있는 편의점에서 판매되고 있었으며, 일반인들을 위한 다양한 과학수사 교육프로그램이 대학 및 경찰에 설치되어 있어 일반인, 수사관 및 전문가를 대상으로 활발한 교육이 이루어지고 있었다. 그리고 과학수사와 관련된 다양한 책들이 출판되어 일반인들에게 읽히고 있었다. 밤새 단 일 분도 쉬지 않고 순찰을 돌던 피츠버그 경찰관들에게서 그들의 투철한 직업의식을 느꼈다.

 연말연시 및 주말에 시간적 여유가 있을 때는 미국의 생활을 체험하고 그들의 문화를 알고자 노력하였다. 끝도 없이 펼쳐진 비옥한 땅과 천혜의 자연은 정말 부러웠다. 그래서인지 사회의 곳곳에서 만나는 사람들의 여유와 약한 자들에 대한 배려와 제도적 보호가 더 발달된 듯 보였다. 게다가 예술적인 관공서 건물, 잘 전시되어 있는 수없이 많은 박물관들 어느 하나 놓칠 수 없었다. 그리고 어디를 가나 후세들을 위한 교육프로그램들이 자원봉사자들에 의해 운영되고 있었다.

실종아동 등 찾기 사업

　실종아동 등 찾기 사업을 시작한 지 벌써 15년이 흘렀다. 그동안 여러 관련 기관의 노력으로 많은 실종아동들이 부모의 품으로 돌아갔다. 하지만 아직도 실종된 어린이를 애타게 찾는 부모님들이 계시다. 과거에 실종아동 등의 찾기 사업을 약 2년간 맡으면서 실종아동 을 찾는 가족의 심정을 조금이나마 이해할 수 있었다.

　2007년 그동안의 실종아동 등 찾기 사업을 되돌아보고 좀 더 효율적으로 실종아동 등을 찾기 위한 방안을 논의하고자 국립과학수사연구원, 경찰청, 보건복지부, 실종아동전문기관, 시민단체 등 실종아동 등의 사업과 관련된 기관의 책임자들이 경찰청에 모였다. 각자 맡은 바 이 사업을 위해 최선을 다하고 있었지만 자식을 잃고 애타게 찾아 헤매는 가족의 입장에서는 만족스럽지 못한 모양이었다. 많은 제안 사항을 쏟아내었지만 현실적으로 예산과 인력이 바탕이 되지 않는 상황에서는 충분한 서비스가 이루어지기 힘들었다. 하지만 최대한 노력하기로 하고 실천할 수 있는 작은 것부터라도 실천해나가기로 합의를 보고 회의를 마쳤다. 회의를 마치고 우리나라에 아직까지도 애타게 몇 년째 실종아동을 찾는 분이 계신다는 것에 무한의 책임감을 느꼈으며 책임자의 한 사람으로 창피하기도 하였다.

　실종아동 등의 찾기 사업은 2004년 "실종아동 등의 보호 및 지원에 관한 법률"이 제정되면서 실시되었다. 그동안 많은 가족들이 상봉을 하였고 지금도 이 사업은 계속되고 있다. 현재까지 많은 실종아동과 가족들의 유전자형이 데이터베이스(이하 DB)에 입력되어 있으며 이들은 지금도 애타게 가족을 찾고 있다. 이와는 별도로 실종된 분들이 사망한 경우도 있을 수가 있어 연구원에 의뢰되는 신원 확인이 안 된 신원불상 변사체들의 유전자형도 DB에 입력하여 관리하고 있다.

실종아동 등의 찾기 사업은 경찰청, 보건복지부(실종아동전문기관) 그리고 국과수 등, 세 개의 기관이 분담하여 하고 있다. 입력 대상자들의 유전자 정보와 신상정보가 같이 보관되게 되면 개인의 신상 정보가 노출될 수 있기 때문에 이를 예방하기 위하여 실종아동전문기관과 국과수가 정보를 분리하여 보관하고 있다. 이를 위하여 법률에는 각 기관별 담당 업무를 명시하고 있다. 각 기관별 업무는 다음과 같다. 경찰청에서 실종아동 등의 시료를 채취하고 홍보 활동을 맡고 있으며 실종아동 전문기관은 경찰청에서 의뢰된 시료에 코드 번호를 부여하고 이들의 신상을 관리하고 있다. 국과수는 코드번호로 찍혀온 시료들에서 유전자분석을 실시하고 분석 결과를 DB에 입력하고 관리한다. DB는 아동 군과 부모 군으로 나누어져 있다. 가족 또는 실종자가 의뢰되면 이들과 비교 검색하여 일치하는 경우 실종아동전문기관에 신상정보를 요구하고 관련자들의 시료를 재채취하여 보낼 것을 요구한다. 재 채취된 시료를 다시 분석하여 일치함을 재확인한 후 최종적으로 가족 관계가 성립된다고 공식적으로 통보해 준다. 이를 근거로 경찰청 및 실종아동전문기관이 상봉을 주선하는 것이다.

실종아동 등을 찾는 것은 이 세 기관만의 몫이 아니라 우리 모두가 관심을 가지고 노력해야 할 일들이다. 실제로 여러 단체와 기관들이 이에 동참하여 여러 가지 매체를 통하여 홍보를 하고 있으며 실제로 이를 통하여 상봉하는 경우가 종종 있다. 좋은 예가 각종 공금 청구서, 인터넷 매체 등을 통하여 실종아동 등을 소개함으로써 가족을 만나는 경우가 있다.

하지만, 어렵게 찾은 자식을 확인되었으니 찾아가라고 해도 찾아가지 않는 경우가 종종 있어 입맛을 씁쓸하게 한다. 재회의 기쁨을 생각하였지만 정반대의 일이 벌어지고 만 것이다. 어떤 경우는 범죄와 관련이 있는 경우도 있었다. 즉, 아이를 유기한 경우다. 이러한 경우 유전학적으로 분명히 맞는데도 본인의 아이가 아니라고 부정하는 경우도 있었다.

이제는 실종어린이의 문제에서 좀 더 눈을 넓혀 실종자 전체에 대해서 관심을 가지고 이들에 대한 대책을 세워야 한다. 따라서 실종아동등의 보호 및 지원에 관한 법률도 이를 포함하는 쪽으로 개정을 추진하고 있다. 법의 개정과 더불어 좀 더 체계적인 기구가 만들어져 빠른 시간 내에 가족을 찾아 주어 애타게 가족을 찾아 헤매는 사람이 없도록 최선의 노력을 해야 할 것이다. 이들 가족의 애절한 마음을 조금이라도 헤아린다면, 정부에서도 좀 더 많은 관심을 가지고 사회 안정 차원에서 많은 지원을 해야 한다.

⟨Tip!⟩ '앰버경고' 시스템

앰버경고시스템은 '유괴납치 사건 공개 전파'시스템으로 1996년 미국 텍사스에서 발생한 9세 소녀 '앰버 해커먼'이 유괴되어 7시간 만에 잔혹하게 살해된 채 발견된 후 구축되었는데 피해자의 이름을 따서 앰버경고시스템이라 했다. "앰버 경고"란 유괴 또는 유괴로 의심되는 실종사건이 발생할 경우 휴대전화, 전광판(고속도로, 국도, 지방도 및 지하철), 방송 등의 각종 전달 매체를 활용하여 실종된 아동, 범행 발생 등과 관련된 자료를 전파하여 전 국민적 관심을 확산시킴으로서 발견 가능성을 높여 초기에 유괴된 어린이의 생명을 구출하고 범인을 신속하게 검거하고자 하는 것이다. 미국에서 이 시스템이 구축된 이후 2007년까지 유괴어린이 311명이 구조되었다 한다. 우리나라에는 2007년 도입되어 그동안 여러 사건에서 적용되기도 했다.

"DNA 검사로 母子 감격상봉" [04년 6월]

10년 된 장기미아가 DNA 검사로 친자 여부를 확인한 끝에 어머니를 만나는 데 성공했다. 10년 전 잃어버린 아이를 찾아달라는 김모씨의 신고를 받고 미아를 찾은 뒤 국립과학수사연구원의 DNA 검사로 친자임을 확인했다.

"19년 恨 풀어준 DNA 미아찾기" [04년 9월]

경찰청 미아찾기센터는 16일 DNA 검사를 통해 1985년 집을 나와 시설에서 보호 중이던 정신지체 장애인 장모(36·여)씨의 친어머니를 확인, 19년 만에 모녀 상봉이 이루어졌다고 밝혔다. 경찰은 19년 전에 헤어져 외관 상으로 친자여부 확인이 어렵자 두 사람의 DNA를 채취, 국립과학연구원에 검사를 의뢰해 장씨가 친자임을 확인했다.

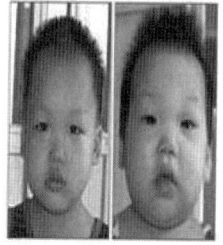

"친남매 미아 한 가정에 입양된다" [04년 10월]

출생 직후 엇달아 버려진 뒤 같은 아동복지센터에서 지내다 경찰의 미아찾기 유전자(DNA) 검사로 친남매로 확인된 이재현군(4·왼쪽)과 상미양(2)이 한 가정에 입양돼 살게 됐다.

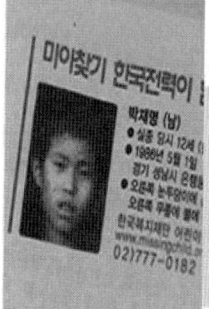

"20년 만에 가족 상봉" [05년 7월]

가족들은 지난 20년 동안 박 씨의 생사조차 알지 못했지만 인천보육원 측이 최근 전기요금 고지서에 실린 미아 사진과 보호했던 아동의 얼굴이 비슷하다고 신고해 DNA 확인 절차를 거쳐 극적으로 상봉하였습니다.

유OO 연쇄살인 사건

　세간을 떠들썩하게 했던 〈유-OO 연쇄살인 사건〉은 2003년 9월부터 2004년 7월까지 서울 일대에서 유OO에 의해 21명이 연쇄적으로 살해된 사건이다. 사건이 일어난 지 많은 세월이 흘렀는데도 그때의 모든 상황이 너무나 또렷이 기억된다. 필자는 당시 국립과학수사연구원 유전자감식센터에서 불상 변사자의 신원을 확인하는 업무를 맡고 있었다. 일반적인 변사사건의 경우 부검한 시료들이 유전자분석센터로 의뢰되기 때문에 시신을 볼 수는 없지만 이 사건의 경우는 중요한 사건이었고 오랫동안 땅에 묻혀있었기 때문에 유전자분석이 매우 어려울 것으로 판단하였다. 따라서 직접 시신을 보고 유전자분석이 성공적으로 잘 될 수 있는 부분을 채취하기 위하여 부검실로 내려갔다.

　우리 유전자감식센터에서 부검실까지는 약 30미터 정도의 거리이다. 실험실에서 나와 잠시 발걸음을 옮긴 후 부검실로 가는 계단을 내려섰다. 잠시 발걸음을 머뭇거리게 했다. 부검실에서 나오는 역겨운 냄새가 코를 찔렀기 때문이다. 시신이 부패된 냄새가 밖에까지 퍼져 나온 것이다.

　대구 지하철 화재 참사 사건 등 수많은 사건의 현장에서 희생자들을 직접 보고 시료도 채취해서 이제는 많이 익숙해졌을 것으로 생각했지만, 다시 그런 모습을 본다는 것이 꺼려지는 것은 사실이다. 한때는 내가 왜 이런 힘든 일을 해야 하는지, 다른 회사에

근무하는 동기들은 월급도 많이 받고 대우도 좋다는데 하면서 신세를 한탄하기도 했지만, 이제는 숙명처럼 생각한다. 내가, 우리가 아니면 또 누가 하겠는가? 비록 이미 사망한 뒤이지만 그래도 우리의 손에 의해 가족의 품으로 인도할 수 있다는 것에 매우 큰 보람을 느꼈다. 어떻게 보면 한 것에 비해 너무 많은 보람을 얻기 때문에 더욱더 이 일을 천직으로 생각할 수 있었지 않았나 싶다.

한 발 한 발 내디딜 때마다 점점 냄새가 심해져 왔다. 부검실 문을 열고 들어가자 이미 시신들이 부검대 위에 있었다. 조직이 완전히 부패하지는 않아 뼈에서 탈락되지 않은 상태였다. 여러 가지 예상을 하고 내려갔지만 생각했던 것보다 너무 끔찍했다. 언론에서 얘기한 대로 시신들은 모두가 여러 부분으로 토막이 난 채였다. 법의학적으로 여러 부분으로 토막 난 시신을 연결하여 한 사람으로 구성했다. 한 사람으로 구성되어 있긴 하였지만 중간 중간 잘린 모습이 선명하게 보여 너무나도 처참했다. 이 보다 더 참혹한 모습이 있을까 하는 생각이 들었다.

시료를 채취하려고 시신이 있는 부검대로 가까이 다가섰다. 냄새가 더욱 심하게 났다. 보통 익사체 또는 매장 변사체의 경우 부패된 냄새가 심하다. 그런데 그날의 냄새는 폐부를 찌르는 듯 하였고 머리까지 아프게 하였다.

조직이 남아 있기는 했지만, 유전자형이 검출되지 않는 경우가 많다. 따라서 가장 검출될 가능성이 높은 부위를 채취해야 한다. 한 번 채취하면 다시 채취할 수 없을지 모르므로 시신 한 구 한 구에 대해서 아직 덜 부패된 조직, 뼈 등 여러 부위를 채취하였다.

약 한 시간 정도 그곳에 있으면서 모든 시신의 시료를 채취해서 실험실로 가지고 왔다. 잠시 그곳에 있었지만 이미 몸과 옷에 냄새가 심하게 배여서 실험실에 돌아왔는데도 냄새가 심하게 났다. 가운을 갈아입고 바로 분석에 들어갔다.

유전자분석이 시작되었다. 언론, 매스컴, 그리고 수많은 시민들이 주목하는 큰 사건이 터지면 속도전에 돌입한다. 시작도 하기 전에 언제 분석 결과가 나오느냐는 질문이 쏟아진다. 보통 사회적 이슈가 된 사건들은 좀 더 집중해서 처리하고 있지만 지나칠 정도로 다그친다. 얼마 전 전직 검사 출신인 미국 사람이 우리 연구소에 학회 행사 때문에 왔었다. 그에게 우리 연구원의 유전자분석의 감정기일이 15일이라고 했더니 깜짝 놀라면서 어떻게 그렇게 짧은 시간에 감정을 마칠 수 있냐고 되물었다. 미국에서는 보통 3개월에서 길면 1년 6개월까지 걸린다는 것이었다. 아마 우리나라 만이 가지고 있는 '빨리빨리 문화'의 특징이 아닌가 싶다.

이번 사건도 이전의 중요한 사건과 마찬가지로 매우 빠른 속도로 진행되었다. 거의 집에도 못 들어가고 토요일 일요일도 없었다. 희생자의 신원 확인이 진행되면서 그의 주거지 등에서 수거된 다른 증거물도 같이 의뢰되었다. 유전자분석과의 많은 직원들이 다시 그 증거물들의 분석에 매달려야 했다. 의뢰된 증거물들은 범행에 사용되었던 것으로 추정되는 망치, 해머, 장갑과 유OO이 살고 있던 주거지에서 채취해 온 모발 수백 점 등 엄청나게 많은 증거물들이 의뢰되었다. 나중에 범행을 부인하면 이를 입증할 증거가 없게 되어 일부 혐의가 무죄가 될 수 있기 때문에 이를 대

비해서 철저한 현장 감식 끝에 채취된 증거물들이었다.

　시신에서의 분석 결과는 예상대로 시신의 모습처럼 깨끗하게 나오지 않았다. 어떤 시신에서는 아예 검출이 되지 않기도 했다. 결국 미리 채취한 시료에서 또 다른 DNA 분리 방법을 적용하여 분리한 다음에야 완벽한 유전자형 데이터를 얻을 수 있었다. 시신에서 유전자분석이 진행되는 동안 피해자들의 가족으로 추정되는 사람들이 의뢰되었다. 바로 유전자분석을 실시하였다. 시신에서 검출된 유전자형과 가족들에서 검출된 유전자형을 비교하여 한 명 한 명의 신원을 확인해나갔다. 사건과 관련하여 의뢰되었던 증거물들에 대한 분석도 끝나가고 있었다.

　분석 결과에 의해 그가 저지른 것으로 보이는 사건 하나하나가 확인되기 시작했다. 그의 범죄 하나하나가 입증될 때마다 온 국민들은 치를 떨 수밖에 없었다. 수법이 너무 잔인하고 그렇게 많은 사람들이 희생되었다는데 말을 잃었다.

　모든 감정이 끝나고 그의 범죄가 모두 밝혀졌다. 들끓던 언론들의 관심도 천천히 멀어져 가고 또 다른 사건들로 그 관심이 옮겨졌다. 우리도 다시 매일 들어오는 다른 사건들을 처리하느라 바빴다.

　점점 사회가 복잡해지고 각박해짐에 따라 정신적으로 기댈 데 없는 사람들이 극단적으로 변해가고 있는 것 같다. 그들의 마음이 쉴 수 있는, 의지할 수 있는 쉼터가 필요한 것 같다. 너무 앞만 보고 가는 세상에서 나와 나의 이웃을 돌아보는 시간을 많이 가져야 할 때라고 생각한다.

* 당시 보도되었던 내용

유영철 연쇄살인 사건일지

2004-07-18 12:22 / 노컷뉴스

CBS 조근호 기자

〈살해 일지〉

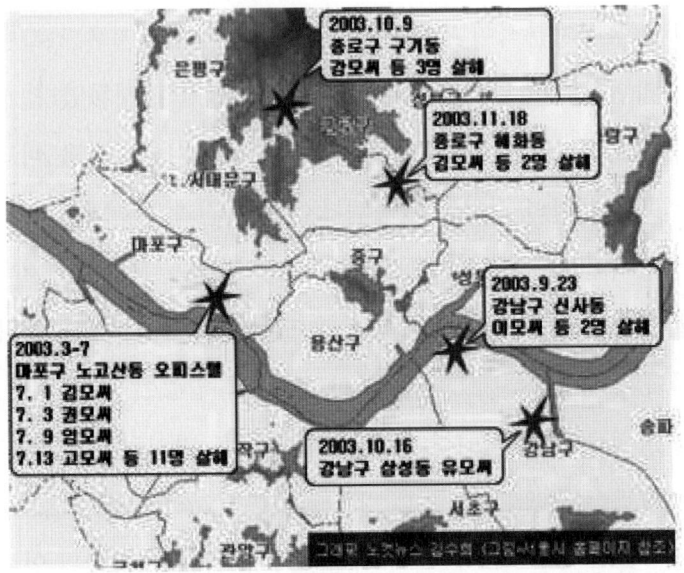

- 2003년 9월 23일

서울 강남구 신사동에서 숙대 명예교수인 이 모 씨(73)와 부인(68)을 둔기로 살해

- 2003년 10월 9일

서울 종로구 구기동에서 강 모 씨(81 여) 등 일가족 3명을 둔기로 살해

- 2003년 10월 16일

서울 강남구 삼성동에서 유 모 씨(69)를 둔기로 살해

- 2003년 11월 18일

서울 종로구 혜화동에서 김 모 씨(87) 등 2명을 둔기로 살해하고 방화

- 2004년 7월 1일

서울 마포구 노고산동 오피스텔에서 출장 마사지 도우미 김 모 씨(25) 둔기로 살해

- 2004년 7월 3일

서울 마포구 노고산동 오피스텔에서 출장 마사지 도우미 권 모 씨(24) 둔기로 살해

- 2004년 7월 9일

서울 마포구 노고산동 오피스텔에서 출장 마사지 도우미 임 모 씨(27) 둔기로 살해

- 2004년 7월 13일

서울 마포구 노고산동 오피스텔에서 출장 마사지 도우미 고 모 씨(24)를 둔기로 살해하는 등 2004년 3월부터 모두 11명의 부녀자 살해 암매장

* 변사자의 신원 확인은 어떻게 하나

위의 사건에서와같이 불상의 변사체로 발견된 시신의 경우 신원 확인은 어떻게 할까?

일반적으로 가장 먼저 하는 것은 변사자의 입고 있던 옷, 반지, 시계 등 유류품을 확인과 신체적 특징을 확인하여 판단하는 것이다. 하지만 이는 불확실할 수도 있어 보통 추정되는 가족이 있는 경우 변사자와 가족의 유전자형을 분석하여 생물학적 가족 관계가 성립되는지 여부로 판단할 수 있다. 즉, 변사자 및 가족으로 추정되는 사람에게서 채취된 시료에서 유전자분석을 실시한 후 이들 유전자가 각각 부모에게서 유전되었는 지를 확인하여 생물학적 가족 관계가 성립되는지 여부로 신원을 확인하는 것이다.

하지만 추정되는 가족이 없는 경우는 비교할 수 있는 자료가 없기 때문에 변사자의 유전자형이 확보되었다 해도 이를 확인할 수 있는 방법이 없게 되는 것이다. 이런 경우 두개골 및 뼈의 특징을 분석하여 변사자의 나이, 성별, 키 등을 계산하여 수사에 참고 할 수 있다. 하지만 누구인지를 특정할 수 없기 때문에 개인식별을 할 수는 없으며 신원 확인 대상자의 범위를 축소하는데 사용된다. 골절 등의 치료 흔적이 있는 경우에는 치료를 한 병원을 찾아내어 진료 기록을 확인하여 해당되는 사람의 신원을 파악할 수 있다. 두개골만 있는 경우는 두개골을 3차원적으로 스캔한 후 표피를 입혀 생전의 얼굴을 복원하기도 한다. 이는 중요한 사건이지만 아무런 단서가 없는 경우 사용하는 방법으로 이렇게 복원된 생전의 얼굴을 TV 등의 매체를 통해 공개적으로 수배하여 신원을 파악하기도 한다.